COLLECTION DE VOLUMES IN-18 A 1 FRANC
1 FRANC 25 CENTIMES POUR L'ÉTRANGER

EUGÈNE SÜE

— ŒUVRES —

LA VIGIE
DE
KOAT-VEN

ROMAN MARITIME

1780-1830

I

NOUVELLE ÉDITION

PARIS

CHARLIEU ET HUILLERY, ÉDITEURS

10, RUE GÎT-LE-COEUR, 10

1861

LA
VIGIE DE KOAT-VEN

PARIS. — IMPRIMERIE DE ÉDOUARD BLOT, RUE SAINT-LOUIS, 46
(Ancienne maison Dondey-Dupré.)

EUGÈNE SÜE
– ŒUVRES –

LA VIGIE
DE
KOAT-VEN

ROMAN MARITIME

1780-1830

1

NOUVELLE ÉDITION

PARIS

CHARLIEU ET HUILLERY, ÉDITEURS
10, RUE GIT-LE-CŒUR, 10

1861

PRÉFACE

En faisant abstraction de sa partie spéciale, de sa donnée MARITIME, ce roman complète, à mon sens, le développement successif et philosophique d'une idée que j'ai exposée dans *Atar-Gull*, puis poursuivie dans *la Salamandre*.

C'est un sentiment tout autre que celui de la vanité qui me force à parler de ces ouvrages, oubliés sans doute. Mais, pour expliquer clairement mon but, il me faut rappeler au souvenir du lecteur ces deux romans, si étroitement liés à celui-ci par l'unité de vues que m'impose une conviction inébranlable et presque involontaire.

Chaque siècle ayant son expression et son caractère indélébile, il m'a paru qu'aujourd'hui le trait le plus saillant et le plus arrêté de notre physionomie morale était un DÉSENCHANTEMENT PROFOND ET AMER, qui a sa SOURCE dans les mille déceptions sociales et politiques dont nous avons été les jouets, qui a sa PREUVE dans le MATÉRIALISME organique et constitutif de notre époque.

En émettant cette opinion (qui sert de base au système que j'ai suivi), je crois trouver peu de contradicteurs, car le plus grand nombre a dit, répété, proclamé et PROUVÉ avec une incompréhensible satisfaction que notre heureux siècle avait l'immense avantage d'être un siècle éminemment POSITIF.

Or, d'après l'acception que le parti libéral, progressif et philosophique, donne à ce mot, il me paraît que siècle POSITIF ET MATÉRIALISTE, ou siècle DÉSENCHANTÉ et siècle ATHÉE[1], c'est tout un.

Cette vérité une fois reconnue, avec joie et orgueil par les uns, avec douleur par les autres, poursuivons.

Ce désenchantement qui nous accable est concevable.

Depuis que le PHILOSOPHISME, cette hideuse et inévitable conséquence du LUTHÉRANISME, est venu, prêchant l'incrédulité, étendre un funèbre linceul entre le ciel et la terre, et priver les hommes de la clarté divine, les hommes,

---

[1] Ce serait se servir d'un pauvre argument que de parler du petit nombre d'individus qui ont des croyances religieuses; la loi est l'expression la plus intime et la plus vraie d'une société. Or, du jour où il a été proclamé et convenu, ainsi que cela a été proclamé et convenu EN PLEINE COUR ROYALE, que la LOI était ATHÉE, la question a été décidée.

croyant les cieux vides parce qu'on les leur voilait, ont rampé misérablement au milieu de ce jour faux et lugubre.

Et puis, n'ayant plus de ciel à contempler et à implorer, ils ont été obligés de baisser le front et de jeter les yeux sur la terre et autour d'eux...

N'ayant plus autre chose à faire qu'à se haïr et à s'envier... les hommes se sont regardés... se sont vus... bien en face...

Et l'homme a scruté profondément le cœur de l'homme... et s'est mis à l'analyser fibre à fibre...

Et l'homme a reculé épouvanté, car ses découvertes ont été horribles.

Car il a vu dans les autres ce qu'il retrouvait en lui-même : l'orgueil, la haine et l'envie.

Et comme les saintes et salutaires croyances n'étaient plus là pour changer ces vices organiques de notre nature en résignation, amour et charité, par l'espoir ou la crainte d'un châtiment ou d'une récompense éternelle ;

Et comme les hommes n'avaient plus à offrir à Dieu chaque perfidie, chaque déception, chaque torture qu'il leur ordonnait de supporter avec humilité, afin que ces douleurs leur fussent comptées un jour ;

L'homme ne croyant plus qu'à lui, et ne voulant pas confier sa vengeance aux hasards d'une justice divine, l'homme a rendu à l'homme déception pour déception, perfidie pour perfidie, torture pour torture.

Ce ne fut plus alors qu'une lutte sauvage et inique. Heur aux forts et malheur aux faibles !

Parce que l'homme avait été trahi dans ses espérances, parce qu'il avait souffert, il a fallu que l'humanité supportât la réaction de sa rage.

Ce principe est résumé par le caractère de Brulart dans ATAR-GULL [1].

Parce que l'homme avait reconnu avec amertume le néant des plaisirs du monde, il a fallu que ceux qui se trouvaient sur son passage partageassent ce désenchantement anticipé, et que chaque douce et riante illusion fût flétrie par son souffle impur.

Parce qu'un homme était désespéré ou sans foi, il a fait l'homme désespéré et sans foi.

Ce principe est résumé par le caractère de Zsaffie dans LA SALAMANDRE [2].

Et cela parce que, dès qu'une *foi* salutaire ne met plus un frein puissant et sacré à cet instinct irrésistible qui pousse l'homme à la vengeance, la réaction de cette vengeance est ivre, furieuse et aveugle ; parce qu'à défaut des coupables elle atteint les innocents, et qu'elle attaque souvent le cœur et le germe des siècles à venir.

Et la preuve irrécusable de cela, ce sont les vagues et douloureux symptômes qui révèlent de nos jours un immense besoin de croyances.

C'est donc à la fois ce besoin ardent et instinctif des croyances religieuses et cette désespérante impuissance de s'élever jusqu'à une foi sincère et pro

---

[1] En étendant les déductions de ce caractère à une fraction de la société, on trouve leur application, si l'on songe aux vengeances sanglantes et iniques qui amenèrent les tueries de 93.

[2] En étendant les déductions de ce caractère à une fraction de la société, on trouve leur application, si l'on pense avec quel acharnement féroce Voltaire et l'école philosophique ou encyclopédique ont sans cesse attaqué et flétri les plus consolantes et les plus nobles croyances, et quel mal ils ont fait à notre génération.

fonde que le développement du caractère de l'abbé de Cilly résume dans ce roman.

Ce chapitre s'adresse à vous, mon cher VICTOR, à vous dont le jugement supérieur, grave et sérieux, se manifeste par une appréciation souvent rude et sévère, mais toujours loyale ;

A vous, mon ami, qui faites présumer de la grandeur, de la droiture et de la noblesse d'une question, par cela seulement qu'on vous la voit défendre ;

A vous enfin dont les écrits et les critiques ont un caractère chevaleresque et généreux qui est aussi loin des mœurs littéraires de notre temps, qu'une grande figure de Van Dyck couverte de buffle et d'acier est éloignée de nos modes d'aujourd'hui.

Vous m'avez reproché bien des fois l'espèce de système désolant qui me forçait à peindre trop crûment quelques tableaux d'une affligeante vérité ; ou plutôt, vous qui me connaissiez, mon ami, vous me plaigniez d'avoir à mon âge une expérience et une conviction aussi enracinées du néant de bien des illusions...

Tout en souriant avec moi de la mansuétude de ces aristarques charitables qui me traitaient de *bête féroce, bonne à abattre partout où on la rencontre,* ou qui me prédisaient une *fin méritée sur quelque échafaud,* vous me disiez pourtant :

« J'en conviens comme vous, presque toujours l'humanité offre à qui l'étudie un spectacle horrible et repoussant... Mais pourquoi retracer de pareils tableaux ! L'art et la poésie ont aussi une sainte et consolante mission à remplir ici-bas... c'est de jeter un voile brillant et fantastique sur toutes les réalités désespérantes.

» Car la nature elle-même semble vouloir cacher les objets hideux... Sur une tombe elle fait verdir le gazon... sur un cadavre elle fait éclore des fleurs...

» Non, non, la vérité que vous montrez est trop décevante, est trop impitoyable. A quoi bon flétrir ainsi toutes les illusions, et quel peut être le but que vous vous proposez en continuant votre œuvre avec une aussi cruelle persévérance ? »

Aujourd'hui que, fausse ou vraie, mon idée est complète, je puis vous dire, mon ami, quel but je me suis proposé, car je crois l'avoir atteint.

Je voulais amener le parti libéral, philosophique et progressif, à reconnaître, par l'organe de quelques-uns de ses écrivains les plus honorables et les plus distingués, à reconnaître, dis-je :

Qu'*il n'est pas de bonheur pour l'homme sur la terre, si on lui arrache toute* ILLUSION.

Je voulais constater cette étrange et bien significative contradiction d'un siècle qui, s'étant fait fort d'avoir foulé aux pieds l'antique croyance religieuse et monarchique, cette source *unique,* pure et féconde des plus nobles, des plus consolantes et des plus *véritables illusions,* demande pourtant, à tout prix, des illusions ! d'un siècle qui maintenant s'irrite de ce que le *positif,* le *vrai...* dont il était si jaloux et si fier, ait passé des systèmes politiques dans la société, et de la société dans l'art.

Que deviendra l'homme, si vous lui arrachez une à une toutes les illusions ! disent-ils.

Il deviendra ce que vous l'avez fait, ce qu'il est : un être triste et morose, qui, subordonnant tout au bonheur matériel de ce monde, lors même qu'il aura pu assouvir ses appétits sensuels et grossiers, lors même qu'il aura pu atteindre les hauteurs du pouvoir, de la science ou de la renommée, sentira toujours dans son âme ce vide effrayant que nulle vanité humaine ne peut remplir.

Vous voulez des illusions [1] dans l'art ; mettez-en d'abord dans les mœurs ; car l'art n'est, pour ainsi dire, que l'esprit, que l'expression morale du corps social...

Et convenez-en, mon ami... est-il quelque chose de plus prosaïque, de plus désillusionné, partant de plus désenchantant, que la société actuelle ?

Eh quoi ! on dira au poëte : Chante la religion consolante et sacrée ! et la veille on aura profané, souillé impunément les temples et l'autel par des orgies sacriléges !

On viendra dire au poëte : Chante le roi... cet être majestueux et inviolable dont le bandeau souverain est béni par Dieu ; et on répète, chaque jour, qu'on *paye* le roi, que le roi est un salarié, comme un préfet ou un commis, et qu'il faut qu'il travaille pour gagner son salaire !

On dira au poëte : Chante la France... et voilà qu'on jette la France aux bras de l'Angleterre en lui criant : Sauve-la !...

Dira-t-on au poëte... de chanter le pays... ses institutions, sa gloire, sa science !... Mais on sait trop ce que cela vaut et ce que cela coûte... car voilà que cinq cents élus font tout haut, et au grand jour, les comptes et le *ménage* du pays... qui établissent la recette et la dépense.

C'est d'abord tant de gain sur la boue et les immondices, tant sur les sueurs des forçats, tant sur la prostitution, tant sur les tripots et la loterie qui peuplent les bagnes et la Morgue, tant sur l'air infect de la ville, tant sur votre droit à respirer cet air.

Ceci est la recette. Vient la dépense.

Pour un Dieu et ses ministres, c'est tant ; pour une justice, tant ; pour une gloire, tant ; pour une instruction et un savoir, tant.

Et puis on additionne tout cela. Un Dieu, un roi, une justice, une gloire et une instruction, cela fait une somme de ..., avec sous et deniers, ni plus ni moins qu'un compte de marchand !

Seulement, si la balance de recette et de dépense n'est pas égale, on rogne un peu la gloire, on lésine sur la justice, et l'on économise sur Dieu.

Faut-il descendre maintenant jusqu'à la vie privée ? Que trouvez-vous ?

Une rivalité envieuse, égoïste et farouche ; partout une ambition puérile et ridicule sur laquelle le pouvoir spécule en la faisant à peu de frais ;

Une ambition intraitable, mise en jeu par ce stupide et affreux paradoxe, que TOUS PEUVENT PRÉTENDRE A TOUT !

Mais dire à *tous* : Vous pouvez prétendre à *tout*, à être roi, prince, général, financier, conquérant ou législateur, n'est-ce pas en principe l'égalité de l'intelligence ? n'est-ce pas exalter à sa plus effrayante hauteur l'orgueil individuel de chaque homme ?

Aussi cet orgueil répond : Eh quoi ! vous parlez de l'incapacité de ceux-ci et de la capacité de ceux-là, des droits de celui-ci et de l'inaptitude de celui-là !

---

[1] Nous nous servons ici du mot *illusion* pour parler de croyances, parce que c'est surtout comme *illusions* qu'elles ont été attaquées par le philosophisme. La question de savoir si la *foi véritable et profonde* est nécessaire au bonheur de l'homme n'est pas discutable.

Mais qui vous dit que je sois incapable, moi? mais qui me prouve que mon intelligence ne vaut pas la vôtre? Votre place est-elle donc devenue sacrée parce qu'elle est devenue VÔTRE? *Tous peuvent prétendre à tout*, avez-vous dit? J'y prétends donc à mon tour, moi. Et comme *tous* sont plus forts que *vous*, si la capacité n'y peut rien, la force décidera.

Mais vous avez votre droit, dites-vous.

Votre droit! Et qui l'a consacré, votre droit? Est-ce Dieu? Non. Il n'y a plus de Dieu, et Dieu ne se mêle plus des choses d'ici-bas. J'aurais pu respecter une émanation *divine*, un pouvoir, un droit légitimé par Dieu; mais dès qu'il est purement humain, consacré par des hommes comme vous et moi, ceci redevient une question d'homme à homme, que je puis décider tout comme vous.

Mais, dites-vous, je n'ai pas la capacité voulue pour être ministre, législateur ou gouvernant!

Je n'ai pas la capacité! Mais qui dit cela? *Vous*... Pourquoi donc vous croirais-je plus que ma conscience, qui me dit: Tu es capable?

C'est le plus grand nombre, dites-vous, qui répond que je ne suis pas capable.

Oh! ce n'est donc plus qu'une question de nombre, de chiffres, enfin de ces éléments qui composent la force brutale. J'attendrai donc, ou je recruterai des partisans. Et *væ victis!*

Et il ne faut pas dire que ce raisonnement soit stupide ou fou. Non. Par malheur, il est rigoureusement logique et conséquent avec le principe constitutif qui consacre l'égalité et la souveraineté de tous, ce qui de fait donne à tous le droit de modifier ou de changer la forme gouvernementale.

Or, une fois que l'homme n'a plus au-dessus de lui que l'homme, qui pourra lui contester l'exercice de son droit souverain, si ce n'est la force?

Or, dès qu'une société repose sur une base aussi changeante, aussi dangereuse, aussi brutale que la force, quel est son avenir, si ce n'est une continuité de troubles et de commotions soulevées par l'ambition de ceux-là qui, usant du droit qu'on leur a reconnu, veulent avoir aussi leur jour de pouvoir?

Car aujourd'hui tout est nivelé; plus de ces larges et profondes distinctions sociales qui, séparant nettement les classes, faisaient que chaque individu arrangeait paisiblement sa carrière, et mettait un noble orgueil à devenir le premier de sa corporation, de son métier ou de son ordre. Ambition naïve, qu'une conduite irréprochable couronnait presque toujours.

Et cette inégalité sociale, si sagement constatée par le droit et la coutume afin d'éloigner des masses cette fièvre d'ambition qui les dévore aujourd'hui, cette inégalité n'était pas tellement inabordable que les hautes, mais seulement les hautes supériorités, ne pussent arriver où elles devaient prétendre.

Cette inégalité sociale, si singulièrement attaquée par les philosophes du dix-huitième siècle, les empêchait-elle, eux du tiers état, eux gens de peu, eux bâtards, d'être admis, comptés et recherchés dans la meilleure compagnie et dans le plus grand monde, lorsqu'ils savaient y conserver la dignité de leur caractère?

Cette inégalité sociale, consacrée par la coutume et la loi, a-t-elle empêché Vauban et Fabert, et Duquesne et Duguay-Trouin et Jean Bart, d'être à la cour de Louis XIV sur le même pied que les plus grands seigneurs?

Cette inégalité a-t-elle empêché les gens les plus obscurs de parvenir en tout temps aux plus éclatantes faveurs de l'Église, de la magistrature ou de l'épée? Non. Cette inégalité n'a jamais arrêté la supériorité, forte ou vraie... D'un bond, elle a toujours franchi ces barrières si sagement posées pour parquer la médiocrité, qui, sans cela, s'éparpille au hasard et sans ordre, et nuit à tout sans servir à rien.

Oui, c'est manquer de raison que de prétendre qu'un roi, tel absolu, tel infatué qu'il soit de pensées aristocratiques, ait jamais fait l'énorme faute de ne pas employer le génie, parce que le génie se trouvait roturier.

Car la presque totalité des ministres a toujours surgi du tiers état, et cela dans les temps les plus guindés des monarchies.

Sans doute la consécration de ce principe d'inégalité sociale avait, comme toute conception humaine, son côté vulnérable; mais que l'on songe qu'au lieu d'exciter l'aveugle ambition des médiocrités, ce système la refoulait au contraire, sans empêcher, pour cela, les véritables et puissantes supériorités de reprendre leur niveau naturel au sommet de l'édifice social.

Que l'on songe enfin que, pour assurer le repos et le bonheur de tout un peuple, on ne sacrifiait, après tout, que des prétentions ridicules, stupides ou exagérées, et cela sans crainte d'étouffer le germe de quelque génie; car jamais les grands hommes n'ont manqué à leur époque, parce qu'il est au-dessus du pouvoir humain d'entraver leur mission providentielle.

Eh bien!... que l'on compare le résultat moral de ces deux systèmes :

De celui qui exige des conditions et des garanties indispensables pour faire partie de certaines classes de la société... pour obtenir certains emplois;

Ou de celui qui ouvre une carrière illimitée à toutes les passions mauvaises ou désordonnées, se résumant en ce fatal paradoxe : *Tous peuvent prétendre à tout!*

N'est-ce pas là la cause de ces symptômes effrayants qui pointent de toutes parts, de cette envie haineuse qui menace si audacieusement tous les droits acquis et sacrés?

N'est-ce pas la source féconde de toutes ces amères déceptions qui poussent les uns à l'émeute, les autres à la révolte armée?

Et ce n'est pas sur ces hommes égarés, qui n'ont d'autre tort que de vouloir qu'on tienne les promesses insensées qu'on a faites, ce n'est pas sur ces hommes qu'il faut crier anathème.

Non; ceux qui méritent à tout jamais le mépris et l'exécration de la France, ce sont ces *habiles* qui, pour parvenir au pouvoir et se le partager, ont dit un jour au peuple : Tu es *souverain ;*

Et qui aujourd'hui, pâles et tremblants et la sueur au front, lui contestent la souveraineté qu'il vient fièrement réclamer avec sa grande et terrible voix!

Honte, malheur à ceux-là! car ce sont eux qui nous précipitent vers un avenir si effrayant qu'on ose à peine y jeter les yeux!

Malheur à ceux-là, bien fous ou bien méchants, qui, avec quelques mots vides et retentissants, le *progrès*, les *lumières* et la *régénération*, ont jeté en France, en Europe, les germes d'une épouvantable anarchie. . . . . . .
. . . .
. . . .

Mais, vous le voyez, mon ami, l'indignation m'emporte... et m'écarte de mon but...

Je me résume.

J'ai voulu au moins faire servir ma triste et amère conviction à constater l'état de notre époque.

J'ai tenté de lui donner horreur de son matérialisme, de son positif, de son vrai, sans faire autre chose que de mettre dans l'art ce *matérialisme*, ce *positif* et ce *vrai*, dont notre siècle est si fier.

Et si, parmi les orages qui nous menacent de tous côtés, il était possible d'entrevoir un jour plus serein, ne pourrait-on pas espérer logiquement, que puisqu'on reconnaît la nécessité de l'illusion, de la poésie, du grandiose dans l'*art*, qui n'est que l'expression morale d'une société,

On voudra aussi de la poésie, de l'illusion, du grandiose dans les mœurs sociales et politiques,

Et que l'antique constitution française, religieuse et monarchique,

Et que l'ancien système religieux, épuré, régénéré par le catholicisme, pourra répondre un jour à nos besoins flagrants de foi, de consolation et de liberté?

Voici donc, mon ami, dans quelles vues je n'ai pas voulu m'écarter d'un système que m'imposait d'ailleurs la plus inébranlable conviction.

Bien certain d'ailleurs de ce principe, qui m'a toujours guidé : c'est que *la manifestation d'une* VÉRITÉ, *si décevante qu'elle soit, peut toujours servir d'enseignement moral à l'humanité.*

EUGÈNE SUE.

Château de Saint-Brice, 15 novembre 1835.

AU LECTEUR

J'ai regretté que les différents ouvrages composant ce recueil (édition in-4° dite à 20 centimes) n'aient pu être classés selon *l'ordre de date de leur publication*. La transformation que les années, l'étude et l'expérience ont nécessairement amenée dans ma pensée, eût frappé, je le crois, les esprits les moins attentifs; ainsi, pour parler seulement des deux points extrêmes de mon œuvre, il y a (que l'on me pardonne cette ambitieuse comparaison), il y a, dis-je, toute une *révolution* intellectuelle et morale entre la Vigie de Koat-Vën et le Juif errant ou les Mystères de Paris.

Il est seulement donné aux esprits supérieurs de concevoir la vérité de prime saut, et de n'avoir pas à traverser l'erreur pour arriver à la connaissance du vrai; je n'ai pas eu ce bonheur : il m'a fallu passer par les théories aussi fausses que désolantes, dont sont empreints mes premiers ouvrages, pour arriver, à force de travaux et d'observation, aux théories socialistes, qui seules ont valu à mes derniers livres un succès si au-dessus du peu qu'ils valent, et par le fond et par la forme.

Une critique amère et passionnément injuste, appelant de mes écrits récents à ceux qui marquent mes débuts dans ma carrière d'écrivain, m'a reproché *d'avoir renié mes anciennes convictions.*

Je l'avoue, à mesure que l'âge, la connaissance des faits, des hommes et des choses a mûri ma raison, j'ai peu à peu tendu vers des idées que je crois fermement les seules vraies, et auxquelles, depuis plusieurs années, je me suis voué cœur et âme ; j'ai dû renier mes premières erreurs : erreurs du moins inoffensives et désintéressées, car, de ma vie, je n'ai demandé ou attendu la moindre grâce d'un gouvernement quel qu'il fût ; mes livres reflètent simplement, sincèrement, les diverses phases de mon esprit depuis vingt ans, car il y a vingt ans que j'écrivais *la Vigie de Koat-Vën*. Il m'eût été facile de supprimer ou d'atténuer les contradictions flagrantes qui existent entre les théories de mes premiers et de mes derniers ouvrages ; je n'ai voulu rien atténuer, rien supprimer, car je me suis trompé de bonne foi, je l'avoue sans rougir. Renier, par calcul, des convictions avancées pour des convictions rétrogrades, c'est véritablement apostasier ; partir, au contraire, des idées rétrogrades pour arriver aux idées avancées, c'est obéir à la loi éternelle de l'humanité : c'est marcher, c'est progresser.

Puis-je espérer que les lecteurs de mes livres, en mesurant la distance qui sépare *la Vigie de Koat-Vën* des *Mystères de Paris* et du *Juif errant*, reconnaîtront que la voie que j'ai suivie a toujours été, sinon brillante, du moins progressive ? Ma foi dans les idées d'avenir qui seules peuvent assurer le bonheur de l'humanité a été récompensée par la faveur la plus glorieuse, la plus inattendue, mais la moins sollicitée par moi, car j'avais conscience de mon insuffisance et de mon peu de droits à une marque si éclatante de la sympathie de mes concitoyens ; ils m'ont honoré du mandat de représentant du peuple ; cette haute distinction sera l'orgueil de ma vie entière ; mes ennemis peuvent me reprocher ce qu'ils ont appelé mon *apostasie :* je me sens absous par la confiance du peuple.

EUGÈNE SUE,
Représentant du peuple (Seine).

17 novembre 1850.

LA
VIGIE DE KOAT-VEN

LIVRE PREMIER

I

> Que peut-elle voir ? que dira-t-elle ?
> Goethe, *le Grand Cophte*, act. III, sc. II

L'AMAZONE

Vers la fin du mois de septembre 1780, une femme à cheval, suivie d'un écuyer, paraissant quitter le bord de l'Océan pour s'enfoncer dans les terres, gravissait la montagne de Fal-Goët, située près de la petite ville de Saint-Rénan, assez proche de cette partie de la côte de Bretagne qui, s'étendant en face des îles d'Ouessant, de Molènes, Quemênes, et Beniquet, forme ce canal étroit que l'on appelle le *passage du Four*.

Arrivée au sommet de la montagne, cette femme arrêta un instant sa monture, comme pour jouir du majestueux spectacle qui s'offrait à ses regards.

En effet, à l'ouest le soleil se couchait derrière les rochers des îles déjà baignées des chaudes vapeurs du soir, et jetait de longs reflets rougeâtres sur les vagues qui se brisaient mollement à la côte.

Au nord, le château de Kervan élevait ses tourelles, dont les hautes flèches plombées étincelaient aux derniers feux du jour et dominaient les imposantes masses vertes, mais déjà sombres, des bois d'Ar-Foel-Cout.

A l'est, c'étaient de longues prairies coupées par ces riantes haies vives d'aubépine qui divisent tous les champs bretons; et ces pelouses étoilées de mille fleurs avaient pour ceinture les montagnes d'Arrès, avec leurs versants de bruyères semées d'ifs et de pins.

Enfin, au midi, Saint-Rénan, avec son aiguille gothique et son clocher de pierre grise à arêtes dentelées, était déjà voilé par le crépuscule et le léger brouillard qui s'abaissait sur la petite rivière de Hel-Arr, dont les eaux froides et limpides coulaient lentement au fond de cette vallée.

La femme dont nous parlons était vêtue d'une amazone noire à la mode anglaise, qui dessinait une taille élevée; et au mouvement qu'elle fit en rejetant en arrière le voile qui entourait son chapeau de castor, on put voir une figure jeune, régulièrement belle, pâle et brune.

Otant un de ses gants de chamois, elle passa une main délicate et effilée sur ses cheveux noirs, qu'elle portait sans poudre, lissés sur le front, et la posa au-dessus de ses grands sourcils, sans doute pour affaiblir l'impression des rayons trop vifs du soleil couchant.

On ne saurait croire combien cette dernière lueur dorée du soleil, en s'épanouissant sur ce pâle et beau visage, lui donnait de vie et d'éclat; combien les chauds reflets de cette lumière ardente s'harmoniaient avec le caractère prononcé de cette figure; on eût dit un de ces nobles portraits de Murillo, dont l'effet puissant ne se révèle dans toute sa splendeur qu'aux feux d'un soleil espagnol.

Après que l'amazone eut regardé quelques minutes avec attention vers le nord-ouest, une espèce de signal, un voile blanc flotta un moment au sommet d'une tour en ruine qui s'élevait sur des rochers fort près du rivage, et disparut.

A cette vue, les yeux de l'amazone brillèrent, son front rougit, ses joues devinrent pourpres, et elle appuya avec force ses mains sur ses lèvres comme pour envoyer quelque part un baiser d'amour; puis, fronçant ses noirs sourcils, rabaissant son voile, elle donna un coup de houssine à sa monture, et descendit au galop le versant de Fal-Goët avec une rapidité effrayante.

— Madame la duchesse n'y pense pas, — s'écria l'écuyer tout en suivant sa maîtresse et en s'approchant de plus près qu'il ne l'avait fait jusqu'alors; — *la Coronella* a de bonnes jambes... mais ce chemin est affreux.

Ceci fut dit en pur castillan, avec le ton de respectueuse remontrance que prend quelquefois un ancien et fidèle serviteur.

— Taisez-vous, Perez, — répondit la duchesse dans la même langue, en hâtant encore, s'il était possible, le train de sa jument.

Le vieil écuyer se tut, et il était facile de juger de tout l'intérêt qu'il portait à sa maîtresse, par l'attention inquiète et pénible avec laquelle il suivait chaque mouvement de *la Coronella*, sans s'occuper presque de son cheval à lui.

Mais, ainsi que l'avait dit le vieillard, *la Coronella* avait de bonnes jambes, car elle était fille d'un cheval arabe croisé avec une de ces juments de la Sierra dont la race est maintenant si estimée et si rare. Aussi, malgré les inégalités, les fondrières et les ravins qui sillonnent tous les chemins de la basse Bretagne, *la Coronella* ne fit pas une seule faute.

Pourtant Perez ne respira librement que lorsqu'il eut vu sa maîtresse, arrivée au bas de la montagne, suivre une profonde avenue qui conduisait au château de Kervan.

Perez paraissait avoir cinquante ans, était sec, maigre, basané, comme un Espagnol du midi; son chapeau à cornes, plat et évasé, à cocarde rouge, laissait voir ses cheveux poudrés et roulés; il était vêtu d'un habit et d'une veste de drap noir, d'une paire de culottes de peau blanche, et ses hautes bottes souples lui collaient au genou. Le seul signe de domesticité qu'il portât sur lui était une plaque armoriée qui fermait le ceinturon mi-parti vert et rouge, à galons d'or, auquel était suspendu son couteau de chasse; les mêmes armoiries étaient répétées sur les bossettes du mors et sur la housse noire de la selle.

Son cheval était suivi d'un énorme lévrier gris à longs poils.

Lorsque la duchesse fut assez proche de la grille, Perez rendit la main à sa monture, ôta son chapeau en passant à côté de sa maîtresse, et fut prévenir ses gens de son arrivée.

Aussi, quand elle s'arrêta devant le château, et que, s'appuyant sur l'épaule de son écuyer, elle sauta légèrement à terre, ses valets de chambre et ses valets de pied l'attendaient respectueusement rangés sur le perron et dans la galerie, qu'elle traversa pour gagner ses appartements.

Ces laquais étaient vêtus de deuil, et des aiguillettes de larges rubans verts et rouges, à franges d'or, flottaient sur leurs épaules gauches.

Le vieil écuyer remit les chevaux aux mains des palefreniers, et alla aux écuries pour veiller lui-même à ce que *la Coronella* fût traitée avec les soins les plus minutieux.

Quand il fut certain que rien ne manquait à cette jument favorite, il revint, s'arrêta près du pont qui séparait la cour d'honneur de l'avant-cour du château.

— Que Dieu vous garde, dona Juana, — dit l'écuyer à une femme aussi âgée que lui, et vêtue tout à fait à l'espagnole, mante, jupe et monillo noirs.

— Bonjour, Perez... Qu'y a-t-il de nouveau?

— Rien...

— Toujours à ce rocher? — demanda Juana en étendant la main vers l'ouest.

— Toujours. Madame la duchesse descend de son cheval derrière un gros morne; elle suit un sentier à travers les rochers, disparaît, et j'attends... une heure... quelquefois deux... mais, par Saint-Jacques, jamais aussi longtemps qu'aujourd'hui.

— Dieu me sauve! Perez, je te crois; aussi étais-je dans une mortelle inquiétude. Mais à quoi bon ces promenades sur le bord de la mer? Madame la duchesse n'avait pas ce goût avant le jour où...

— Vous savez, Juana, — dit le vieillard en interrompant sa femme avec un mouvement d'impatience, que je n'ai rien de caché pour vous; mais le secret de ma maîtresse ne m'appartient pas. D'ailleurs, je ne le possède pas, et je n'aurais qu'à tourner la tête pour le savoir que je ne le ferais pas.

— Sainte Vierge! je le crois; depuis que nous sommes mariés, Perez, jamais vous ne m'avez fait une confidence, pas plus sur feu M. le duc...

— Que vous ne m'en avez fait sur madame la duchesse, n'est-ce pas, Juana? — ajouta le vieillard : — ainsi unissons nos deux silences pour garder les secrets de la maison d'Alméda... si la maison d'Alméda a des secrets, — ajouta-t-il brusquement après une pause.

Et, donnant le bras à dona Juana, ils regagnèrent le château; car la nuit était tout à fait sombre.

— Je vous rejoindrai tout à l'heure, Perez, — dit Juana en quittant son mari pour traverser la galerie; — il faut que j'aille tout préparer pour le coucher de madame la duchesse.

II

Come segue la lepre il cacciatore
Al freddo, al caldo, alla montagna, al lito,
Ne più la stima poi che presa vede
E sol dietro a chi fugge affretta il piede.

ARIOSTO, canto X, st. VII.

LA TOUR DE KOAT-VEN

La tour de *Koat-Vën*, qui la veille avait excité si vivement l'attention de la duchesse d'Alméda, s'élevait, on l'a dit, sur les hauts rochers de la côte ouest de la Bretagne.

Cet édifice, d'abord destiné à servir de vigie, avait été abandonné, puis concédé par l'intendant de Bretagne à Joseph Rumphius, savant astronome, afin de faciliter les expériences et les observations météorologiques et hydrographiques dont il s'occupait depuis longtemps; et comme Koat-Vën était fort peu éloignée de la ville de Saint-Rénan, où Rumphius faisait sa résidence, il trouvait une merveilleuse commodité dans cet observatoire. Aussi les diverses pièces circulaires qui la composaient étaient-elles ordinairement encombrées de quarts de cercle, d'astrolabes, de montres, de télescopes, et autres instruments jetés là sans aucun ordre.

Mais alors Rumphius n'habitait plus la tour de Koat-Vën; aussi tous les *engins* de science de l'astronome avaient-ils été relégués dans une espèce de lanterne située au faîte du bâtiment, et les meubles utiles qui remplaçaient tout ce docte attirail prouvaient assez que la destination de la tour était momentanément changée, et que son nouveau maître, s'occupant plus de la terre que de l'empirée, avait essayé de rendre ce bâtiment logeable.

Les quatre fenêtres longues et étroites, percées au sud, au nord, à l'est et à l'ouest, qui éclairaient la vaste et unique salle dont se composait le premier étage, étaient garnies de longs rideaux; puis quelques sièges et un large et excellent fauteuil à oreillettes et à dossier fort élevé entouraient une grande table couverte de papier et de livres de théologie.

C'était le lendemain du jour où la duchesse s'était si imprudemment aventurée sur la côte du Fal-Goët; le soleil se mirait dans la mer, qu'une folle brise soulevait en se jouant, et la ceinture d'îles et de rochers dont les crêtes brunes découpaient l'horizon s'étendait au milieu de l'écume nacrée qui venait caresser leur base.

Il y avait pourtant je ne sais quelle mélancolie profonde dans l'aspect de ce ciel si pur, si uniforme; cela faisait naître un sentiment de tristesse insurmontable, et l'on eût désiré voir se dérouler les flocons blancs de quelque nuage sur ce bleu si monotone, comme si l'on avait compté sur la vue de ce nuage, sur sa forme, sur ses contrastes, pour distraire l'âme de cette poignante rêverie.

Oui, car un ciel bleu partout, un ciel sans aucun de ces imposants et larges accidents de lumière et d'ombre, de soleil et de ténèbres, oh! qu'un pareil ciel est triste! triste! C'est une vie sans joie et sans larmes, sans amour et sans haine.

Il était deux heures, et à cette heure tout se taisait sur la grève, tout était muet à Koat-Vën. Quelquefois seulement le cri plaintif du tarek se mêlait au murmure sourd et régulier des hautes lames qui s'abattaient pesamment sur la côte... Quelquefois les ailes humides d'un goëland venaient frémir aux vitraux étroits et plombés des fenêtres de cette tour, ou bien l'alcyon en effleurait le talc diaphane alors qu'il apportait dans le creux des murs les brins de mousse et de varech qu'il amasse pour l'hiver.

On voyait aussi à de longs intervalles, à travers les bizarres dentelures des roches noires, une voile blanche et dorée par le soleil poindre, passer, puis disparaître, comme ces souvenirs d'amour et de jeunesse qui luisent parfois dans une âme flétrie et vieille avant l'heure.

Mais ce morne silence est interrompu tout à coup; des pas précipités résonnent dans l'escalier tournant qui communique aux étages supérieurs; la porte de la grande salle s'ouvre violemment, un homme entre en disant: *C'est elle!* et va se jeter dans le grand fauteuil.

Cet homme paraissait avoir au plus vingt-cinq ans; ses cheveux sans poudre, longs et châtains, au lieu d'être assujettis par derrière, selon la mode d'alors, flottaient sur ses épaules.

Son front était blanc, élevé, ses yeux grands et spirituels, son nez fin et droit, ses lèvres minces; et son menton arrondi était si frais et si rosé, son teint si délicat, que bien des femmes eussent envié ce joli visage.

Quelques légers plis à l'angle de l'œil auraient peut-être annoncé un caractère riant et ouvert, si les rides profondes qui creusèrent tout à coup le front de ce jeune homme n'eussent donné un aspect souffrant et chagrin à cette charmante figure.

Son costume simple, d'une couleur foncée, faisait valoir l'élégance de sa taille; mais par sa coupe sévère il se rapprochait de l'habit ecclésiastique.

Il appuya sa tête dans une de ses mains, sa figure devint de plus en plus pâle; il se prit à feuilleter et à lire avec recueillement et attention un énorme in-quarto à fermoirs de cuivre, ouvert sur la table.

Il fallait que la préoccupation dans laquelle il était plongé fût bien grande, car la porte de la chambre s'ouvrit sans qu'il parût y faire la moindre attention. Et la duchesse d'Alméda parut à cette porte.

III

> Voilà précisément où j'en étais; et dans les cruelles agitations que me faisait souffrir cette contrariété de volontés, je me condamnais moi-même bien plus fortement que je n'avais fait jusqu'alors, en me débattant dans mes liens pour tâcher d'achever de les rompre : car ils étaient presque réduits à un filet; mais c'était encore assez pour me tenir.
>
> *Confess. de saint Augustin*, 510, 8, ch. IX.

> Mais ici, Adeline, qui parut très piquée de voir qu'on trouvât quelque chose à répliquer à ses objections, répéta, comme font tant d'autres, la même raison qu'elle venait de donner tout à l'heure.
>
> BYRON, *Don Juan*, ch. XV.

TENTATION

La duchesse s'arrêta un moment au seuil de la porte; puis, dénouant et ôtant son chapeau, elle le posa sur un siége, et s'avança légèrement et si près, si près du jeune homme, que sa joue touchait presque sa joue, qu'il était encore plongé dans sa rêverie.

Curieuse de voir ce qui pouvait absorber si profondément

son attention, elle avança la tête, et vit son portrait à elle... son portrait esquissé au crayon et d'une ressemblance parfaite. Douceur ineffable! joies du ciel! elle vit aussi les traces récentes de quelques larmes.

Alors, comme par un soudain mouvement d'orgueil, la belle duchesse redressa la tête; ses joues pâles s'animèrent, et une inconcevable expression de bonheur et de fierté rayonna sur son front; ce fut peut-être même une pensée de dédain qui plissa ses lèvres et durcit le coup d'œil qu'elle jeta sur ce jeune homme aux traits efféminés, aux proportions si délicates, lorsque, baissant ses longues paupières brunes, croisant ses bras sur son sein, elle le domina de toute la hauteur de sa taille noble et élevée, que son costume d'amazone faisait encore valoir.

Car cette femme était un de ces beaux types espagnols, d'une nature riche et vigoureuse. Oh! qu'il y avait de passion fougueuse et emportée, de jalousie dévorante et implacable dans ces formes accusées, mais nerveuses malgré leur élégance! et cette chevelure épaisse et si fine! et ces sourcils luisants et arqués! et ce léger duvet presque imperceptible qui faisait briller le corail d'une lèvre rouge un peu saillante!

O Rita! Rita! vous avez vingt-huit ans, c'est le soleil de la Havane qui a doré vos belles épaules si voluptueusement arrondies... Rita!... faut-il plaindre ou envier celui pour l'amour duquel vous venez à cheval suivie d'un seul écuyer? Vous venez dans une vieille tour en ruines... vous, madame la duchesse, dont les premiers domestiques sont gentilshommes; vous, orgueilleuse fille et veuve de grands d'Espagne; vous, dont les aïeux, descendants de Sanche IV, avaient des droits à la couronne de Castille!

Au mouvement que fit Rita, le beau solitaire de la tour de Koat-Vën s'éveilla comme d'un songe; et, levant la tête, il vit enfin la duchesse accoudée sur les oreillettes du fauteuil, la duchesse qui le considérait avec idolâtrie.

— Oh! c'est toi... — dit-il avec amour, — tu étais là...

— Oui, c'est moi... Henri... moi, ton démon tentateur, — dit-elle en souriant et le baisant au front.

— Oh! tais-toi... tais-toi... — dit le jeune homme en la repoussant doucement, tandis qu'un sombre nuage s'étendait sur son front.

— Enfant, — dit la duchesse en jetant ses bras autour du

cou d'Henri, — toujours des scrupules de jeune fille. Voyons, je veux te convaincre et calmer cette conscience timorée.

Et Rita, assise sur les genoux d'Henri, appuya sa tête sur son épaule.

Puis, comme il restait pensif et absorbé, et que sa main paraissait glacée dans les mains brûlantes de la duchesse : — Henri, — dit-elle avec impatience, — est-ce donc ainsi que tu me revois?... ne m'aimez-vous donc plus?...

Et Henri lui montrant son portrait : — Oh! Rita... le puis-je, ne pas vous aimer?... n'avez-vous pas changé ma vie? et cette nouvelle vie que vous m'avez donnée n'est-elle pas toute dans votre amour?... Vous aimer maintenant, pour moi... c'est exister...

— Tu n'as donc plus de regrets, Henri? — dit la duchesse en jouant avec les longs cheveux de son amant.

— Si, Rita... si; quand vous n'êtes pas là, j'éprouve des regrets bien amers, parce que j'ai manqué à une promesse sacrée; parce que je vais renoncer peut-être à une vie obscure et pieuse pour laquelle j'étais né. Élevé loin du monde, mes passions, mes sens, mes idées, tout sommeillait en moi. Rita, je n'avais qu'un amour, celui du ciel. Mes croyances se fortifiaient dans la solitude; mon seul but était le cloître... oui, Rita, le cloître... Si vous aviez vu comme moi l'abbaye de Kandem, là-bas, avec ses vieux bois de chênes et ses hauts rochers! si vous aviez entendu la brise de mer se plaindre sous les sombres arceaux de ses galeries, vous comprendriez tout ce qu'il y avait alors de charme pour moi dans cet avenir que je m'étais créé, dans ce désir de passer là ma vie indifférente et paisible. Car ma vie se serait écoulée pure et calme à l'ombre de l'abbaye, comme le ruisseau caché qui coule au fond des bois. Faible, souffrant... j'aurais bien aimé les faibles et les souffrants; bientôt ma vie se fût usée à les secourir, et un jour je m'éteignais sans remords et sans craintes... Un jour, Rita, couché dans ma cellule, cherchant encore du regard les longues lames de l'Océan, tâchant d'entendre une dernière ois les sublimes harmonies du vent marin, j'aurais quitté ce monde sans souvenir et sans crainte.

Et Henri cacha sa tête dans le sein de Rita.

— Oh! dit celle-ci, — si tu savais avec quelle ivresse, quel orgueil, j'entends ces aveux! Si tu savais, Henri, combien il est doux de se dire : Cette âme frêle et craintive qui, reployant ses ailes au moindre contact du monde, ne voulait les déployer que pour s'élancer vers le ciel ! cette âme qui se vouait à Dieu, s'est vouée à moi... je suis devenue son dieu ; elle est à moi, je suis à elle ! Car tu es à moi, Henri... à moi sont aussi tes larmes et tes regrets qui me rendent la plus heureuse des femmes ; heureuse... oh ! oui, bien heureuse !... Et pourtant, mon Henri, que nos caractères se ressemblent peu !... moi, qui ai les idées fortes et invariables d'un homme, quand tu as la douce timidité d'une femme ; moi, qui ai dû vaincre tes scrupules, tes naïves terreurs, pour te prouver qu'il était aussi un bonheur ici-bas... Eh bien, Henri, c'est peut-être ce contraste frappant entre nous deux qui augmente encore la violence de mon amour... de cet amour, le seul que j'aie jamais éprouvé... de cet amour qui fait que moi si fière, moi toujours si méprisante des hommages des hommes, je trouve pourtant un bonheur inexplicable à être là, soumise, esclave, à tes genoux, attendant un mot d'amour de ta bouche, le demandant par grâce... par pitié...

Et la duchesse, se laissant doucement couler aux pieds d'Henri, joignait ses belles mains en tremblant, et le regardait avec adoration.

A ce moment la figure d'Henri avait une ravissante expression de mélancolie et de bonheur ; ses yeux étaient humides de larmes... et baissant la tête, il appuya son front sur le front de Rita. Puis on eût dit que la chaude et voluptueuse haleine de cette femme passionnée animait tout à coup cet enfant si timide, et qu'il avait puisé aux lèvres de l'Espagnole le feu qui étincela dans ses yeux, qui colora soudainement ses joues.

— O Rita ! — dit-il en se levant avec force... — voilà que tu me tiens sous ton charme, Rita... voilà que ta bouche me jette un feu qui m'enivre... car dans ces moments de délire, vois-tu, Rita, mon imagination s'exalte et m'emporte, mes sens acquièrent une sensibilité inouïe ; tiens, maintenant mon cœur bat ; maintenant mon cerveau pense, mes idées sont vives ; maintenant j'existe, maintenant le soleil me paraît plus brillant, la mer plus belle, les fleurs plus parfumées, la voix des oiseaux plus amoureuse ; maintenant j'ai des pensées de gloire et de combats ; maintenant le souvenir de mes vœux de solitude et d'obscurité me paraît un rêve lointain et effacé. Maintenant je ne sais quelle ardeur m'anime, quelle puissance m'entraîne ; mais cet habit m'est odieux, la vue de ces livres me fatigue, cette solitude me pèse... j'ai besoin d'éclat... de tumulte... je voudrais entendre les cris des soldats... le bruit des armes... que sais-je, moi!... je voudrais tenir une épée... Mon Dieu, une épée... de la gloire... un nom... un grand nom qu'on ne prononce qu'avec envie et respect...

Et toute la personne d'Henri avait subi une inconcevable métamorphose; sa taille moyenne s'était redressée; sa contenance triste et timide avait fait place à un air d'audace et d'intrépidité extraordinaire; son attitude était imposante; son coup d'œil d'aigle avait un éclat et une fixité tels que la duchesse ne put le soutenir. Pour la première fois peut-être elle baissa les yeux devant ceux d'Henri, il était admirable ainsi...

— Oh! — dit-elle en se jetant à son cou, — oh! que tu es beau, Henri, mon ange... que cette expression intrépide sied bien à tes yeux! oh! que j'aime cette audace qui brille dans tes regards! Et comment ne l'aimerais-je pas, Henri? n'est-ce pas mon ouvrage?... car enfin ces pensées de gloire, c'est moi qui te les ai données! elles te sont venues avec ton amour pour moi!... ce feu qui t'exalte, tu l'as puisé sur mes lèvres... enfin, — dit-elle presque en pleurant, — je t'aime... oh! je t'aime avec autant de tendresse jalouse, avec autant d'égoïsme et de fierté qu'une mère aime son enfant. Et puis, si tu savais avec quelle avidité je cherche, dans ces sensations nouvelles que j'ai fait éclore en toi, les traces de mes sensations à moi! oh! je les cherche, vois-tu, comme une mère cherche ses traits dans les traits du fils qu'elle adore... Aussi, Henri, tu me dois plus que de l'amour... tu dois m'aimer comme maîtresse et comme mère... entends-tu, Henri? il y va de ton honneur... car c'est une chose sainte et sacrée qu'un tel amour; et puis cet air qui me plaît, je ne veux pas qu'il plaise à d'autres femmes; et une fois que je t'aurai arraché à cette odieuse solitude... tu me promets, n'est-ce pas, Henri, de rester pour tout le monde le triste solitaire de *Koat-Vën*... Pour moi seule tu garderas ce coup d'œil étincelant, cet air vif et intrépide. Mais, que je suis folle! — ajouta-t-elle avec un sourire qui vint briller dans ses larmes, — mon amour seul est assez puissant pour t'exalter ainsi; et tu es si froid, si taciturne habituellement, que je suis la seule femme qui puisse s'intéresser à toi. Va, pauvre enfant, ta pâleur, ta mélancolie, éloigneront bien vite les autres... car cette pâleur, cette mélancolie, ne peuvent plaire qu'à moi... oh! qu'à moi seule, je te le jure, — dit la duchesse avec cet air d'intime conviction que prennent toutes les femmes quand elles parlent à leur amant du charme ou du vice qu'elles savent justement devoir séduire leurs rivales.

— J'y ai songé souvent, Rita, — dit Henri d'un air sombre.
— Oui, j'ai songé que toi seule tu pouvais m'aimer... et cette pensée m'a été quelquefois bien amère. Écoute, Rita, tu comprends bien que la vie d'un cloître maintenant ne m'est plus possible; ma vie, maintenant c'est toi, c'est ton amour... Mais dis-moi, Rita, si tu changeais, toi! si tu venais à ne plus m'aimer, toi la seule qui puisse m'aimer!

— Henri... oh! Henri...

— Comprends-tu ce que serait alors la vie pour moi, si tu changeais, dis?... Cette vie que tu me fais aujourd'hui si belle et si riante... cet avenir que ton amour colore d'ambition et de gloire; cette existence factice qui m'exalte, qui m'anime, je la dois à toi seule, tu l'as dit : aussi, si tu t'éloignais de moi, je retomberais dans le néant... non plus dans ma vie autrefois si indifférente et si paisible, mais dans une vie de regrets affreux, de souvenirs désolants qui dureraient peut-être bien longtemps, Rita!

— Eh bien, écoute, Henri, — répondit la duchesse avec une exaltation singulière, — cette crainte ne m'était pas venue, vois-tu, parce que, te jugeant d'après moi, je m'étais dit : — S'il me trahissait, je le tuerais; — puis, après un moment de silence... — Tu ne me tuerais donc pas, toi... Henri, si je changeais?

— Si, si, — dit Henri avec emportement, — si; et pourquoi non? — ajouta-t-il avec un rire amer; — tu m'as déjà fait renoncer à l'idée de toute ma vie... pourquoi ne ferais-tu pas de moi un meurtrier?... Et puis penser que dans les bras d'un autre peut-être... tu rirais de moi, tu rirais de l'enfant crédule qui, sur la foi de l'amour d'une femme, a jeté au vent avenir et croyance, a parjuré des promesses sacrées! Non, non, Rita : tu as pensé vrai, je te tuerais.

Et les traits d'Henri avaient une expression presque féroce, lorsqu'il saisit violemment la duchesse par le bras en fixant sur elle ses yeux ardents.

— Mais, — s'écria-t-elle avec un emportement impossible à décrire, en le couvrant de baisers dévorants, mais tu veux donc me rendre folle de bonheur... folle d'amour pour toi, ange... ange adoré ! mais l'influence que j'ai sur toi tient donc du prodige ! C'est le ciel ou l'enfer qui me l'ont donnée, mais elle existe... En un mois, Henri... t'avoir amené là !... toi si naïf, si timide, si croyant... toi, avec ton caractère doux et craintif... t'avoir amené là !... oh ! quel amour !... — dit enfin Rita, avec une espèce d'accablement voluptueux, comme si elle se fût sentie écrasée sous tant de preuves de passion.

— Oh ! ceci est vrai, Rita... et je dis, comme toi, en frémissant quelquefois... Quel amour !...

Et la duchesse se leva droite... imposante, majestueuse, et tendant la main à Henri...

— Henri, dans trois jours... ici... tu me connaîtras tout à fait.

— Que voulez-vous dire, Rita?

— Dans trois jours, Henri...

— Trois jours sans te voir?

— Il le faut ; mais alors tu ne pourras plus douter de moi, et je ne te demanderai qu'un seul mot, qu'un seul serment : celui de quitter cette tour, et de renoncer à tout jamais à la vocation qu'on t'avait imposée.

— Dans trois jours ! — dit Henri d'un air pensif, — dans trois jours, je le veux... mais le soir... à minuit...

— A minuit... pourquoi?

— A minuit, Rita... je t'en supplie... et puis il me semble qu'un serment fait le soir à la lueur des étoiles, au milieu du silence imposant de la nuit, du murmure de la mer, a quelque chose de sacré. O Rita, il faudrait être deux fois infâme pour se parjurer à cette heure !

— Soit, à minuit, — répondit Rita après un moment de réflexion.

Et, tendant la main à Henri qui restait absorbé, elle se dirigea vers la porte.

Et cette scène inattendue, presque solennelle, jeta une espèce de contrainte, de réserve dans les adieux des amants, qui avaient toujours été si tendres.

La duchesse rejoignit son écuyer, et elle était déjà disparue que son amant agitait encore un voile blanc au sommet de la tour de Koat-Vën.

IV

> Vous descendez de hauts barons, ma mie :
> Dans ma lignée on note d'infamie
> Femme qui pleure, et ce, par la raison
> Qu'il en pût naître un lâche en ma maison.
>
> Le comte ALFRED DE VIGNY, *Madame de Soubise.*

LA DUCHESSE D'ALMÉDA

La duchesse d'Alméda, créole de la Havane, avait été mariée fort jeune au duc d'Alméda. Cette union fut une contrariété pour Rita, car elle se sentait un grand goût pour la vie religieuse; mais, forcée d'obéir à sa famille, elle se résigna, et les devoirs d'une piété sincère occupèrent seuls son cœur jusqu'au moment où elle vint en France.

Le duc d'Alméda était un vieillard d'infiniment d'esprit, mais qui, fasciné, comme beaucoup de gens de sa classe, par le faux éclat que jetait dans ce temps l'école encyclopédique, trompé par les apparences de philanthropie qu'elle affichait, se voua tout entier à la propagation des nouvelles doctrines. Partageant le singulier vertige qui égarait alors la raison d'une partie de la noblesse française dans l'espace spéculatif des plus dangereuses utopies, il hâta donc, selon ses moyens, le développement progressif des idées qui plus tard devaient être si fatales à toutes les aristocraties et à tous les pouvoirs.

Les railleries amères dont il accablait sa femme au sujet de ce qu'il appelait sa superstition n'avaient aucune influence sur elle tant qu'elle vécut en Espagne. La puissance temporelle et spirituelle du clergé y était encore si imposante, les croyances du peuple si profondes, que Rita, plongée dans cette atmosphère de piété, entourée de personnes qui partageaient ses convictions, rencontrant à chaque pas des signes extérieurs de cette religion, conserva toute la pureté de sa foi.

Mais lorsque, arrivée à Versailles, elle eut vécu quelque temps au milieu des fêtes et des délices d'une cour spirituelle, intime et élégante, cette foi si robuste vint à chanceler, étourdie par ce tourbillon éblouissant.

Et puis, au dehors, la religion de France n'était plus la religion d'Espagne : ce n'étaient plus ces hautes églises, si sombres, si profondes, avec leurs châsses étincelantes d'or et de pierreries, qui, absorbant seules une lumière rare et douteuse, rayonnaient au milieu des ténèbres comme une clarté divine; ce n'était plus ce chant grave et majestueux des moines; ce n'était plus cette population tout habillée de noir, accroupie sur le froid pavé des églises dans l'ombre et le silence, et comptant avec foi les grains de son rosaire.

En France, la religion, moquée, insultée dans son esprit, tâchait de frapper les yeux par l'éclat emprunté de son culte; les églises étaient parées, coquettes, mais elles avaient en partie perdu les admirables vitraux qui y faisaient régner une obscurité si mystérieuse; et puis on allait à la messe pour voir et pour être vu; le soleil dardait de joyeux rayons à travers les hautes fenêtres, inondait tout de lumière, et resplendissait sur le velours, l'or et la soie qui couvraient une multitude rieuse et bruyante, dont le luxe effaçait le luxe de l'autel; et puis le philosophisme parlait déjà haut, interrompait plaisamment les sacrés mystères; et puis enfin c'étaient des filles d'Opéra qui chantaient les saints cantiques.

D'ailleurs, il faut bien l'avouer, les idées religieuses de Rita étaient plutôt acquises qu'instinctives et raisonnées. Douée d'une imagination mobile et ardente, ce qui l'avait surtout exaltée, c'étaient les dehors pompeux du christianisme, ses imposantes et graves cérémonies; n'ayant jamais souffert, elle n'avait rien eu à demander aux échos de l'abîme où s'engloutit Pascal. De la religion, elle ne sentait que la poésie. De l'océan sans fond, elle ne voyait que le flot riant et azuré qui joue à sa surface, et s'y berçait enivrée d'encens au murmure lointain des harmonies de l'orgue.

Aussi, quand les philosophes qui composaient la société de son mari vinrent attaquer cette foi si spiritualisée avec un matérialisme glacial, Rita ne sut que dire. On lui parlait chiffres, elle répondait extase. Aux miracles qu'elle citait, on opposait les lois immuables de la physique et de l'astronomie; de quelque côté que la pauvre femme se tournât, ne trouvant que froide raison ou sarcasme sanglant, elle se tut épouvantée : car la lucidité apparente de certaines objections, sans la convaincre tout à fait, l'avait pourtant frappée.

Alors, sentant comme par instinct tout ce qu'elle perdait, elle voulut se réfugier dans sa première croyance... mais il n'était plus temps... Le stupide et brutal démon de l'esprit d'analyse avait flétri de son souffle desséchant ces ravissantes visions d'azur et de lumière... peuplées d'anges aux ailes de feu et retentissant de mélodie sans fin... tout avait disparu.

Et cela se conçoit : un homme d'un génie puissant ou d'une foi éprouvée peut lutter avec avantage, et même imposer sa sainte conviction à ses antagonistes, en les emportant dans sa sphère par la magie d'une éloquence entraînante; mais Rita, dont l'esprit vif et bouillant manquait de profondeur; Rita, qui croyait peut-être, je l'ai dit, autant à la poésie de la religion qu'à la religion elle-même, ne pouvait combattre ses adversaires.

Enfin elle se lassa d'avoir sans cesse tort dans les discussions; son amour-propre s'irrita de voir toujours opposer des raisonnements captieux à ses allégations confuses; elle finit par douter d'elle-même et de sa foi. Du doute à l'incrédulité il n'y a qu'un pas; ce pas fut franchi, et Rita devint *esprit fort*.

L'incrédulité devait d'abord impressionner vivement une organisation aussi exaltée que celle de Rita. En effet, au premier aspect, on trouve un attrait fatal dans cette lutte que l'on croit engager avec Dieu; car la révolte de l'ange rebelle ne manque pas d'une sauvage poésie. Il y a surtout de l'audace à blasphémer quand Jupiter répond par un coup de tonnerre; aussi faut-il être athée comme Ajax, ou ne pas s'en mêler.

Mais, en réfléchissant un peu à cet athéisme du dix-huitième siècle, qui a beau prendre sa grosse voix, et que Dieu n'entend pas, cet athéisme fait honte et pitié, parce qu'il est absurde et même lâche; car ceux qui le professaient *croyaient* au *néant* après leur mort, et n'avaient plus même la Bastille à craindre pendant leur vie.

Or, comme la Divinité n'accepta pas le cartel que Rita lui offrait, l'incrédulité de Rita dura peu; l'indifférence lui succéda, et un jour la duchesse d'Alméda se trouva sans haine et sans amour pour le ciel.

Et j'insiste tant sur cette phase de la vie de Rita, parce que de ce moment son existence fut tout autre.

Parce que cette imagination si vive et si passionnée, qui jusque-là avait trouvé un aliment dans des pensées d'infini et d'éternité qui ouvrent une carrière incommensurable aux âmes ardentes; cette imagination, ayant bien vite épuisé ce qu'on lui avait donné en échange de ses croyances détruites, se trouva réduite à se consumer de son propre feu.

Parce que jusque-là Rita avait échappé à l'influence des passions terrestres, elle aimait mieux. Mais à cette heure, tombée de si haut, si cette âme brûlante voulait encore tressaillir à des émotions de joie ou d'angoisse, elle ne pouvait plus les chercher que dans l'amour; car c'est encore une croyance et une religion que l'amour; pour Rita surtout, cela devait être ainsi; pour Rita qui, si elle eût aimé, eût aimé avec égoïsme, avec rage, avec une implacable et féroce jalousie; pour Rita, qui eût sacrifié à l'amour ce qu'elle avait voulu sacrifier au ciel : rang, fortune, patrie.

Mais ce n'était pas ainsi qu'on aimait alors en France; aussi Rita, ne trouvant personne qui lui parût digne d'une passion telle qu'elle la comprenait, quoique environnée d'hommages, accueillit avec mépris et dédain les soins qu'on lui offrait, resta pure au milieu de la corruption, et vécut convenablement avec le duc d'Alméda jusqu'au moment où, une mort imprévue le frappant, Rita fut rendue à la liberté.

Rita regretta peu le duc, mais par convenance fut passer à sa terre le temps de son deuil : d'ailleurs elle quitta la cour sans regrets, car l'arrogante rigidité de ses principes lui avait concilié toutes les haines; et malgré les calomnies de quelques-uns qui assuraient que sa sagesse était de la dissimulation, l'opinion générale fut d'accord sur ce point, que la duchesse d'Alméda avait été d'une entière pureté de mœurs, mais d'une pureté si intolérante et si orgueilleuse, que la conduite la plus dissolue lui eût fait moins d'ennemis que son insolente vertu.

Fatiguée de ces haines, n'ayant rien qui la retînt à Versailles ou à Paris, Rita vint donc habiter Kervan.

Depuis son séjour en France, jamais Rita ne s'était trouvée dans une solitude aussi complète. Ce fut alors surtout qu'elle regretta ses croyances d'autrefois; mais il n'était plus temps. La duchesse, irritée, chagrine, passait de longues heures à souffrir d'un mal inconnu, à appeler un bonheur inconnu aussi; elle maigrissait, les larmes creusaient ses joues; sans secours, sans refuge contre ces peines amères, contre cette excitation nerveuse qui la dévorait, cent fois des pensées de suicide vinrent luire à son esprit; mais, soit que le courage lui manquât, soit qu'un secret pressentiment la retînt, elle traîna ainsi misérablement sa vie, jusqu'au moment où un hasard singulier lui fit connaître Henri.

Une de ses femmes vint un jour lui dire que des pêcheurs, étant entrés dans une tour en ruines placée sur le bord de la mer, y avaient trouvé un jeune homme d'une rare beauté, presque mourant, et que, connaissant l'humanité de madame la duchesse, ils étaient venus au château chercher du secours.

Cette histoire frappant le caractère romanesque de la duchesse, elle ne répondit rien, mais le jour même se dirigea vers la tour de Koat-Vën, accompagnée de Perez. Là pour la première fois elle vit Henri. Touchée de la douce tristesse empreinte sur la belle et noble figure de cet enfant, Rita expliqua avec émotion le sujet de sa visite : — ayant entendu dire que des soins pouvaient lui être utiles, elle venait lui offrir les siens.

Henri la remercia avec reconnaissance, mais ajouta qu'il espérait n'en avoir bientôt plus besoin. Son histoire était simple : orphelin, élevé par son oncle, vieil ecclésiastique ; il ne l'avait jamais quitté, lorsque la mort le lui enleva. Resté seul au monde, sans fortune, sans appui, Henri n'avait qu'à suivre une vocation qu'il croyait sincère, celle du cloître. Pourtant, avant de se décider d'une manière irrévocable, et voulant éprouver s'il pourrait supporter la solitude, les jeûnes et les austérités de la vie monastique, il s'était retiré pour quelque temps dans cette tour.

Mais ses forces l'avaient trahi, il était tombé malade ; et un vieux valet qui le servait l'ayant abandonné parce qu'il ne pouvait plus payer ses soins, sans la visite imprévue des pêcheurs, il serait mort ignoré. « Enfin, avait-il ajouté, peu m'importe maintenant, car, je le sens, ma vie s'éteint, et bientôt, pauvre orphelin, j'irai retrouver dans le ciel une mère que je n'ai pas connue sur la terre. »

Cette résignation mélancolique, cet isolement, ce malheur qui brisait cet enfant, dont la figure était si candide, tout cela émut fortement la duchesse, qui ressentit d'abord une pitié profonde pour cet infortuné.

De ce jour une nouvelle existence commença pour Rita. Par une contradiction bizarre, cette altière duchesse, qui avait résisté à tant de brillants et fastueux hommages, sentit naître en elle une sensation inconnue à la vue de cet être si souffrant et si malheureux; et quand la fatuité la plus élégante, les manières les plus distinguées, l'impertinence la plus à la mode, n'avaient pu obtenir un seul regard de Rita... la figure triste et pâle d'Henri resta gravée au fond de son cœur; ces traits, qu'elle n'avait vus qu'une fois, la suivirent partout, et les accents de cette voix douce et craintive résonnèrent toujours dans son âme.

Rita était si heureuse de cet amour, qu'elle ne songea pas même à le combattre. Libre, immensément riche, qui pouvait l'empêcher d'être à Henri? Et puis, lui se trouvant seul, isolé, sans parents, sans amis, ne serait-il pas à elle, tout à elle seule? Ne serait-il pas dans sa dépendance absolue? Ne tiendrait-il pas tout d'elle?... Et puis ne serait-elle pas *seule* à l'aimer?... car elle ne comprenait pas autrement l'amour.

Oui, Rita eût été jalouse à la mort de la mère ou de la sœur d'Henri, si Henri avait eu sa mère ou sa sœur; car l'amour comme Rita l'éprouvait, c'était un égoïsme presque féroce, tant il était exclusif! Enfin, plus Rita connut Henri, plus elle l'aima. Elle passait des heures entières à écouter les confidences de cette âme naïve et candide, à voir se dévoiler peu à peu ce cœur qui s'ignorait encore, à se sentir éprouver elle-même ce qu'elle faisait éprouver à Henri, car elle était aussi ignorante que lui en sensations amoureuses; aussi était-ce un échange de détails ravissants sur chaque nouvelle découverte qu'ils faisaient tous deux dans leurs propres cœurs...

Et puis, Henri était si timide... si craintif... et puis, comme il ne demandait rien, il avait bien fallu tout lui offrir...

Enfin, que dirai-je? l'amour le plus frénétique, le plus violent, le plus emporté, vint embraser Rita. A son âge... le développement d'une passion ainsi exaltée devait être terrible; aussi toute considération s'effaça devant la volonté inébranlable qu'elle avait de voir Henri à elle, et, oubliant et son rang, et sa fortune, et sa position sociale, elle se décida à offrir sa main à Henri, quoiqu'il lui eût avoué qu'il était noble, mais d'une bien pauvre maison de Bretagne.

Eh! que m'importe sa fortune? avait dit Rita; n'est-il pas noble? Et d'ailleurs, fille unique d'un grand d'Espagne, je puis donner à Henri le titre et le nom de mon père... Oui, car je veux qu'il tienne tout de moi, tout, jusqu'à son nom, le nom qu'il portera si bien, car il est beau, brave, spirituel, Henri...

et je ne connais pas un gentilhomme qui le vaille ; et puis il m'aime tant... oh ! il m'aime d'adoration, je le sens bien là... à mon cœur... je l'aime trop, moi, pour que cela ne soit pas ainsi ; et puis ne m'a-t-il pas sacrifié tout ce qu'il pouvait sacrifier au monde, le pauvre enfant !... la foi qu'il avait jurée, son avenir qu'il rêvait si pur et si calme... Et qui sait, disait Rita avec épouvante, qui sait si ce n'est pas le vrai bonheur qu'il m'a sacrifié !...

Enfin, les trois jours qu'elle avait demandés à Henri pour réfléchir avaient encore, s'il était possible, rendu sa volonté plus entière, plus inébranlable. Aussi le troisième jour, dès que la nuit fut venue, elle prit sa mante, et, sortant par son oratoire, qui communiquait à la chapelle au moyen d'une travée, elle rejoignit Perez qui l'attendait.

Appuyée sur le bras de son écuyer, elle fit à pied le trajet du château au bord de la mer, et, arrivée près d'un grand rocher, elle quitta Perez et gagna la tour.

Henri était déjà à la porte, sur une espèce de plate-forme qui servait de base à l'escalier, mais vêtu de telle sorte que Rita ne le reconnut pas d'abord et s'arrêta craintive...

Henri était recouvert d'une robe de moine, et son capuchon rabaissé lui cachait presque la figure...

— Rita... Rita... c'est moi, — dit-il avec sa voix douce. A peine avait-il prononcé la première syllabe de son nom, que la duchesse, reconnaissant son amant, était dans ses bras.

— Henri... pourquoi ce costume lugubre ?

— N'était-ce pas celui que je devais prendre avant de te connaître, Rita ?... J'ai voulu le vêtir une dernière et seule fois... comme pour t'en faire le sacrifice plus entier... M'en veux-tu ?

— Non... non... Mais viens, — dit Rita en s'élançant dans l'escalier...

Henri la retint doucement.

— Écoute, — dit-il en pressant les lèvres de Rita sur les siennes, — je voudrais être seul là-haut quand tu entreras... je voudrais entendre encore une fois le bruit de tes pas dans l'escalier... le froissement de ta robe... Veux-tu ?...

— Oui, oui ; mais que je te dise, — reprit Rita avec une précipitation joyeuse, tant elle avait hâte de confier ce secret chéri à son amant, — que je te dise, Henri... c'est ma main que je viens te proposer ; ma main... une fortune immense...

un titre... un titre noble et éclatant, tout cela à toi... pour toi ! tout cela pour celui...

— Cher ange, — dit Henri en lui baisant le front et l'interrompant, — tout à l'heure.

— Oui, oui, mais dépêche-toi... Vois-tu, Henri... je n'attends pas d'abord plus d'une minute, — dit la duchesse avec une impatience d'enfant.

Et Henri disparut dans les ténèbres de la tour.

Une minute après, Rita était à cette porte, qu'elle reconnut bien malgré l'obscurité.

Elle l'ouvrit, et poussa un cri d'étonnement et presque d'effroi.

V

C'est par tous les sacrifices imaginables que je prétends vous acquérir, et vous acquérir sans réserve.
DIDEROT, *Inconséquence*, V, VII, p. 356.

SURPRISE

La surprise de Rita était bien naturelle, car on ne reconnaissait plus la salle obscure de la tour de Koat-Vën. Ses murs humides et noircis par le temps avaient disparu sous d'élégantes draperies de soie pourpre, qui rapetissaient cet appartement de moitié.

Et puis c'était une profusion de candélabres, de dorures, de glaces, reflétant les feux de mille bougies qui jetaient une clarté resplendissante dans cette chambre circulaire.

C'était le timide et mélancolique Henri changé en un élégant et hardi gentilhomme qui venait offrir sa main à la duchesse pour la conduire à un fauteuil placé près d'une table splendidement servie, toute chargée de vermeil, de fleurs et de cristal.

Oui, c'était bien Henri. Seulement, au lieu de la robe de moine, qu'il avait sans doute endossée pour cacher son costume, c'était Henri magnifiquement vêtu d'un habit de taffetas bleu changeant, brodé d'or... et d'une veste de drap d'argent... C'était Henri, éblouissant du feu des diamants qui scintillaient sous les longues dentelles de ses manchettes, sur ses jarretières, sur les boucles de ses souliers à talons rouges et sur la garde de son épée.

C'était Henri, qui portait avec aisance et une grâce parfaite cet habit de grand seigneur; cet habit rehaussé des ordres de Malte et de Saint-Louis, et orné de larges aiguillettes de satin blanc brodées qui prouvaient assez qu'Henri était au service.

Mais, hélas! la figure d'Henri n'avait plus cette expression de souffrance et de tristesse qui avait tant charmé Rita. Maintenant ses traits étaient enjoués et moqueurs, ses regards, que la duchesse avait presque toujours vus baissés et voilés de leurs longues paupières, ses regards étincelaient alors de malice et de gaieté, et le nuage de poudre blanche et odorante qui couvrait les cheveux d'Henri doublait encore l'éclat de ses brillants yeux noirs.

— Je ne sais si je veille ou si je rêve... Henri!... — s'écria la duchesse, tremblante et dominée par un sentiment de crainte et de douleur insurmontable.

— Madame la duchesse va tout savoir, — répondit respectueusement Henri, en affectant cette exquise politesse d'alors qui ne permettait de parler aux femmes qu'à la troisième personne.

Rita se jeta dans un fauteuil en disant : — Expliquez-vous, au nom du ciel, monsieur, expliquez-vous!...

— D'abord, — dit Henri, — madame la duchesse me permettra de lui demander si elle a entendu parler du comte de Vaudrey?

— Beaucoup, monsieur... alors que j'allais à Versailles.

— Eh bien, madame la duchesse apprendra, peut-être avec étonnement, que c'est moi qui suis le comte de Vaudrey.

— Vous, monsieur... vous, Henri? Mais alors... mon Dieu... que signifie... Mais le comte de Vaudrey, m'a-t-on dit, servait dans la marine et était en Amérique... C'est impossible... Par pitié, Henri, dites-moi quel est ce mystère?

— En effet, madame la duchesse, je servais dans les mers d'Amérique, où je faisais partie de l'escadre de M. l'amiral de Guichen; mais après deux ans de campagne je suis revenu en France... il y a à peu près deux mois.

— Alors, monsieur le comte, — dit impétueusement Rita en se levant de son fauteuil, — quel a été le motif de ce déguisement? car je m'y perds... ma tête s'égare... Henri... par pitié... ne vous jouez pas plus longtemps d'une pauvre femme... et puis, d'ailleurs, pourquoi ce mensonge? que signifie?...

— Veuillez vous rasseoir, madame la duchesse, — dit Henri avec un inconcevable sang-froid, — vous allez tout savoir...

Rita se plaça machinalement dans le fauteuil.

— Madame la duchesse m'excusera si mon récit remonte à une époque un peu reculée; mais ceci est nécessaire pour la parfaite intelligence de ce qui va suivre.

Il y a environ deux ans que M. le maréchal de Richelieu, un peu de mes parents et fort de mes amis, voyant avec peine les franches et joyeuses traditions de la régence et du siècle de Louis XV s'effacer et se perdre dans le torrent d'idées nouvelles qui nous envahit, s'imagina de fonder une société, un *club*, comme diraient maintenant nos anglomanes, dont chaque membre serait avant tout de bonne condition; le maréchal se réservait la présidence.

Les membres de ce club devaient surtout s'attacher à dévoiler cette moderne hypocrisie qui, au lieu d'avouer, ma foi, tout bonnement comme jadis, qu'elle cherche le plaisir, fait la prude, nie le fait, et pour se justifier se retranche derrière l'autorité de je ne sais quelles lois prétendues naturelles, fatales, sympathiques, irrésistibles... et autres, qui m'échappent heureusement... de façon que, si l'on trompe son mari, on lui dit : Ce n'est rien, mon ami, *c'était écrit*; ou bien : *C'est dans la nature*, car chez les sauvages on en fait bien d'autres... ou encore : C'est le *courant magnétique* qui m'a emportée.

De sorte que c'est au courant, au destin ou à la nature qu'on s'est rendu!... et l'amant ne compte pas. Toutes ces belles choses sont mêlées de grands mots, de phrases romanesques qui n'imposent à personne; car si les mœurs y gagnaient, ce serait fort ennuyeux, mais fort respectable : point; les mœurs sont les mêmes; seulement elles perdent ce vernis d'élégance, d'esprit et de savoir-vivre, qui était, pour ainsi dire, la morale de l'immoralité... En un mot, on nous gâte la corruption : passez-moi le terme, on l'encanaille.

— Monsieur le comte, j'ignore...

— Mais sans doute, madame la duchesse; autrefois, au moins, tout cela se passait à peu près en famille; et le rideau baissé, nous pouvions parler de vertu aux pauvres diables qui véritablement ont besoin de cela pour être heureux. Maintenant on veut de l'égalité en amour comme en politique. Toutes les femmes, se croyant des Julies, cherchent des Saint-Preux, et les prennent Dieu sait où ! peu importe... et parce qu'elles choisiront pour amant un goujat au lieu d'un duc et pair... elles appelleront cela *fouler aux pieds l'odieux et l'immoral préjugé de la naissance...* ou *opérer la fusion des rangs...*

Parbleu, je conçois fort bien qu'ainsi nous arriverions bon train à former la *grande famille* de messieurs de l'Encyclopédie. Mais nous ne devons pas souffrir une telle profanation; aussi, pour l'empêcher, il faut montrer aux femmes le néant et le danger de leurs prétendues passions pour les gens obscurs, et, par quelqu'une de ces bonnes perfidies connues sous le nom de *roueries*, faire enfin refleurir le *goût antique.*

Ici la duchesse pâlit singulièrement.

— Je fus reçu membre de cette précieuse association quelque temps avant mon départ pour l'Amérique; blessé dans un de nos derniers combats, l'amiral me chargea de porter en France ses dépêches pour Sa Majesté.

Pendant mon séjour à Versailles, j'entendis faire un assez cruel éloge de votre sagesse, madame, et, entre nous, vous l'aviez bien mérité. Comment, madame, vous saviez n'avoir pas une faiblesse à vous reprocher, et vous ne mettiez pas la moindre retenue dans la profession de l'austérité de vos principes? Mais c'était un cynisme de vertu que le monde ne pouvait décemment tolérer; car il est deux choses qu'il ne pardonne jamais : aux hommes, la supériorité ; aux femmes, les bonnes mœurs.

— Continuez, monsieur, — dit froidement Rita.

Henri salua, et continua :

— Or, madame, d'après l'avis du petit nombre, votre sagesse était la discrétion de vos amants; de sorte qu'en voyant un brillant mousquetaire à la porte du roi... ou un grand seigneur au petit lever... les méchants prétendaient qu'on disait d'habitude : « Pourtant, c'est peut-être la réputation de madame la duchesse qui monte la garde... ou voilà peut-être la vertu de madame la duchesse qui fait la révérence à Sa Majesté... » Mais la majorité, qui avait de bonnes raisons pour être bien instruite, par cela même qu'elle était sûre de la pureté de vos principes, vous avait voué une haine ou une envie si incurable, qu'on me supplia, moi qui arrivais et que vous ne connaissiez pas, d'essayer mes forces contre votre vertu si terrible.

Je vous l'avoue, madame la duchesse, d'abord je balançai : ayant à peine trois mois à passer en France, il en fallait peut-être sacrifier deux pour réussir; aussi, grâce à mon indécision, vous couriez grand risque de rester vertueuse toute votre vie, lorsque soupant chez M. de Soubise avec le prince de Guemenée et sa maîtresse, j'eus le plus grand désir d'avoir cette fille. Elle et le prince me refusèrent, et Guemenée me dit : « Mon cher comte, domptez la farouche Espagnole, et Lélia est à vous si vous réussissez; sinon le cheval de course que vous avez acheté de Lauzun m'appartient... »

Je gageai... et c'est alors que je me décidai, madame, à vous faire agréer mes soins.

Pendant que le comte de Vaudrey débitait toutes ces impertinences du ton le plus leste et le plus dégagé, Rita jouait machinalement avec un des couteaux qui se trouvaient sur la table... mais ne disait mot; seulement ses sourcils étaient agités par un tremblement presque imperceptible.

— Madame de Sainte-Croix, une de vos ennemies intimes, — continua le comte, — m'ayant donné de précieux renseignements sur votre caractère romanesque et exalté, mon plan fut bientôt arrêté. Un vieux gouverneur à moi, le digne astronome Rumphius, me prêta cette tour isolée, je vins m'y établir, et, grâce à l'adresse de mon coureur, vous entendîtes bientôt parler du *Solitaire* de Koat-Vën. Les suites de ma blessure, les fatigues de quelques excès, avaient pâli mon visage, que mes cheveux sans poudre rajeunissaient encore; voilà tous les secrets du physique que j'empruntai à l'adolescence. Le vent de la mer, la lueur des étoiles, une prédestination malheureuse, les vœux monastiques... la mélancolie... la tristesse... la candeur... la timidité, prêtèrent un charme tout nouveau à mes discours... l'amour fit le reste, et je fus heureux... car je fus heureux, madame la duchesse...

Rita resta muette.

— Vous aussi fûtes heureuse, madame... et le serez encore... car si pour vous le bonheur était la certitude de m'avoir, à force d'amour, arraché à une sainte vocation, de m'avoir révélé à moi-même mon âme fière et intrépide, de m'avoir enfin assuré un avenir brillant de fortune, de noblesse et de gloire... soyez satisfaite, madame; grâce à l'instinct d'un cœur fort sympathique, j'avais devancé tous vos désirs. Depuis bientôt quatorze ans que j'ai l'honneur de servir sur les vaisseaux du roi, ma vocation monastique s'est, je vous jure, bien modifiée; j'ai cinquante mille écus de rente... et Sa Majesté m'a, tout à l'heure, nommé au commandement d'une de ses frégates... Voilà donc un avenir selon vos vœux. Enfin, raillerie à part, madame la duchesse, nous avons eu tous deux du bonheur; vous l'illusion, moi le plaisir de la faire naître. Quittons-nous bons amis; car un tête-à-tête d'un mois doit avoir épuisé votre amour comme il a épuisé le mien. Adieu donc, madame; et si nous nous revoyons jamais, promettons-nous de bien rire de cette folie de notre jeune âge, folie qui a pourtant un but moral. Vous le voyez, Rita, avec quelques mots, quelques phrases, en un mois... je vous avais amenée à me sacrifier rang, titre et fortune, à moi que vous croyiez obscur et sans position connue... Avouez que vous avez joué gros jeu... Que cela vous serve d'exemple, et remerciez le ciel de ce que heureusement je suis incapable d'abuser ou d'user de vos offres : car j'ai prononcé mes vœux de chevalier de Malte avant la mort de mon frère aîné.

— Monsieur le comte, — dit Rita pâle comme la mort, après un moment de silence, — voilà une infâme conduite... une lâcheté indigne d'un gentilhomme...

— Eh bon Dieu! madame la duchesse, notre vieux maréchal en a fait bien d'autres, et sa couronne ducale est encore droite et ferme sur son front vénérable; et puis d'ailleurs, — ajouta le comte avec hauteur, — tout ceci, madame la duchesse, ne se passe-t-il pas entre gens de même sorte?

— Monsieur le comte, — répondit Rita avec un tremblement dans la voix qui démentait seul son calme affecté, — vous me faites bien du mal; mais malheureusement pour vous, vous seul le saurez, car je nierai tout; et, comme on vous l'a dit, ma réputation est faite, et l'on vous sait fat... Calculez.

— Mais, — dit le comte, — si je compte bien, le total fera pour tout le monde un homme comblé des faveurs d'une jolie femme... car j'ai des témoins.

— Des témoins... monsieur! — dit Rita avec un sourire méprisant...

— Des témoins, madame. Le vieux chevalier de Lépine, qui, depuis un mois, se damne dans la lanterne de la tour, et qui, par la porte qui communique dans cette salle, n'a pas perdu un mot de nos entretiens... Guemenée tenait trop à sa maîtresse pour ne pas avoir pris ses sûretés.

— O mon Dieu, mon Dieu! — dit la duchesse anéantie; puis se relevant, les joues pourpres, l'œil enflammé : — Je suppose, monsieur le comte, — dit-elle à Henri avec un air plein de dignité, — je suppose que cette cruelle plaisanterie a assez duré; vous avez assez longtemps oublié les égards que l'on doit à une femme, et à une femme de mon rang. Monsieur, je ne sais si vous êtes ou non le comte de Vaudrey : ce que je sais, c'est que je vous ai trouvé ici seul, souffrant et malheureux; c'est que, si la compassion profonde que j'ai éprouvée pour une infortune feinte ou réelle doit être punie comme un crime, je suis punie, monsieur... Que si l'amour que j'ai ressenti malgré moi pour un être que je croyais isolé, sans aucun appui sur la terre, est encore un crime digne des souffrances les plus atroces, je les endure, ces souffrances... car je vous ai aimé, Henri... — dit Rita pleurant malgré elle; — je vous ai aimé de toute la pitié que m'inspirait votre malheur, je vous ai aimé de tout l'espoir que j'avais de vous rendre le plus heureux des hommes... aimé, Henri... oh! bien aimé...

Henri se sentit ému.

— Et quand je venais vous offrir ma fortune, ma main, mon titre... vous croyant pauvre et obscur... quand je vous aimais tant... que je vous aime tant encore... car enfin je t'aime toujours, moi, — murmura convulsivement Rita en se mettant à ses genoux; — je t'aime toujours : car ce que tu viens de me dire devrait me tuer là... mais c'est ta voix qui dit cela... et j'aime tant ta voix que je ne meurs pas... et puis cela ne peut pas être ainsi, vois-tu, Henri... crois à moi, crois à mon amour... je te le jurerais... sur Dieu... si l'on ne m'avait pas désappris à croire en Dieu... car, Henri, il y a encore cela, vois-tu... je ne crois plus en Dieu... plus en rien... je n'ai que toi au monde... Si j'avais encore la ressource d'une prière! si j'avais au moins un nom à invoquer... quand je souffre!... mais non, rien, rien que le désespoir ou la mort... Je ne t'ai fait aucun mal, moi... j'allais te sacrifier tout ce qu'il est possible à une femme de mon rang de sacrifier... j'étais à tes genoux, j'y suis encore... j'ai été ta maîtresse, je voulais être toute à toi... être ta femme... Eh bien, je ne le voudrai plus, Henri... je serai ce que tu voudras que je sois... dis, Henri... mais aime-moi... aime-moi...

Et, pleurant, elle baisait avec ivresse les mains d'Henri; une larme effleura ses paupières, à lui... son cœur se brisa dans sa poitrine; il se penchait vers Rita... lorsqu'un éclat de rire mal comprimé se fit entendre derrière la tapisserie.

Henri l'entendit seul; alors, honteux de son trouble, il retrouva tout son sang-froid : — Relevez-vous, madame la duchesse, — dit-il. — Mais qu'y a-t-il donc de si désespérant? Nous nous sommes aimés pendant un mois... notre caprice est passé... et je vous dis ce que vous avez peut-être dit à d'autres, madame la duchesse : Silence et adieu...

— Ne le croyez pas... c'est une horrible calomnie!... — s'écria Rita, saisie, épouvantée... — Ne le croyez pas, Henri...

Et elle se traînait à genoux.

A ce moment, les tentures qui entouraient la salle se soulevèrent, et laissèrent voir à la duchesse stupéfaite des hommes et des femmes riant aux éclats, et criant : — Bravo... bravo... comte de Vaudrey, tu as gagné ton pari!... Le tour est unique.

La duchesse, s'étant relevée, repoussa violemment le comte; douée en ce moment d'une force surnaturelle, elle se précipita vers la porte, et disparut avant qu'aucun des convives eût pu s'opposer à sa fuite.

— Misérable que je suis!... elle va se tuer! — s'écria Henri en se jetant à la poursuite de Rita...

— Se tuer pour cela!... Allons donc! elle sait vivre... — dit le duc de Saint-Ouen en empêchant Henri de sortir... — Mesdames, joignez-vous à moi, — ajouta-t-il en s'adressant à six jolies femmes qui entouraient la table... — En vérité, je ne le reconnais plus, ce pauvre Vaudrey... Que dirait le maréchal?...

— La leçon est peut-être un peu forte; et puis, si vraiment j'étais son premier amant! — pensait Henri dans un de ses retours d'amour-propre, en se rappelant aussi l'excès de tendresse de Rita...

— Bah! — dit-il, — j'ai trop de modestie, après tout, pour me faire l'honneur d'une révélation; — et, retrouvant toute sa gaieté, il ajouta : — D'ailleurs, elles ont raison, nous sommes toujours les premiers... mais comme les rois, les premiers du nom de baptême... et encore, il y a tant d'Henri, ma foi... que c'est chanceux... — Puis, s'adressant au chevalier de Lépine : — Chevalier, tu pourras dire à Guemenée si je lui ai loyalement gagné sa maîtresse.

— Oh! certes, tu m'as bien gagnée, — dit le plus séduisant enjeu du monde en prenant le bras d'Henri.

— Tu lui diras tout cela à table, Lélia... — cria le chevalier... — Soupons... soupons...

— Soupons, — fut répété tout d'une voix.

VI

Jusqu'à ce que je sois éclairci de cette incertitude, je veux entretenir l'erreur qui m'est offerte.
SHAKSPEARE, *les Méprises*, acte II.

UN SOUPER

Et l'on se mit à souper...

Et quel souper!... un souper élégant, gourmet, fou, débauché, comme doit être tout souper sagement compris; car le souper est au chaste dîner ce que l'esprit est au bon sens, l'amant au mari, la poésie à la prose...

Et puis, l'on dîne à la lueur vulgaire du jour; mais pour souper... oh! pour souper, il faut cette clarté vermeille des bougies, qui seule peut lustrer, colorer, compléter la toilette d'une femme, qui seule vous inspire déjà je ne sais quelle entraînante et joyeuse ivresse.

Aristocratique et adorable clarté, tu te brises en jets de lumière, tu éclates en aigrettes de feu, en gerbes d'étincelles, comme pour faire seulement valoir les objets que tu chéris, et rendre plus épaisses les ombres qui les entourent.

Au lieu de t'épancher pâle et morne sur tout et partout sans amour et sans choix, ainsi que cette banale lueur du jour, toi, tu aimeras à faire scintiller les facettes polies du cristal, à te jouer avec complaisance sur la chatoyante opale, si précieuse aux blondes, ou à rayonner sur l'étoile de diamant qui tremble au front des brunes... Tu reluiras bien encore sur l'arête dentelée d'une arabesque d'or... tu te refléteras doucement sur le pli moiré d'une étoffe; mais tout le reste sera plongé dans une amoureuse demi-teinte ou dans une obscurité profonde.

Ainsi est-il dans la grande salle autrefois solitaire de la tour de Koat-Vën.

Éclairée de cette façon, il était impossible de voir quelque chose de plus coquet, de plus libertin que ces filles séduisantes, couvertes de pierreries qui s'enlaçaient aux plumes ondoyantes de leurs coiffures poudrées à blond, et couraient en guirlandes de rubis et d'émeraudes sur les plus jolis cous du monde, cous si potelés avec des veines si bleues !...

Rien qu'à les voir, on était, ma foi ! tenté de serrer ces tailles longues et minces, dont l'ampleur des demi-paniers faisait encore valoir la finesse... On avait envie de baiser ces bras blancs et arrondis qui sortaient si frais d'une touffe de riches dentelles dont les délicates broderies s'arrêtaient à un coude à fossette...

Vive Dieu ! il était temps de froisser ces larges robes d'épais satin, damassé de fleurs changeantes comme le plumage d'un ramier, ces longues robes qui laissaient voir un bas de soie à coins d'or, et de petites mules de velours noir à talons hauts, toutes semées de paillettes brillantes.

Il fallait en finir avec ces flots insolents de rubans d'azur ou d'écarlate qui émaillaient ces étroits corsages de gaze d'argent, et sentir frissonner le nu de ces belles épaules dont l'albâtre était rehaussé par de petites mouches d'ébène posées de la façon la plus *assassine*.

Voyez donc ! quelle ardente volupté dans ces yeux demi-clos, rendus si luisants par le contraste du vermillon des joues... et si agaçants par les esprits du vin. Voyez ! car ces bonnes filles ne dédaignent pas de cacher souvent le rose vif de leurs lèvres sous la mousse de sa blanche écume.

De la gaieté, de l'ivresse !... Allons, une orgie entraînante... et vive et folle !... mes gentilshommes.

Oh ! non... voyez-vous, les orgies folles, entraînantes et vives, ces bonnes et chères orgies, dont le joyeux et lointain souvenir éclaire encore quelquefois notre jeunesse blasée... ces orgies-là se commettent de quinze à dix-huit ans... au sortir de page ou d'académie, comme on disait au vieux temps. Oh ! alors, oui, dans ces orgies tout est gaieté franche, délire, prétexte à bonheur. Qu'importent les mets ? on jette les plats par la fenêtre... Qu'importe le vin ? on casse les bouteilles. Qu'importe le cabaret, pourvu que le guet vous y prenne ? Quant aux femmes, je ne sais qui l'a dit, « il n'en est pas de laides pour les moines et pour les écoliers. »

Enfin, l'orgie d'alors, c'est une bonne fille réjouie, insouciante, débraillée, qui brise les réverbères, bat la garde, couche en prison, et rit comme une folle en attendant l'heure de recommencer.

Plus tard, quand on est saturé d'orgies, on en fait bien encore, mais on est calme, dédaigneux, difficile; on hait le bruit, on est gourmet, causeur, on analyse la débauche, on la commente. C'est le vice à froid, sans entraînement, tel qu'il sied à des gens qui raisonnent et ne sont plus des enfants. On a des filles à souper, parce que c'est reçu, et quelquefois d'une bêtise amusante ou d'un cynisme drôle; mais on leur parle peu : on a ça comme luxe, comme un surtout... un riche plateau...

Or, toute cette longue digression nous amène à dire que peut-être ce souper sera d'une gaieté fort calme, même quelquefois d'un esprit triste, rêveur et politique; car pour les gens sensés, l'avenir devenait sombre, et l'éclat de l'indépendance américaine était le premier éclair qui sillonnait ce ciel déjà menaçant.

Les convives du souper étaient donc : le comte de Vaudrey, le chevalier de Lépine, capitaines de vaisseau; le marquis de Rullecourt, un des colonels du royal-dragons; le duc de Saint-Ouen, capitaine des chevau-légers avant que M. de Saint-Germain eût si imprudemment réformé la maison rouge; le vicomte de Monbar, colonel aux gardes; enfin le baron de Mallebranche, major d'artillerie.

Les six femmes étaient les coryphées des *impures* de l'Opéra alors à la mode.

— C'est que mon *gain* est charmant au moins, — dit Henri à Rullecourt en montrant Lélia, — et voilà comme nous sommes sots : nous nous tuons en roucries, en soins, en calculs, pour être trompés en prenant des maîtresses dans le monde; quand nous avons d'aussi jolies femmes qui nous trompent sans aucuns frais, nous méritons bien ce qui nous arrive.

— Il n'y a pas de doute à cela, — s'écria le chevalier de Lépine; — les femmes du monde ne nous trompent que pour venger la morale.

— Voilà de la rancune contre la duchesse, — dit Saint-Ouen.

— Parbleu... ne dois-je pas en avoir... après m'être damné durant un mois dans la lanterne de cette tour?... Est-ce qu'il n'a pas fallu faire arriver des fourgons par des chemins épouvantables pour mettre cette salle en état de vous recevoir ce matin à votre arrivée de Saint-Rénan?... Ah! si mes prétentions n'avaient pas été autrefois si durement repoussées par la duchesse!...

— Et nous autres donc... n'est-ce pas aussi le plaisir d'assister à la défaite de notre *ennemie* qui nous amène ici?... — dirent les hommes.

— C'est donc pour moi seul qu'il n'y aura pas de pitié? — s'écria Henri, — pour moi qui vous venge! pour moi qui perds ici un mois sur deux peut-être que j'ai à passer en France! Ah! si je n'avais pas eu un caprice aussi vif pour cette coquine de Lélia, si je n'avais pas eu besoin d'un coup d'éclat pour préparer mes succès dans le monde... si je n'avais pas dû semer pour recueillir, comme dit le sage...

— Je doute fort, — reprit Mallebranche, — que ton équipée fasse *éclore chez les femmes bien des fleurs de myrte au soleil de l'admiration*, ainsi que dirait ce fat de Dorat.

— Quelle erreur, bon Mallebranche! les femmes nous aiment toujours en raison du chagrin que nous leur causons, et ça par coquetterie. Les larmes leur vont si bien! donnent tant d'éclat à leurs yeux! et puis une belle gorge est si irritante quand elle bondit sous les sanglots!... Vrai... la douleur est leur parure et leur force : aussi, une jolie femme qui comprend sa mission sait que rien n'est moins *à son air* que le bonheur... Il faut laisser cet éternel sourire aux laides qui n'ont que de belles dents... les tout à fait laides ont la vertu.

— Il a raison, — dit Lélia; — tenez, en petit... il y a des femmes qui aiment à être battues; j'ai une de mes amies qui goûte fort ce témoignage d'attachement; et quand elle a son bonnet arraché, ses cheveux défaits, et qu'elle est toute débraillée, elle a, je vous le jure, beaucoup de montant.

— Et tu n'as pas de remords, scélérat? — demanda Coraly, jolie blonde, pour laquelle M. de Bouillon avait, disait-on, dépensé cinq cent mille livres.

— Ah! oui, et les remords? — cria-t-on tout d'une voix...

— Pourquoi diable aurais-je des remords? ne me suis-je pas sacrifié, moi Vaudrey?... pour elle, n'ai-je pas joué la comédie mieux que ne l'aurait fait ce polisson de Molé?... Peste!... comptez-vous cela pour rien?

— Mais si elle t'aimait?

— Si elle m'aimait!... Eh bien, de deux choses l'une : ou elle m'aime encore, et c'est indigne après ma conduite; or, cette immorale faiblesse ne mérite aucune pitié; ou elle me hait et pense à se venger. Or, comme elle le peut, nos rôles sont égaux; puis d'ailleurs, pour en finir, je prends le parti de me convaincre que c'est une coquette fausse et rusée, qui s'est moquée de vingt pauvres diables comme je me suis moqué d'elle : alors ma scélératesse n'est plus que justice.

— Mais si elle n'est pas coquette?

— Ah mais, mais... Eh bien, je vous répondrai mon grand mot, mon *moi* personnifié : *Qu'est-ce que cela me fait?* Que peut-elle tenter? de m'assassiner? Eh pardieu! j'ai bien souvent bravé une mort qui ne venait ni de si bon lieu, ni d'une aussi jolie main. Ainsi parlons d'autre chose... parlons de l'Opéra; que devient la Guimard?

— Cherchez cela sur la feuille des bénéfices, — dit Saint-Ouen.

— Comment! elle est encore à M. de Jarente? Et de figure est-elle changée?

— Toujours maigre comme un ver à soie, — s'écria Virginie; — et pourtant elle devrait s'engraisser sur une aussi bonne feuille.

— Diable! — dit Henri, — Sophie Arnoult t'envierait ce mot-là, ma fille. A propos de Sophie... et les Italiens... que font-ils?...

— Ils jouent trois fois la semaine, mais toute la troupe est d'une pureté atroce... ça vit entre soi, comédiens et comédiennes, tout ça est marié : pourtant le maréchal de Lorges vient d'enlever Colombe à cette belle colonie matrimoniale et indécente, — dit Lélia.

— Et la Duthé?...

— Toujours à la mode; mais la Quincy, sa femme de chambre, rivalise avec elle... Elle avait au dernier Longchamp un attelage de quatre magnifiques anglais, garnis de harnais de maroquin rouge, brodés d'argent et semés de cailloux du Rhin; mais il faut dire que le lieutenant de police a mis ordre à cela.

— Et Rosalie?...

— En Allemagne, — dit Lélia.

— Comment! — reprit Henri; — elle a quitté sa délicieuse petite maison des Thermes, dans laquelle j'avais dépensé deux mille louis?

— Non, non, j'entends, par en Allemagne, que c'est l'ambassadeur, le comte de Mercy d'Argenteau, qui la tient... Il en est fou...

— Et la Granville? — demanda Henri, qui n'était pas au bout de ses souvenirs.

— Oh! Granville, — répondit Lélia, — il lui est arrivé une bonne aventure avec un financier et le beau Lauzun.

— Lauzun!... allons donc... il est moine, — dit Virginie, — il a des aventures de cœur... il se perd...

— C'était avant sa dépravation, — reprit Lélia. — Granville, comme vous savez tous, était belle comme un ange, et entretenue par Mouron. Le Turcaret détestait Lauzun, et avait cent fois demandé à Granville le sacrifice du beau duc : aussi y tenait-elle de toutes ses forces. Si bien qu'un jour le financier, averti que Lauzun était chez son adorable, monte, et trouble le tête-à-tête. Lauzun se fâche, traite le Mouron de rustre, d'impertinent, de croquant, le pousse dans un cabinet, referme sur lui la porte qui était vitrée, met la clef dans sa poche, rend le financier témoin d'une scène pour laquelle on n'en prend ordinairement pas; et puis après on vous étrille le dos du Mouron, et on vous le jette à la rue. Aussi, depuis nous n'appelons plus nos entreteneurs (ou nos *utilités*, c'est la même chose) que des *Mourons*.

— C'est parfait! — dit-on tout d'une voix.

— Mais le mieux, — dit Lélia, — c'est qu'un mois après, le Mouron prêta deux mille louis à Lauzun pour faire son voyage de Hongrie.

— C'est fort simple, ma fille, — dit Rullecourt; — il fallait bien que ce drôle dédommageât M. le duc de Lauzun d'avoir daigné se rencontrer de goût avec un Mouron.

— A propos de Lauzun, et la duchesse de S...?

— Je vous dirai, comte, pour la duchesse, — répondit Saint-Ouen, — ce que Lélia vous disait pour Granville : A la Comédie-Française.

— Comment!...

— C'est ce polisson de Clairval qui a remplacé Lauzun.

— Ah! — dit Henri, — les femmes en viennent à ces espèces!... à des acteurs!

— Beaucoup, beaucoup; et comme Lauzun savait seul le secret du Clairval et de madame de S..., le duc de C... et la duchesse de G..., sa sœur, firent tout au monde auprès de Lauzun pour avoir des preuves de leur liaison : il refusa, mais M. de C... força son cabinet, on y trouva les lettres du Clairval, et la duchesse fut mise au couvent.

— Voilà la différence, mes filles, — dit Henri aux impures; — on ne vous mettra jamais au couvent pour de telles misères : plaignez-vous donc de votre condition !

— Nous ne nous plaignons pas... nous ne nous plaignons que de la rivalité; les femmes honnêtes gâtent le métier, comme dit la maîtresse de Richelieu...

— Ah! Richelieu!... sais-tu ce qui lui arrive? — demanda Rullecourt à Henri; — il va se marier!...

— Pour qui donc?...

— Je ne sais pas; mais il faut alors que ce soit une cruelle vengeance, car sa femme est bien laide.

— Mais ce qui est peut-être encore plus plaisant que la figure de sa femme, c'est la manière touchante dont il accueillit le legs universel que lui faisait une de ses anciennes maîtresses, qui pour lui déshéritait toute sa famille.

« Ah pardieu ! — s'écria le vieux maréchal, — si toutes les femmes avec qui j'ai couché en faisaient autant, je serais plus riche que le roi... »

— Et la façon dont il annonça son mariage à son fils, — reprit Rullecourt : — « Monsieur le duc de Fronsac, lui dit Richelieu, je suis plus honnête que vous; vous ne m'avez pas annoncé votre mariage, et je vous annonce le mien; vous n'avez pas d'enfant, et, malgré mes quatre-vingts ans, je compte bien en avoir un qui sera meilleur sujet que vous; mais qu'il ne vous inquiète point, monsieur le duc, nous en ferons un abbé. — Parbleu! monsieur le maréchal, lui répondit Fronsac, vous feriez mieux d'en faire un cardinal, ils n'ont pas nui à la famille. »

— Ah! Richelieu!... Richelieu! — dit vivement Mallebranche, qui était resté sobre; — Richelieu! cardinal démocrate, où nous as-tu menés?

— Où?... parbleu... à notre ruine, à celle de la monarchie, à celle de la France... — dit Rullecourt en remplissant lentement son verre.

— C'est pourtant vrai, ce qu'il dit là, — reprit Saint-Ouen, — il a tué la féodalité; et les courtisans ont succédé aux seigneurs terriers; et puis aux courtisans a succédé... ma foi! je ne sais quoi... quelque chose de laid et d'atroce... qui tiendrait du tigre et du singe... comme qui dirait les philosophes...

— Ah! les philosophes! Le fait est qu'ils ont rempli leur tâche, rien de mieux, — dit Monbar en buvant à petits coups; — ils ont dévoré la monarchie ou peu s'en faut, c'est parfait; mais maintenant que le monstre est gorgé, qu'il ne vagisse plus : quand le boa est plein, il dort... Qu'ils cuvent leur monarchie, mais qu'ils nous fassent grâce de leurs livres...

— Allons donc! — s'écria Mallebranche. — Les philosophes tuer la monarchie!... Vive Dieu, messieurs! c'est leur faire trop d'honneur! L'Encyclopédie renverser le trône de Charlemagne! ce serait trop plaisant. Cette monarchie n'était-elle pas défaillante depuis le coup que porta Luther à l'Église de Rome? N'est-elle pas morte avec Louis XIV, et par la faute du grand roi? Eh quoi! parce que le lion, emporté dans sa course, tombera brisé au fond d'un précipice... vous le direz tué par le croassement des corbeaux qui tournoient sur son cadavre!... Les philosophes tuer la royauté de France... non, non, ne dites pas cela, diable! ils le croiraient! et ces cuistres s'arrangeraient fort du rôle de destructeurs d'empires. Le ver immonde qui croupit dans la tombe serait tout gonflé de joie en pensant avoir tué le soldat robuste qu'on jette au cercueil dans son armure de fer.

— Mais voyez donc, — dit Saint-Ouen, — comme il attaque la philosophaille... ne dirait-on pas qu'il a lu leur dernier pamphlet sur notre armée de mer?...

— Ceci est une honte de plus, messieurs, — dit Rullecourt; — et ce serait à rosser de tels pleutres, s'ils valaient le bâton qu'on leur casserait sur les reins.

— Mais ce qu'il y a d'infâme, — dit Mallebranche, — c'est que c'est au nom de la France qu'ils flétrissent de nobles courages; les misérables! au nom de la France, entendez-vous bien? de la France!... de sorte qu'un Anglais peut vous montrer écrit en français, dans un livre français, imprimé, vendu, répandu en France : Les Français ont été lâches tel jour [1]!

— Et cela n'était pas vrai, — reprit Rullecourt; — on n'avait pas été lâche, mais ceux qui avaient été braves étaient d'une classe qu'il fallait dépopulariser à tout prix; alors le chef de parti a fait un signe, et toute la meute a donné de la voix

---

[1] Voir les livres et pamphlets, lors du combat d'Ouessant, de la prise de la Martinique, etc., etc.

sur le ton voulu; oui : et pendant que de hardis et généreux gentilshommes offraient leurs poitrines à la mitraille de l'Anglais, un ramassis de poltrons bavards, d'avocats piteux, accroupis sur la paille de leurs greniers, insultaient impunément à autant d'audace et de bravoure...

— Les philosophes, — dit Lélia, — c'est ça qui mange!... J'en nourris cinq, et ils m'appellent Vénus...

— Une entrée de plus, et ils t'appelleront Minerve, mon enfant, — reprit le duc de Saint-Ouen. — M. de Voltaire, qui était pardieu bien un philosophe, en a dit bien d'autres à la Pompadour et à la Dubarry, pour avoir un *de* et une charge de gentilhomme de la chambre.

— Des philosophes, il y en a trois qui se disputent pour épouser ma mère, — s'écria Virginie; — mais elle n'en veut pas... elle tient son rang... Écoutez donc... mon père était premier cocher du prince de Lambesc...

— Ta mère a l'âme bien placée, Virginie, et dès ce jour je lui assure cinquante pistoles de pension, — dit Rullecourt.

— Les philosophes, ah! quels monstres, — dit Coraly... — Est-ce qu'un jour un d'eux ne me disait pas qu'un temps viendrait où il n'y aurait plus d'Opéra? « Plus d'Opéra! lui dis-je, plus d'Opéra... mais alors, monsieur... s'il n'y avait plus d'Opéra... à quoi cela servirait-il donc d'être jolie fille? »

— Elle a pardieu raison, — dit Henri; — supprimez l'Opéra, et voilà la nature qui reste avec ses jolies filles sur les bras... il y a encombrement... pas de débouché... Mais c'est de l'économie sociale toute pure... ça, mon enfant.

— Cela nous mène tout bonnement à un cataclysme de jolies filles, — dit Saint-Ouen.

— Un philosophe... ah! je sais, — dit Virginie; — c'est quelqu'un qui n'a rien et qui envie les autres; car je me rappelle qu'un rat de cave qui sortait de Saint-Lazare me disait un jour : « La preuve que je suis philosophe, c'est que je barbote dans la boue et que j'ai des trous à mes culottes... pendant que vous allez en carrosse et que vous avez des broderies du haut en bas de votre robe... ce qui est une infamie; car les broderies et les carrosses sont faits pour tout le monde. — Du tout, lui dis-je, c'est plutôt la boue et la misère qui sont faites pour tout le monde. Vous avez votre part, taisez-vous donc. »

— Pour ça, il avait bien raison... — reprit Lélia; — ces

bêtes de broderies qu'on met au bas des robes, ça ne sert qu'à vous écorcher le menton.

A cette naïveté, un fou rire s'empare des convives, la gaieté se communique, on boit, on s'enivre, on se rapproche, on se serre ; les têtes se montent, et l'on finit par parler *anglais,* ce qui signifiait alors, en argot de débauche de bonne compagnie, le langage le plus obscène et le plus positif.

LIVRE II

VII

> Salut au savant docteur !
> GŒTHE, *Faust.*

SOLITUDE

Un léger crépuscule rose annonçait à peine le lever du soleil. Les étoiles brillaient encore au ciel ; l'air vif et frais du matin bruissait légèrement dans le feuillage, tout respirait le silence et le calme, et l'atmosphère était imprégnée de l'odeur aromatique de ces plantes délicates qui ne confient qu'aux brises amoureuses de la nuit les trésors de leurs parfums.

Tout à l'extrémité de la petite ville de Saint-Rénan, au bout de ses rues sombres et tortueuses, bordées de hautes maisons chargées de solives saillantes, à environ cent pas de la porte, s'étendait un assez grand mur que d'épaisses touffes d'arbres débordaient de toutes parts.

Ce mur, dégradé en une multitude d'endroits, était tapissé de lierres, de convolvulus, de pariétaires, qui, nichés dans les cassures, s'épanouissaient partout en bouquets, en guirlandes ou en couronnes de couleurs variées.

En poussant une petite porte presque vermoulue qui se voyait à l'angle de ce mur, on se trouvait dans un jardin touffu, couvert, et presque sans allées tracées.

Pourtant si, malgré les branchages qui se croisaient en tout sens dans cet épais fourré, vous parveniez à franchir cette formidable enceinte, le tableau qui s'offrait alors à votre vue vous dédommageait bien, je vous jure, de cette laborieuse entreprise.

Car, pour un amant de la solitude, c'était un site enchanteur.

Figurez-vous une petite maison à un étage, isolée au milieu d'une pelouse d'épais gazon, qui, venant verdir jusqu'à ses murailles, formait un parterre assez grand, tout couvert de roses, de jasmins et de chèvrefeuilles.

Mais le crépuscule ayant fait place au jour, déjà les flots d'une lumière dorée coloraient le faîte des hauts arbres de ce jardin si riant et si tranquille. A mesure que le soleil montait à l'horizon, les pétales des fleurs, trempées de rosée, commençaient à briller : chaque brin d'herbe secouait sa perle étincelante.

Et puis je ne sais quel bruit confus et indéfinissable s'épandait dans l'air, quel vague murmure annonçait le réveil de la nature ; mais, au signal donné par cette harmonie sublime, les papillons secouèrent la poudre bigarrée de leurs ailes, des myriades de moucherons luisants s'élancèrent comme une nuée d'étincelles ; les oiseaux chantèrent sous la feuillée, et le rideau tremblant de vapeur transparente qui baignait la cime des chênes et des peupliers s'effaça peu à peu, et leurs feuilles vertes se découpèrent plus nettes sur le bleu du ciel, qui devenait à chaque instant plus vif et plus pur.

La porte du rez-de-chaussée de la maison s'ouvrit, et la lumière du jour inonda une petite antichambre qui divisait cette habitation en deux parties.

La personne qui ouvrait cette porte était un homme d'environ quarante ans, vêtu d'un bouracan fort propre, de couleur sombre, ne portant pas de poudre, et ayant ses cheveux soigneusement attachés par un nœud qu'on appelait alors un *crapaud* ; maigre, sec et voûté, cet homme était en outre horriblement marqué de petite vérole, et d'innombrables cicatrices couturaient son pauvre visage.

Cet homme tenait à la main une assiette et un bol rempli de lait épais et fumant, qu'il remuait avec soin. Il s'approcha d'une porte qui communiquait avec cette antichambre, appliqua son oreille sur la serrure, écouta un moment... puis, n'entendant rien... se retira sur la pointe des pieds dans la cuisine qui était en face.

Trois ou quatre fois il agit de même; mais à chaque voyage sa figure prenait une nouvelle expression d'inquiétude, et ses gestes révélaient une impatience affectueuse qu'il tâchait pourtant de modérer, tant il paraissait craindre de faire le moindre bruit.

Comme il s'avançait pour la cinquième fois, toujours son bol de lait à la main... la porte s'ouvrit enfin, et il poussa un petit cri de joie et de surprise, en disant : — Mon Dieu, mon frère, que vous vous êtes levé tard aujourd'hui! et que j'étais inquiet... Voilà votre lait, mon frère... prenez-le tout de suite, il est encore bien chaud... Mon frère... mon frère.

Mais le frère n'entendait pas et s'avançait vers le jardin, tandis que l'autre frère le suivait timidement, toujours son bol à la main.

Le frère auquel on offrait ce bol était le savant astronome Rumphius, alors occupé de profondes recherches sur l'astronomie et la religion hindoue; un tout petit homme brun olivâtre, dont le buste paraissait énorme eu égard aux jambes et aux bras qui l'accompagnaient. Rumphius avait avec cela un nez fort long, barbouillé de tabac, d'épais sourcils gris, et la démarche la plus gauche que l'on puisse imaginer.

Les jarretières de sa culotte de velours usé n'étaient pas nouées; *son* bas, car il n'en avait qu'un, se roulait en spirale autour de l'une de ses jambes, tandis que l'autre était entièrement nue; il portait, en outre, une pantoufle à un pied et un soulier à l'autre; sa chemise était ouverte, son cou nu; et n'ayant qu'un bras passé dans une des manches de sa robe de chambre de ratine grise, l'autre manche flottait à l'aventure comme le dolman d'un hussard; enfin ses cheveux en désordre s'échappaient roides et mêlés d'un vieux bonnet de damas autrefois bleu, posé tout de travers.

Sulpice, comprenant, à l'impassibilité de la figure de son frère, qu'il était plongé dans quelque méditation abstraite, ne pensa pas à l'en arracher par le simple son de sa voix; aussi, selon sa coutume, il conduisit insensiblement son frère contre le mur de la maison, jusqu'au moment où Rumphius, se heurtant légèrement contre cet obstacle, revint à lui, redescendit un instant sur terre et regarda fixement Sulpice, qui saisit ce moment avec adresse pour lui placer dans la main son cher bol de lait, que Rumphius vida d'un trait.

Mais, par une distraction impardonnable, le pauvre Sulpice, oubliant le bol, s'était agenouillé pour compléter la toilette d'une des jambes de son frère, boucler les jarretières, etc., etc.

Or, Rumphius, après avoir bu, ayant ramené machinalement sa main à la hauteur à laquelle il avait pris le bol, et n'ayant rien rencontré pour le supporter, l'avait abandonné à son propre poids, et le bol s'était brisé.

Le bruit fit redresser Sulpice.

— Ah! mon Dieu! mon frère, il fallait m'appeler, — dit-il d'un ton de douce remontrance ; — voilà le bol en morceaux.

— En effet, — dit Rumphius d'un air fort étonné, — le bol est cassé... Eh bien, Sulpice, telle est pourtant la naïve offrande que font à leur dieu les adorateurs de Wishnou... un simple pot cassé! en invoquant Nandy-Kichara, le roi des oiseaux, qui a de belles ailes, un bec bien pointu, et qui mange les serpents... Ils brisent un vase d'argile après l'avoir respectueusement touché de leurs deux narines et de leur orteil. Savez-vous, au moins, que cela est fort primitif, Sulpice? car on présume que ce Nandy-Kichara est une des sept étoiles de... qui... lors de...

Ici la voix de l'astronome s'éteignit insensiblement et il finit sans doute la définition en lui-même, car, selon son habitude de profonde distraction, il oubliait toujours son interlocuteur, retombait dans ses pensées et s'élançait alors avec une nouvelle ardeur à la suite des courbes des satellites et des planètes symboliques de Wishnou.

Voyant que l'esprit de son frère n'était plus de ce monde, Sulpice essaya encore d'introduire le bras rebelle de l'astronome dans la manche de sa robe de chambre ; mais ce fut en vain... et la manche continua de flotter à la hussarde...

Sulpice se contenta donc de ramasser en soupirant les débris de sa chère tasse, et Rumphius s'enfonça dans les profondeurs d'une allée un peu plus frayée que les autres... en marchant tantôt avec lenteur, tantôt à pas précipités.

VIII

> Celui pour qui une seule chose est tout, qui rapporte tout à cette unique chose, et voit tout en elle, ne sera point ébranlé, et son cœur demeurera dans la paix de Dieu.
>
> *Imitation de Jésus-Christ*, liv. I, ch. III.

DEUX FRÈRES

Joseph Rumphius, célèbre opticien de Brest, était le père de Sulpice et de son docte frère. Ayant découvert chez l'aîné (qu'il préférait de beaucoup à Sulpice) de grandes et précoces dispositions pour l'étude des sciences abstraites, il avait tellement encouragé, développé, mûri cette précieuse vocation, que son fils aîné, ayant été parfaire son éducation scientifique à Paris, devint bientôt un astronome et un mathématicien fort distingué.

Sulpice, au contraire, d'un esprit étroit, d'une douceur évangélique malgré les injustices criantes que lui faisait supporter son père, ne l'avait pas quitté d'un instant. A Brest, il surveillait la boutique, s'occupait des soins du ménage, et plus tard, quand le vieux Rumphius abandonna son commerce pour se retirer dans sa petite maison de Saint-Rénan, Sulpice le suivit encore, malgré sa cruelle partialité, lui ferma les yeux, et puis se dévoua à son frère avec autant d'attachement et d'abnégation qu'il en avait témoigné à son père; car Sulpice était un de ces êtres purs et rares, un de ces précieux phénomènes d'organisation qui ne peuvent se passer de vivre pour quelqu'un, et qui, s'ils n'avaient pas à exercer cette pieuse mission, se demanderaient : Pourquoi la vie?

Le frère Rumphius était professeur de mathématiques à l'école des gardes du pavillon à Brest, lorsque le comte de Vaudrey voulut préparer son fils à entrer dans la marine. Ayant entendu vanter le savoir de l'astronome, le comte lui proposa de quitter l'enseignement public, et de se livrer à l'éducation d'Henri, lui promettant pour ses soins une pension convenable, qui le mettrait à même de s'adonner par la suite à ses goûts favoris d'étude et de recueillement, sans être obligé de perdre son temps dans des écoles.

Rumphius accepta, et mit Henri en état de s'embarquer comme volontaire sous les ordres de M. de Suffren en 1770. Lorsque M. de Breugnon alla traiter de la paix avec l'empereur de Maroc, Henri avait alors douze ans.

Rumphius, délivré de son élève, vint donc habiter sa petite maison de Saint-Rénan, d'où il ne sortait guère que pour aller faire quelques observations météorologiques à la tour de Koat-Vën.

Au fond, Rumphius était du meilleur caractère et aussi facile à vivre que pouvait l'être un homme qui, employant toutes ses idées, tout ce qu'il avait de clair et d'intelligent dans l'esprit, à se maintenir dans une sphère d'études de l'ordre le plus élevé, n'avait plus, quand il prenait terre, qu'une tête lourde, pesante, fatiguée, et juste assez d'instinct animal pour se laisser aller aux attentions dont son frère l'entourait.

Car Sulpice s'était chargé pour ainsi dire de vivre matériellement pour Rumphius ; oui, ce pauvre homme, d'un esprit si borné, qui avait pour cela même le génie du cœur, était parvenu à épargner à son frère jusqu'à l'obligation de se croire reconnaissant des soins qu'il recevait : tant il mettait de promptitude et d'adresse à le servir, tant cela paraissait simple et naturel.

Et pourtant Rumphius avait une manie, une cruelle manie dont les conséquences faisaient quelquefois verser des larmes bien amères à Sulpice.

Rumphius, perdu tout le jour dans un abîme de calculs et d'hypothèses, après une journée consacrée aux recherches les plus profondes et aux travaux les plus abstraits, sentait souvent le soir, après dîner, comme le besoin de réveiller ses esprits engourdis, de se fouetter le sang, afin d'activer une digestion difficile. Le café, il est vrai, eût parfaitement rempli ce but ; mais l'astronome, connaissant les funestes effets qui pouvaient résulter de l'habitude de cet exhilarant, le redoutait beaucoup : aussi par compensation cherchait-il, en taquinant son frère avec aigreur, à l'amener à une contradiction vive, hardie, nerveuse, à faire naître une discussion violente, emportée, qui, agitant le physique par le moral, devait produire sur les organes de l'astronome une salutaire excitation qui eût valu celle du moka le plus chaud et le plus concentré, sans avoir aucun de ses inconvénients.

Mais, hélas! bien souvent la douceur et la modération de Sulpice mettaient la digestion de son frère à de terribles épreuves négatives, et, après vingt tentatives infructueuses pour amener une dispute, Rumphius, désespéré, finissait par invectiver son frère sur l'éloignement qu'il feignait d'avoir, disait-il, pour la discussion, éloignement qu'il n'affichait que par pure obstination, que par pur amour de la contrariété... ajoutait l'astronome.

Cela se conçoit; pour un homme de ce caractère, rien n'est plus cruel que de se *disputer tout seul*. Il n'y a rien de tel qu'une réponse dure, une impertinence, pour raviver le feu de la discussion, qui sans cela s'use et se consume d'elle-même.

Malheureusement le pauvre Sulpice ne comprenait pas un mot à cette bizarrerie de son frère, et plus il s'entendait attaquer comme contrariant, plus il s'attachait à voler au-devant des moindres désirs, des moindres objections de Rumphius. *Inde iræ*, car jamais l'angélique créature n'avait su répondre non une fois dans sa vie.

On l'a dit, hors ces moments de contradiction, Rumphius était bon homme; je certifierais même au besoin que, si son frère eût été forcé d'avoir recours à sa science pour faire quelques observations sur l'obliquité de l'écliptique, ou les réfractions horizontales, je ne doute pas que Rumphius n'eût mis à sa disposition tout son savoir et toute son expérience.

Mais il voyait le pauvre Sulpice de si haut, il le savait plongé dans des détails matériels qu'il trouvait si ignobles et si vulgaires, que, sans être ingrat, il considérait la conduite de son frère comme toute naturelle; une espèce d'instinct l'avertissait que, placé si haut dans l'ordre intelligent, il était fort simple qu'une créature d'une sphère inférieure s'occupât de le faire boire, manger et dormir, et lui servît même de surexcitant, de digestif quand besoin était...

Encore une fois, il était fort dévoué à Sulpice; mais ne comprenant pas qu'il y eût au monde un plaisir, une peine ou un devoir qui ne se rapportât pas aux mathématiques : Que Sulpice ait jamais une équation ou un calcul différentiel à résoudre... pensait-il... c'est alors qu'il trouvera un frère.

Le soir du jour où sa tasse avait été si brusquement cassée,

Sulpice, après avoir veillé au dîner et parfait ce frugal repas avec la plus minutieuse propreté, attendait son frère, car l'heure était depuis longtemps sonnée.

Tantôt, pour calmer son impatience, il arrangeait les salières, les couverts, avec plus de symétrie encore, rendait le cristal des verres plus limpide, plaçait l'excellent fauteuil de son frère (lui n'avait qu'une chaise) de façon que le reflet même du soleil couchant ne l'incommodât pas. Puis il allait à la cuisine, de la cuisine à sa place et à la fenêtre ; et tout cela sans un mot, sans une plainte, étouffant même jusqu'aux soupirs que lui arrachait le sort de deux beaux poissons tout frais qui se desséchaient sur le gril.

Enfin Rumphius parut, et son frère frémit ; car le savant avait l'air plus absorbé, plus fatigué que de coutume. Sulpice pressentit la contradiction.

— Bonsoir, mon frère... — dit Sulpice en serrant la main de Rumphius.

— Bonsoir, frère, — répondit Rumphius affectueusement.

— Voulez-vous dîner, mon frère?... Depuis ce matin que vous travaillez, vous devez avoir la tête fatiguée, pesante ; le repos vous est nécessaire.

Si Rumphius eût été à la fin du repas, il eût trouvé dans cette phrase au moins trois sujets de querelle ; il les nota dans sa tête, ne dit pas un mot et mangea.

— C'est moi, mon frère, — dit timidement Sulpice, — qui ai grillé et accommodé ces *mulets*... comme notre père les aimait... vous en souvenez-vous... mon frère?

Rumphius fit un geste affirmatif.

— Que je serais donc aise, si vous les trouviez bons!

Rumphius répondit en tendant son assiette.

Il fallut voir alors avec quelle joie intime, quel bonheur, le pauvre Sulpice en servit à son frère, tant il était heureux de voir quelque chose réveiller son appétit!

— Savez-vous, mon frère, — dit Sulpice avec une nuance d'orgueil, en s'interrompant de manger pour aller chercher un cahier recouvert de papier gris bleu, qu'il déroulait avec joie en regardant Rumphius ; — savez-vous, mon frère, que voilà le *Mercure de France* qui dit de bien belles choses de vous, et que...

— Bah! des sottises... — articula Rumphius en rongeant son arête de poisson. — Avez-vous autre chose à manger?

— Oui, mon frère, du *fard* et une galette de blé noir, que j'ai maintenue chaude, comme vous l'aimez. — Et Sulpice se leva pour aller querir ces nouveaux mets; en dérangeant sa chaise, elle cria...

— Ah! quel bruit affreux! — dit Rumphius, qui, ayant dîné avec voracité, commençait à sentir poindre le besoin d'une contradiction.

(Pardonnez au savant; le temps était si lourd, si chaud, il avait les nerfs si agacés, il prévoyait une digestion si laborieuse...)

— Pardon, mon frère, — dit Sulpice en tressaillant.

— Si pourtant vous n'étiez pas d'un entêtement rare, nous aurions un domestique pour nous servir; cela éviterait ces grincements de chaises qui à chaque instant me mettent hors de moi.

— Mais, mon frère, — hasarda Sulpice, — c'est vous qui m'avez défendu d'avoir personne, dans la crainte que quelqu'un ne touchât à vos livres, à vos papiers ou à vos instruments...

— Ah! c'est-à-dire, — reprit Rumphius, enchanté de la tournure que prenait la conversation, — c'est-à-dire qu'aujourd'hui je veux ceci, demain cela; que je suis un maniaque, un fou, que je me contredis sans cesse, que je suis bon à enfermer, qu'on doit me donner des douches sur la tête! Fort bien!... Des douches sur la tête!... Ah! on doit me donner des douches sur la tête!... — continuait Rumphius, déjà fort agréablement excité.

— Mais personne ne dit cela, ne pense à cela, mon frère... Vous voulez que nous ayons un valet, nous en aurons un. J'ai eu tort; pardon de mon tort.

Cette soumission n'était pas du goût de Rumphius; mis hors de combat de ce côté, il se retourna d'un autre. — Sulpice, ajouta-t-il, vous m'avez dit tantôt que j'avais l'air fatigué : est-ce que réellement je vous parais souffrant?

Les interrogations étaient ce que Sulpice redoutait le plus au monde, car il ne lui était pas possible de deviner la solution que pouvait exiger Rumphius.

Il se contenta donc de répondre : — Vous aviez l'air un peu accablé, mais il n'y paraît plus à présent.

— C'est-à-dire, — reprit Rumphius, — c'est-à-dire que je feignais un air de fatigue pour me faire plaindre! Et qui pouvait m'ôter cet air de fatigue?... c'était la table... C'est mé dire assez brutalement, j'espère, que ce n'est qu'à table que j'oublie la fatigue... que je fais un dieu de mon ventre ; dites donc tout de suite que je m'enivre.... que je me tue en excès... appelez-moi Tibère, pourceau d'Épicure, Vitellius... Sardanapale !...

— Je ne dis pas cela, mon frère.

— Ah ! j'aime beaucoup cette raison ; vous ne dites pas cela... Ah bien !... il ne manquerait plus que cela !... Vous ne le dites pas... je le crois bien ; si vous le disiez... Eh ! mais oui, j'y pense... si vous le disiez... c'est alors que je vous traiterais comme vous le méritez... que...

— Mais puisque je ne le dis pas, mon frère...

— Vous voilà à me contrarier encore... vous le voyez... c'est pure obstination de votre part ; pure rage de discussion, de dispute. Enfin, je vous le demande, qui est-ce qui commence encore ? car moi, je vous dis que je suppose... ainsi, partant d'une supposition, je puis bien vous dire que vous avez tort, que vous vous méprenez singulièrement sur les droits que vous vous arrogez sur moi... que, etc., etc., que, etc., etc.

Ici, toujours partant d'une supposition, Rumphius donna un libre cours à son humeur, dans l'espoir d'exciter la colère ou l'attendrissement de Sulpice ; mais le pauvre frère, invariablement accroché au point de départ qu'il savait n'être qu'une supposition, resta impassible ; et au moment où Rumphius, hors d'haleine, terminait sa philippique par ces mots accablants : — Car vous n'êtes qu'un mauvais frère... un Judas... — comptant sur une réponse qui allait lui donner une nouvelle vigueur, le doux Sulpice répondit en souriant et du plus grand sang-froid du monde : — C'est-à-dire, vous *supposez* que je sois un *Judas*. Car nous sommes partis d'une supposition, mon frère... et vous savez combien je vous aime.

L'astronome se tut ; la colère qui activait déjà la circulation se refroidit tout à coup. Cette réponse avait jeté de la glace sur le feu. Il fallut recommencer, et ce nouveau désappointement venant encore irriter Rumphius, il eût certainement étouffé s'il n'eût pas trouvé le moyen de raviver la discussion : il chercha donc, et trouva.

— A propos, Sulpice, — dit-il à son frère, — que me parliez-vous donc du *Mercure de France ?*

— C'est un grand éloge qu'on y fait de vous, mon frère, au sujet de vos travaux sur l'astronomie indienne.

L'astronome respira...

— A propos de cela, — dit-il à Sulpice, — vous ne nierez pas, j'espère, que le portrait du vrai *Gourou* de la secte de Siva ne soit, comme je l'ai dit et prouvé d'ailleurs, ne soit tiré du *Vedanta Sara?*

— Non, mon frère; mais vous savez que je suis trop loin de votre savoir pour comprendre rien à toutes ces sciences, et que...

— Soit... entêtement pur. Vous savez cela aussi bien que moi... mais l'ardeur de la contrariété vous égare; passons; or, d'après le *Vedanta Sara*, comme je l'ai dit, le vrai *Gourou* est celui qui a vu de ses propres yeux *Gocarnam* et *Calestry*; mais ne voilà-t-il pas qu'un bélître, qu'un drôle, qu'un pleutre, ajoute le *Pringuery* au *Gocarnam* et au *Calestry!*... Ce bélître, ce drôle, ce pleutre... c'est Hoëtquel, qui prétend prouver cette hérésie par la grammaire Tamulaire du père Breschio... Mais répondez donc, Sulpice... vous restez là inerte. Vous voyez Hoëtquel qui m'insulte... qui me contredit... et vous restez là immobile... impassible... vous en êtes ravi peut-être?... Ah! vous en êtes ravi!... fort bien...

— Hoëtquel a tort, ce me semble, mon frère, — dit bien vite Sulpice, qui faisait tout pour entrer dans les idées de Rumphius, et qui savait par expérience dans quel état d'exaspération le mettait le nom seul de ce savant antagoniste, que Rumphius abhorrait de cette haine incurable que se vouent souvent les docteurs d'opinions dissidentes.

— Il a bien tort certainement, mon frère, dit encore Sulpice.

— Hoëtquel a tort! Pas du tout, il a raison quant à ce qui regarde le *Vedanta*, — repartit Rumphius, aussi enchanté de ce coup hardi qu'un joueur d'échecs de son adresse dans un cas difficile.

— Je me trompais donc, mon frère; alors Hoëtquel a raison, — soupira Sulpice.

— Ah! je vous y prends donc, enfin, — s'écria Rumphius au comble de la joie... — Ah! il a raison! Ah! Hoëtquel a raison! C'est-à-dire que c'est moi qui ai tort, fort bien! c'est-à-dire que je suis un âne, c'est parfait! un oison, c'est au mieux! que mes travaux sont ceux d'un fou... bons à allumer le feu de votre cuisine... c'est miraculeux!... Et qui me dit cela?... c'est mon frère! En vérité, Hoëtquel ne dirait pas mieux... Mais savez-vous ce que je lui répondrais, moi, à Hoëtquel, ou plutôt à vous? car maintenant vous ne faites plus qu'un avec Hoëtquel, puisque vous adoptez ses hérésies, puisque vous lui donnez raison contre moi, — dit l'astronome en attachant sur Sulpice interdit des yeux qui commençaient à étinceler... — Ah! il a raison; eh bien, puisqu'il a *raison*... vous serez Hoëtquel, vous êtes Hoëtquel, c'est vous qui allez me répondre à la place d'Hoëtquel... c'est vous qui allez vous défendre! c'est toi, voulais-je dire... est-ce que je dois garder des ménagements, me gêner pour tutoyer Hoëtquel!... Voyons, Hoëtquel, bélître, butor, puisque tu as raison, quel est le vrai Gourou... de la secte de Siva? N'est-ce pas celui qui s'est lavé dans tous les étangs sacrés, tels que *le Souria-pouchkanary, ichendra-pouchkanary, indra-pouchkanary*, hein ?... Mais réponds-moi... n'est-ce pas là le vrai Gourou... hein ?...

— C'est le vrai Gourou... oui, mon frère, — dit Sulpice... — c'est le bien vrai Gourou.

— Ne m'appelle pas ton frère... Hoëtquel que tu es... ne m'appelle pas ton frère... Alors, puisqu'il est ainsi le vrai Gourou, pourquoi veux-tu qu'il ne soit vrai Gourou qu'en ajoutant la vue du Pringuery à celle du Gocarnam et du Calestry ?... Allons, réponds... Oh! il faut répondre!... répondre ! — criait Rumphius déjà fort colère.

— Mais j'ignore... je ne sais, — dit le malheureux Sulpice, qui se perdait dans les épouvantables mots de Gourou, de Gocarnam, de Pringuery, d'Indra-pouchkanary.

— Ah! tu ne le sais pas, — dit Rumphius dont le sang bouillonnait enfin. — Ah! tu ne le sais pas... Ah! tu ne sais pas que Gourou, signifiant maître ou guide, les rois sont les Gourous de leurs royaumes... Ah! tu ne le sais pas, — disait l'astronome avec furie... — et tu viens de sang-froid, de gaieté de cœur, attaquer avec un acharnement de tigre, de bête féroce, les travaux d'un pauvre savant qui vit dans la solitude et vaut un nombre infinitésimal d'Hoëtquel... Ah! tu ne le sais pas... et tu crois qu'il suffira d'une telle raison pour m'insulter impunément!... — cria Rumphius, tout à fait hors de lui, au comble de la fureur et de la digestion.

— Je ne vous insulte pas, mon frère.

— Je te dis que tu m'insultes, moi! — cria Rumphius de toutes ses forces, — tu m'insultes, Hoëtquel, et il faut que tu avoues que tu n'as pas la moindre idée de ce que c'est qu'un vrai Gourou; avoue-le, misérable! — hurlait Rumphius en secouant son frère par son habit ; mais ses forces le trahirent, et l'astronome tomba presque épuisé, haletant, dans les bras de son frère, qui l'assit sur son fauteuil.

Le pauvre frère, agenouillé, essuyait la sueur qui coulait du front du savant, dont les yeux étaient à demi fermés.

— Calmez-vous, mon frère, — disait Sulpice, — calmez-vous... j'ai eu tort... eh bien, oui... c'est moi qui vous ai contrarié... pardon... pardon...

— Non, Sulpice, c'est moi, — disait Rumphius, dont le but était rempli ; — la chaleur de la discussion m'a emporté, j'ai été trop loin... vous savez bien qu'une fois la querelle passée, je n'y songe plus. Pardonnez-moi, Sulpice, car vous êtes bien la meilleure des créatures qui soient jamais descendues de la montagne d'or de Maha-Merou, comme dit Brahma...

— Que vous êtes bon, mon frère !... Mais, mon Dieu, ne suis-je pas trop heureux d'être votre frère, vous, si savant, si renommé, et de vous éviter la moindre contrariété ! C'est toute mon étude, mon frère ; oh ! bien sûr, allez ; ainsi, ne m'en voulez pas, si, malgré moi... je...

Et Sulpice avait les larmes aux yeux, il ne pouvait plus parler.

— Taisez-vous donc, Sulpice, — dit Rumphius, qui sentait aussi ses yeux s'humecter, — taisez-vous donc, car vous me faites honte de moi-même, de mes emportements.

Et l'astronome passa sa main osseuse sur ses yeux.

— Ne parlons plus de cela, je vous en prie, mon frère, — dit Sulpice ; — venez vous coucher ; vous travaillez tant, que vous vous ferez mal.

Et Sulpice ne regagna sa petite chambre que lorsqu'il eut vu Rumphius endormi, et que les mots de Gourou, Pringuery, Hoëtquel, ne s'échappèrent plus qu'à de longs intervalles de sa poitrine, dégagée par l'explosion de sa violente colère.

Sulpice allait se mettre au lit, lorsque deux ou trois coups vigoureusement appliqués à la porte de la maison le retinrent.

Tout ce qu'il craignit, ce fut qu'on ne réveillât son frère.

Il descendit à la hâte en disant : — On aura traversé le jardin, ou on sera entré par la ruelle.

Puis, parlant à travers l'épaisse porte de l'antichambre, il demanda :

— Que veut-on ? Qui est là ?

— N'êtes-vous pas l'astronome Rumphius ? — dit une voix,

— Je suis son frère, il dort, parlez plus bas, pour l'amour de Dieu...

— Remettez-lui cette lettre que je vais vous glisser sous la porte ; il faut, sous la condition des plus grands malheurs, qu'il la remette lui-même à M. le comte de Vaudrey ; entendez-vous, qu'il l'a remette lui-même aux mains de ce seigneur, qui est à Paris maintenant : le jurez-vous sur votre âme ?

— Mon Dieu, je le jure ! — dit Sulpice tout tremblant.

— Tenez donc, — dit la voix ; — c'est de la part de Son Excellence madame la duchesse d'Alméda.

Alors une lettre glissa sous la porte, et Sulpice entendit l'inconnu s'éloigner.

IX

> Un grand voluptueux est plus malheureux et plus à plaindre que le dernier et le plus vil d'entre le peuple.
> MASSILLON, *troisième dimanche de Carême.*

INTÉRIEUR

— 1780 —

Hôtel de Vaudrey. — Tels étaient les mots écrits en lettres d'or, sur une plaque en marbre noir, placée au fronton d'une des plus belles demeures de la rue de l'Université.

Un noble écusson de pierre, avec sa couronne de comte, s'élevait sur le riche entablement d'une grande porte de chêne sculptée.

De chaque côté de cette porte, encadrée dans de lourdes assises, s'étendait une grille à flèches dorées, qui aboutissait à deux pavillons dont le retour allait rejoindre le corps principal de l'édifice.

Cet édifice occupait le fond d'une immense cour d'honneur.

Les bâtiments qui, se rattachant aux pavillons dont nous avons parlé, contenaient les écuries et les communs, étaient desservis par d'autres dégagements intérieurs, et masqués du côté de la cour d'honneur par des arcades et de fausses croisées.

En vérité, l'aspect de cet hôtel était majestueux; ses deux longues rangées de hautes fenêtres à petits carreaux ressortaient blanches sur ses murs noircis par le temps; un large perron circulaire assez élevé conduisait à la grande porte vitrée du vestibule, et la cime des pins et des marronniers qui dépassaient une espèce de dôme à horloge placé au milieu et au faîte du bâtiment, annonçait qu'un vaste jardin s'étendait sous l'autre face.

C'était environ huit jours après la scène de la tour de Koat-Vën.

Comme midi sonnait à l'hôtel, un violent coup de marteau vint ébranler la grande porte.

Ce coup furieux fit bondir dans son fauteuil un énorme suisse, rouge, bourgeonné, admirablement poudré, portant bourse, et vêtu d'une livrée verte galonnée sur toutes les tailles, aux couleurs et armes de Vaudrey : selon l'usage, ce magnifique habit était rehaussé d'aiguillettes brodées et d'un large baudrier à franges d'argent, armorié, auquel pendait une épée à la dragonne.

Le fils de ce suisse, enfant de quatorze ans, poudré aussi, vêtu en postillon à la même livrée, se disposait à aller ouvrir pendant que son père se dressait sur ses jambes, mettait son chapeau bordé, et se saisissait de sa longue hallebarde à houppe rouge damassée bleu et or.

On heurta bien plus fort et à plusieurs reprises.

— Allez donc voir, Lorrain, quel est le polisson qui s'oublie au point de frapper ainsi à la porte de l'hôtel de Vaudrey, — dit le suisse d'un air digne.

Lorrain, enchanté, prit son fouet, et, malgré ses éperons et ses lourdes bottes fortes, à coude et à large entonnoir, courut voir quel était le polisson qui *s'oubliait*.

On frappait toujours avec acharnement...

Lorrain, ayant poussé la porte à demi, aperçut un petit homme maigre vêtu d'une houppelande grise à collet rond, d'un chapeau à cornes et de bottes de voyage. Ce personnage tenait le marteau de la porte dont il abusait si cruellement... et regardait en l'air, paraissant suivre quelque chose des yeux... sans pour cela discontinuer son tapage infernal.

— Dites donc... hé... est-ce que vous êtes échappé d'une cage de la foire Saint-Laurent? — cria l'enfant, insolent comme un laquais de bonne maison, et faisant claquer son fouet aux oreilles de l'inconnu.

— Saint-Laurent? — reprit le petit homme, qui paraissait n'entendre ou ne comprendre que le dernier mot de ce qu'on lui disait, — Saint-Laurent? Non, non, Henri de Vaudrey... le comte... je veux le voir... — reprit-il, toujours les yeux fixés sur le firmament.

— Dites donc, mon père... c'est un fou... — cria Lorrain de tous ses poumons.

A ce cri incongru, le suisse sortit de sa loge : il était plus cramoisi que son baudrier. — Vous tairez-vous, misérable?... pousser de tels cris... quand dans un maison *tenue* on doit entendre une souris trotter... pousser de tels cris à la rue, à la porte de l'hôtel de Vaudrey! Rentrez, rentrez; allez, vous ferez la honte et le désespoir de votre famille.

Et l'honnête suisse allait oublier Rumphius, car c'était lui, accompagné d'un Savoyard qui portait sa mince valise; heureusement que l'astronome arrêta le suisse par son épée, au moment où il fermait la porte.

— Le comte de Vaudrey? — dit encore Rumphius, mais cette fois en regardant son interlocuteur.

— Ah! j'ai bien l'honneur de saluer M. *de* Rumphius, — dit le suisse avec un air de respectueuse connaissance. — Monsieur vient sans doute passer quelques jours à l'hôtel. Quoique M. le comte ne soit visible pour personne ce matin... je vais toujours annoncer Monsieur...

Et le suisse, recommandant au Savoyard de passer vite par les communs pour ne pas *déparer* la cour, rentra dans sa loge, et fit retentir un coup de sifflet aigu et prolongé. A ce bruit, la grande porte vitrée du vestibule s'entr'ouvrit, et on vit, à travers les carreaux, les figures de cinq à six valets de pied, à la même livrée que le suisse, poudrés, en bourses, culottes rouges, bas de soie et souliers à boucles d'argent.

Ces laquais examinaient curieusement Rumphius, qui, absorbé dans ses distractions, marchait en zigzag, creusait le sable avec son parapluie, regardait le ciel, s'arrêtait, supputait quelque équation sans doute, et reprenait sa marche pour s'arrêter encore.

Tout à coup un carrosse sortit, si rapidement lancé, d'une des arcades qui communiquaient aux écuries, que, sans les cris réitérés du cocher, Rumphius était pour jamais ravi aux sciences.

Mais heureusement l'astronome sauta de côté; le cocher

parvint à contenir ses chevaux, les mit au pas et fut se placer le long du perron.

Ces chevaux étaient magnifiques, leurs harnais étaient noirs; la voiture était grise, sans armes ni chiffres; le cocher sans livrée, aussi vêtu de gris, et un laquais habillé de même se tenait près de la voiture.

Enfin Rumphius grimpa sur le perron; la porte du vestibule cria, et un valet de pied, précédant l'astronome, monta le large escalier à lourde rampe dorée et à voûte immense qui conduisait aux petits appartements, car Henri n'occupait pas habituellement les grandes pièces de réception.

Le valet de pied remit Rumphius aux mains d'un antique valet de chambre qui se chargea de l'introduire.

— Ah! c'est M. Rumphius, — dit cet ancien serviteur; — M. le comte sera bien charmé de vous voir; voulez-vous attendre un instant ici?... je vais vous annoncer, et faire préparer votre appartement.

Et l'astronome attendit dans un délicieux salon de forme ovale; les meubles et la tenture étaient de damas vert, à grands dessins blancs, rehaussés de perles, le tout encadré dans des baguettes et des enroulements d'or.

Après un moment, le valet de chambre revint, ouvrit la double porte en annonçant M. *de* Rumphius.

— Ah! mon Dieu!... monsieur le comte, je vous dérange, — dit Rumphius en voyant qu'Henri n'était pas seul...

— Pas du tout, mon bon Rumphius,... vous ne me dérangez pas... asseyez-vous; — puis, s'adressant à une jolie femme à cheveux noirs, blanche, grasse et rose, dont la figure pétillait de malice et de gaieté...

(C'était Lélia, l'enjeu du prince de Guemenée, le convive de Koat-Vën.) — Ma chère, ma voiture est en bas... j'irai peut-être te demander à souper demain avec Fronsac et d'Escars. Adieu, ma fille...

Et, lui pinçant le menton d'un air fort leste, ma foi, il la salua familièrement du geste.

Lélia sourit, s'enveloppa dans ses coiffes et se dirigea vers la porte... puis, se ravisant, elle vint se planter devant Rumphius qui s'était assis, lui fit une grande et profonde révérence de l'air le plus grave, et en deux bonds fut à la porte.

A cette révérence inattendue, le pauvre homme se leva en sursaut, et répondit par le salut le plus respectueux et le plus gauche que puisse faire un astronome; mais il n'en était encore qu'à la moitié de sa salutation, que Lélia avait disparu.

Quant à Henri, il riait, il riait à se rouler dans sa robe de chambre, de magnifique lampas bleu broché d'or.

— C'est qu'elle est vraiment délicieuse, cette petite Lélia, — s'écria Henri en éclatant encore par intervalles; — délicieuse avec sa révérence... Et toi donc... Rumphius, avec la tienne!... tu étais parfait aussi...

— Ma foi, monsieur le comte, — dit Rumphius, qui, une fois hors de ses distractions, ne se déconcertait jamais et avait le sang-froid le plus naïf du monde, — ma foi, monsieur le comte, j'ai fait ma révérence de mon mieux à madame... à une de mesdames vos parentes, sans doute, qui a certainement l'air bien honnête.

— Ah! si tu vas recommencer... je te cède la place, — dit Henri, — trop rire me fait mal, d'abord...

— Écoutez donc, monsieur le comte, je vois cette dame dans votre chambre à coucher... le matin... votre carrosse à ses ordres...

— Mais, vieux savant que tu es, n'as-tu pas remarqué que mon carrosse était sans livrée... et que je fais descendre ça en plein jour devant mes gens?

— Ah! je conçois, — dit Rumphius avec un sourire plein de rouerie, de malice et de pénétration, — je devine... Ainsi que le permet Wishnou, c'est Yaroudah-bassvys, une planète de Vénus... autrement dit, c'est madame la comtesse... *de la main gauche...*

Et le chaste savant, après avoir balbutié ces mots, rougit comme s'il se fût permis de dire une obscénité révoltante.

— De la main gauche, c'est cela, — reprit gravement Henri, — c'est pardieu bien cela... mais il ne faut pas rougir pour cela, Rumphius, quoique votre propos ait été un peu bien leste et sentant fort son mauvais lieu... Diable, de la main gauche!... hum... vous devenez cynique, mon gouverneur... de la main gauche!

— J'en serais désolé, monsieur le comte, — dit Rumphius confus, au désespoir de s'être montré si indécent dans ses propos, — je serais désolé si...

— Non, Rumphius, il faut opter : ou continuer à fuir les femmes et leurs faveurs comme vous l'avez fait jusqu'à présent, du moins comme vous me l'avez dit, rester vierge, pur et sans tache...

— Je vous atteste de nouveau, monsieur le comte...

— Ou dire franchement : Je suis un franc débauché, un coureur de ruelles... un libertin sans pudeur...

— Moi... oh! moi, monsieur le comte, — disait l'astronome, qui ne se possédait pas de honte, — moi...

— Allons, ne vois-tu pas que je plaisante, que je dis cela pour te tourmenter, mon bon vieil ami?... Ah çà!-je suis ravi de te voir, parce que je voulais te faire dire de venir ici, d'abord pour te remercier de ta tour de Koat-Vën, de ton observatoire, que mes gens ont remis en ordre.

— Et monsieur le comte a sans doute observé ce qu'il voulait?

— Plus que je ne voulais. Observé pendant tout un mois.

— Était-ce la Vierge, les Gémeaux... le Capricorne ou la Balance? — demanda Rumphius. — Ah dame! si vous aviez voulu vous livrer à l'astronomie, monsieur le comte, avec vos dispositions, où ne seriez-vous pas allé? Mais non, vous avez voulu vous contenter de ce qui ferait, du reste, l'envie de bien d'autres, car je me souviens d'une amplitude...

— Ah! laisse-moi donc tranquille avec tes amplitudes, et écoute-moi : En revenant de ta diable de tour, si j'avais eu le temps, j'aurais été te voir à Saint-Rénan... Malheureusement je ne l'ai pas pu; mais voilà ce que j'ai à te proposer : Le roi a bien voulu me confier une frégate; nous irons, je crois, dans l'Inde... voici du moins ce que m'a écrit un de mes amis, premier commis à la marine.

Et Henri souleva le cylindre d'un lourd secrétaire curieusement incrusté d'ivoire, pour y chercher cette note.

Pendant ce temps-là, Rumphius jeta un coup d'œil sur la chambre à coucher de son ancien élève.

Elle était tendue d'étoffe cramoisie.

Le plafond était comme brodé d'or, par la multitude d'arabesques qui s'y croisaient en tous sens. Les glaces et les boiseries étaient encadrées dans de larges bordures simulant des palmiers, dont les branches arrondies se croisaient au sommet, et supportaient des groupes d'amours et de colombes. Tout cela doré mat sur un fond blanc, et d'une merveilleuse richesse.

Accrochées à la cheminée étaient une quantité de miniatures, et en face, un grand tableau de Lebrun représentant la mère d'Henri, femme d'une rare beauté, vêtue en Diane chasseresse.

Le lit, à baldaquin et à crépines d'or, était exhaussé sur une estrade couverte de peaux de tigres et de lions, qu'Henri avait sans doute rapportées de ses voyages.

Les autres meubles, qui paraissaient aussi dater de l'autre siècle, étaient, comme on les faisait alors, larges, carrés, massifs, à dorures brunies.

On remarquait entre autres une superbe pendule mécanique à pied, en ébène ciselée, d'un travail exquis, un des chefs-d'œuvre d'Adrien Morand; deux petits coqs d'argent tout chargés d'émeraudes chantaient les quatre quarts sur des airs de Lulli. Ce meuble précieux avait été donné au grand-père d'Henri par Louis XIV. Il y avait aussi une toilette en porcelaine de Sèvres, avec ses admirables peintures, et son émail éblouissant de couleurs si vives et si variées. Mais tout cela avait ce cachet grave d'antiquité qui prouvait qu'Henri comprenait la religion et la poésie des souvenirs. Enfin les longs rideaux entr'ouverts laissaient voir les arbres séculaires du jardin, dont l'automne commençait à jaunir les feuilles.

— Ah! voilà cette note, — dit Henri... — écoute bien : Si cela dépend de mon ami, j'irai d'abord porter des ordres en Amérique; et de là, si M. de Guichen ne me retient pas, j'irai rejoindre le chevalier de Suffren dans l'Inde; car il est probable qu'on lui donnera une division. Or, si tu t'occupes toujours d'astronomie indienne, veux-tu venir avec moi? c'est une belle occasion, qui ne se retrouvera pas; voyons, le veux-tu?...

Rumphius croyait rêver, il n'en revenait pas; c'était son plus cher... son plus vif désir. Aller dans l'Inde... dans le berceau de l'astronomie, et y aller avec son ami, son élève... c'était à en devenir fou... aussi ne put-il témoigner à Henri toute sa reconnaissance que par des mots entrecoupés... des phrases rompues et sans suite...

— Comment, monsieur le comte; voir des linghams... des temples de Wishnou... Comment! je serais assez fortuné pour entendre les brames prononcer le *Djon* sacré... avec la narine droite?...

— Ma foi, que le diable m'emporte si je sais avec quelle narine ils le prononcent... mais enfin tu acceptes, c'est le principal; je te ferai dire le moment précis de mon départ, afin

4.

que tu viennes me retrouver à Brest; c'est convenu... Ah çà! tu permets que je demande ma toilette...

— Comment donc... monsieur le comte, *Tirouvallouven* approuve...

— Ah! mon Dieu... quel diable de nom... mais comment fais-tu pour prononcer ces mots-là sans remuer?... à t'entendre, on dirait que tu casses des noix.

— Ah! monsieur le comte, j'en dis bien d'autres, — s'écria Rumphius d'un air de révoltante fatuité, — et *Paltanatou-Soullai*, et *Sarovignai moarty*... donc! et *Karyma*...

— Assez... assez... grâce, mon bon Rumphius, je ne mets pas ta science en doute.

— C'est que, si je voulais continuer, — dit Rumphius, — il y a encore l'enfer du *Visany-calpaty laquila*...

— Je suis sûr de ton savoir... mais grâce...

Et Henri sonna, et son fidèle Germeau se mit en devoir de le coiffer et le raser, pendant que deux autres valets de chambre lui présentaient ce qui était nécessaire pour remplir ces importantes fonctions.

— C'est que, vois-tu, mon bon Rumphius, — dit le comte, — j'ai tant et tant de choses à faire aujourd'hui...

— Au bureau de la marine, monsieur le comte?

— Ah! pardieu non: c'est bien assez de penser à la marine à bord. Non, j'ai un pari contre Lauzun, car j'ai engagé un de mes élèves contre son *Talbot*, qu'il a dernièrement fait venir d'Angleterre malgré la guerre.

— Comment, monsieur le comte, un de vos élèves? un de vos gardes-marines? Ah çà! ce Talbot est donc un gaillard bien ferré...

— Ah! parfait!... ah! ferré!... — dit Henri en éclatant de nouveau; — ah! mais oui, ferré... parfaitement ferré, d'autant plus ferré que Talbot est un étalon... et mon élève aussi... il vient de ma terre de Vaudrey, où j'ai un haras... comprends-tu?

— Parfaitement, moi je pensais que c'était une joute astronomique, — dit Rumphius avec son imperturbable sang-froid.

— Et sans compter qu'il m'a fallu faire plus de diplomatie, dépenser plus d'argent pour débaucher le jockey de M. de Polignac... Mais enfin je l'ai, et nous verrons Talbot contre mon *Amadis*. Après cela il faut que j'aille faire ma cour à Sa Majesté, visiter le maréchal de Richelieu, voir mon bon vieil et cher oncle l'évêque de Surville, et que je sois ici pour le ballet, car j'y ai donné rendez-vous à Puységur et à Crussol pour aller souper après chez Soubise. Demain matin, je déjeune au cabaret avec ce drôle de corps de Rivarol et ce fat de Marmontel; après déjeuner, j'ai la prise de voile de cette pauvre demoiselle de Clarency... Tout Paris sera là pour entendre les motets de Mondonville. Et puis il faut encore que je sois à Versailles pour le dîner du prince de Monbarrey... Jeudi je suis de la chasse du roi... Eh! mon Dieu, j'ai vingt chevaux dans mon écurie... et je trouve que c'est court... juge...

— Quelle toilette veut monsieur le comte? — demanda le valet de chambre; — le temps est beau.

— Eh bien... ce velours incarnat pailleté; non, non... cette broderie de Lyon, la dernière que Lenormand m'a apportée.

— Et pour dentelles, monsieur le comte, Angleterre ou Malines?... — demanda Germeau avec importance.

— Malines... Eh! mais non, je pense... pour cette course... du tout... ce matin, en chenille... un frac vert à l'anglaise tout bonnement, et puis pas de boîte habillée, de l'écaille simplement. Mais, en vérité, mon pauvre ami, je te demande pardon de tous ces puérils détails qui doivent te faire bien pitié... une fois en mer... je regagnerai ton estime... Ah çà, ton appartement est prêt; tu es ici chez toi... tu donneras tes ordres au maître d'hôtel pour ton dîner, dans le cas où je ne te ferais pas compagnie... Mais j'y pense... à quel heureux hasard dois-je attribuer ta bonne visite? Et ton excellent frère, comment va-t-il?

Et Henri, se levant, jeta un coup d'œil sur la glace, et dit :
— En vérité, ce maraud s'est surpassé... je n'ai jamais été coiffé plus *à mon air* qu'aujourd'hui.

A la demande du comte, Rumphius avait sauté d'un pied sur son fauteuil... — Ah! que je suis fou... stupide!... voilà de mes distractions; la première chose que j'oublie, c'est l'objet de ma visite... — Et fouillant dans sa poche, il en retira la lettre que Perez avait remise à son frère.

— Voici une lettre... qu'un homme a apportée à Saint-Rénan pendant que je dormais. C'est mon frère qui l'a reçue, la nuit, à onze heures, je crois... c'est de la part de *feu* cette duchesse qui est morte, m'a dit mon frère; car moi j'ignore...

— Comment morte? quelle duchesse est morte?... — s'écria Henri.

— Oui, une duchesse espagnole de nos côtés.

— Sortez ! — dit Henri à ses gens. Puis s'avançant sur Rumphius... — Mais sais-tu bien ce que tu dis là... au moins ?...

— Mais je dis ce qui est, monsieur le comte, — répondit l'astronome effrayé.

— Ce qui est... ce qui est... mais non, c'est impossible... ce n'est pas, ça ne peut pas être... — Et Henri regardait cette lettre fatale avec anxiété. — Morte... — répéta-t-il encore.

— Oh ! pour cela oui, morte, fort bien morte ; la preuve, monsieur le comte, c'est qu'on a fait de superbes funérailles, où les pauvres ont eu beaucoup d'argent, et que c'est le curé de Saint-Jean de Saint-Rénan, un de mes vieux amis, qui l'a administrée... et qui a reçu son dernier soupir... Elle est tout bonnement morte d'une horrible fluxion de poitrine, à ce qu'il paraît, mal soignée... car la maladie a été si rapide qu'on n'a pas eu le temps d'aller chercher un bon médecin... il en est bien venu un... mais il était trop tard...

— Oh ! ce serait horrible, — dit Henri, — car, après tout, j'en suis sûr, elle n'a aimé que moi ; son dévouement sans bornes, ses offres, son désespoir... tout me le prouvait... et pour tant d'amour j'ai causé sa mort peut-être... — Puis, rompant le cachet avec violence... il s'écria : — Oui... c'est d'elle...

X

— Le cœur ?... un muscle creux.
BICHAT, *de la Vie et de la Mort.*

Qui peut suivre les fibres de cette racine d'iniquité ? qui peut en deviner la complication et les nœuds ?
— Elle me fait horreur, car je ne saurais plus l'envisager.
Confessions de saint Augustin, liv. II, ch. X.

ESQUISSE DU CŒUR

Henri lut cette lettre.

Les caractères, d'abord assez bien tracés, devenaient à la fin si déformés et si confus, qu'il était facile de voir que la duchesse était mourante quand la plume lui tomba des mains.

La première phrase surtout était écrite à la hâte, comme si Rita eût craint de voir le temps lui manquer...

« Henri, je vous ai trompé; tout ce qu'on vous avait dit de moi est vrai... maintenant pourrez-vous me pardonner?

» Oui... j'ai eu des amants, Henri, et vous n'êtes pas cause de ma mort.

» Voilà ce que je voulais vous avouer, et je craignais de n'en avoir pas le temps; je me sens si mal... ma pauvre tête s'en va... j'y vois à peine... j'ai tant pleuré !

» Vous êtes étranger à ma mort; oui, j'en suis seule coupable, Henri. Oui, je l'ai voulue, moi, moi seule. N'ayez pas de remords; je vous le répète, vous n'y êtes pour rien. J'ai mérité tout le mal que vous m'avez fait.

» Adieu... adieu, car ma vue devient sombre... ma main se glace... adieu, Henri, n'ayez pas de... »

Puis, plus rien... rien que quelques traits illisibles.

Seulement, au bas de cette lettre, qui portait les empreintes séchées de nombreuses larmes, ces mots étaient écrits d'une autre main :

Morte le 13 octobre, à trois heures deux minutes du matin. . . . .
. . . .

— Mon cher Rumphius, — dit Henri après un assez long silence, — je voudrais être seul... excusez-moi...

Et il se jeta dans un fauteuil, pendant que l'astronome s'en allait légèrement, et tout contrit du chagrin de son élève...

Après la lecture de cette lettre, des pensées du comte la plus amère fut celle-ci : — Je n'ai pas été son seul amant.

Puis, il jeta la lettre au feu avec autant de colère que s'il eût déchiré le billet d'un rival.

Cette lettre, qui pouvait presque le justifier à ses propres yeux et à ceux du monde, il la maudit, car il éprouvait comme du dépit en pensant qu'il n'était pour rien dans cette mort...

Telle fut l'impression causée par le sublime mensonge de Rita, qui s'était avilie jusque dans la tombe pour sauver un remords à son amant.

Et cela devait être ainsi, parce qu'à bien dire, l'homme n'a guère de nerfs que pour ce qui chatouille ou pince au vif sa plaie d'égoïsme ou de vanité.

Lui dire : « Tu es ridicule, mais non pas terrible, » c'est lui faire injure, c'est douter de son énergie, c'est le traiter en lycéen qui se croit grand garçon, et qu'on renvoie du collége.

Car il y a frayeur pour le crime, et moquerie pour le ridicule ; or, on aime mieux être redouté que sifflé. Il y a encore moyen de se draper vaniteusement en Macbeth... mais qui poserait en Pourceaugnac ?... enfin, qui n'aimerait mieux être Caïn que Jocrisse ?

— J'ai donc été dupe, — répétait Henri.

Cette conviction pouvait, sinon effacer, du moins affaiblir l'amertume de son repentir ; mais il fallait se dire : « Le cœur de Rita n'avait pas battu pour moi seul ; elle m'a trompé en me disant le contraire. »

Il y eut alors une lutte entre l'égoïsme et la vanité.

Crois-toi *dupe*, disait l'égoïsme, et tu dormiras tranquille.

Crois-toi *monstre de perfidie*, disait la vanité ; si tu ne dors pas, tu te consoleras en pensant qu'elle a mieux aimé mourir... que de renoncer à ton amour...

La vanité eut raison...

Aussi Henri considéra-t-il la lettre de Rita comme une dernière et irrécusable preuve de cet amour brûlant et méprisé qui avait mené la malheureuse duchesse au tombeau ; et, malgré la dénégation de Rita, il se chargeait de l'effroyable responsabilité de sa mort.

Aussi, de ce jour, de cette conviction, Henri se mit en droit d'avoir pour lui-même, pour lui infâme, lui parjure, lui presque assassin, ce mépris mélancolique, cette horreur pleine de fatuité, qui désespère si orgueilleusement tout être humain quand on lui a dit, après d'indispensables préparations : « Eh bien, scélérat que vous êtes, avec vos roueries, votre cruelle insouciance, vous êtes pourtant cause de la mort de cette jolie madame de ***. »

Ou bien : « Ah ! mon Dieu !... madame... sans y songer, ou peut-être en y songeant, vous avez allumé un terrible incendie... Ce pauvre *** vient de se brûler la cervelle, et est mort en prononçant votre nom. »

Et dire... qu'il n'en faut pourtant pas davantage pour vous doter de la plus enviée des réputations, et ne pas vous laisser même la peine de *dénouer la ceinture de Vénus !* comme on disait dans ce temps-là.

XI

« J'ai vu l'amour, la jalousie, la haine, la superstition, la colère, portés, chez les femmes, à un point que l'homme n'éprouva jamais. »

C'est surtout dans ces instants que les femmes étonnent, belles comme les séraphins de Klopstock, terribles comme le diable de Milton.

La femme porte au dedans d'elle-même un organe susceptible de spasmes terribles : c'est dans ce délire hystérique qu'elle revient sur le passé, qu'elle s'élance dans l'avenir, que tous les temps lui sont présents.

Quelquefois elle m'a fait frissonner. C'est dans la fureur de la bête fauve qui fait partie d'elle-même que je l'ai vue, que je l'ai entendue : comme elle sentait ! comme elle s'exprimait !

DIDEROT, *sur les Femmes*, vol. VII, p. 428, 429, 430.

LA FEMME SANS NOM

Il est nuit.

Presque en face de l'hôtel de Vaudrey est une maison de mince apparence.

Au troisième étage, dans la chambre à coucher d'un modeste appartement, une femme est assise devant une table...

Elle lit.

Il y a un petit miroir sur cette table.

Cette femme, enveloppée d'une grande mante brune, a la figure couverte d'un masque de velours noir.

Elle paraît réfléchir profondément; mais à de longs intervalles, ne pouvant réprimer de vifs tressaillements qui font frissonner son masque... elle porte sa main à son front, qu'elle presse.

Alors ses yeux reluisent à travers les yeux de son masque, et elle dit d'une voix sourde : — Non... pas de faiblesse.

Puis elle se remet à méditer... et à lire...

Le livre qu'elle lit est singulier, c'est le *Traité des poisons*, par Ben-Afiz, médecin arabe, traduit en espagnol par José Ortès, livre rempli d'une si épouvantable science, que l'inquisition le condamna à être saisi partout et brûlé, que Philippe V dépensa plus de mille quadruples à acheter les exemplaires qu'on pouvait trouver, afin de les anéantir.

C'est ce livre effrayant que lit cette femme.

Au bout de quelque temps, elle se lève, et va ouvrir un grand secrétaire, d'où elle tire une cassette qu'elle apporte sur la petite table.

Ouvrant cette cassette, elle paraît contempler avec complaisance ce qu'elle renferme, c'est une foule de traites et de valeurs sur les premières maisons de banque de l'Europe.

Il y en avait pour une somme immense.

Puis, soulevant la pèlerine de sa mante, elle tire de son sein une petite chaîne d'acier, forte et serrée, à laquelle pendaient sans ordre plus de pierreries qu'il n'en faudrait pour orner le royal et magnifique diadème d'un souverain.

Et ces pierres précieuses étaient si étincelantes, que lorsque la pâle lueur de l'unique bougie qui éclairait cette chambre tomba sur le fouillis de diamants, de rubis et d'émeraudes, toute la personne de cette femme fut comme illuminée.

On eût dit un foyer de lumière ardente, d'où rayonnaient mille éclairs éblouissants de toutes les couleurs du prisme.

Puis, laissant tomber cette lourde chaîne qui, presque enfouie dans les plis de sa mante brune, ne jetait plus çà et là que de rares et vives étincelles, cette femme dit avec un soupir : — Aurai-je assez?...

Après un moment de silence, elle porta de nouveau la main à son masque, essaya de le soulever en disant d'une voix basse :
— S'il était temps encore...

Mais elle baissa la main; car elle entendit ouvrir la première des portes de l'appartement, puis la seconde, puis enfin celle de la chambre à coucher.

Un homme entra, et salua respectueusement cette femme, qui répondit par un mouvement de tête; un instant on vit paraître à la porte un de ces lévriers des montagnes à longues soies grises; mais, sur un signe de son maître, il se retira en grondant.

Cet homme se débarrassa d'un grand manteau, de son chapeau à larges bords. On put alors voir sa figure maigre, brune et cuivrée.

C'était Perez, vêtu de noir; en deux mois il paraissait avoir vieilli de dix ans.

La femme masquée, c'était Rita, *feu* la duchesse d'Alméda.

— Eh bien, Perez ? — lui dit-elle.

— Eh bien, madame, j'ai cette liste que vous m'avez demandée...

— Donne... donne, — dit Rita avec vivacité en prenant le papier des mains de son écuyer... Et elle lut... pendant que Perez refermait et allait replacer la cassette.

Elle lut...

C'étaient des noms et des adresses, l'évêque de Surville, Lélia, le chevalier de Lépine... puis...

— Perez, tu as entrée dans ces maisons ?

— Bientôt, madame.

— Et mes habits... Perez... nos déguisements ?

— Demain vous les aurez, madame... — Puis, après une pause... et s'approchant de Rita : — Il faudrait pourtant... ôter ce masque... madame.

Rita ne répondit pas.

— Tout doit être fini... et ce sont des souffrances inutiles...

Rita fut muette...

— Ce qui est fait est fait, madame... d'ailleurs, il serait trop tard maintenant...

— Dis-moi, Perez, — reprit Rita en l'interrompant, — dis-moi... toi qui as vu mes funérailles, ont-elles été magnifiques ?...

— Magnifiques, madame.

— Et des soupçons... en a-t-on, Perez ?

— Non, madame... Vous le savez, après le départ de vos femmes, que vous aviez fait entrer dans votre chambre pour les récompenser de leurs soins avant de mourir, moi et Juana sommes restés seuls près de vous, jusqu'au moment où le prêtre est venu. La chambre était obscure, vous paraissiez mourante, il vous a administrée, et puis il est sorti; alors, nous deux Juana, nous avons veillé seuls, et une fois les derniers devoirs remplis, d'après vos ordres exprès, moi et Juana avons seuls descendu le cercueil dans le caveau de la chapelle qui touchait à votre oratoire. Le lendemain le cercueil était sur la route d'Espagne, accompagné de Juana et des premiers domestiques de votre maison, qui le conduisaient au château de Sibsyra, dans la sépulture de votre famille.

— Ainsi nuls soupçons... Perez... personne n'a de soupçons ?...

— Non, madame; l'ignorance du médecin que nous avions

mandé a encore servi... d'ailleurs, vous savez tout cela, madame... mais, par saint Jacques! ôtez ce masque.

— A-t-*il* eu ma lettre... Perez?...

— Oui, madame... cet astronome la lui a remise il y a dix jours... J'ai choisi cet homme parce qu'il connaît, m'a-t-on dit, votre prêtre et votre médecin... et qu'il n'aura pas manqué de *lui* donner des détails sur votre mort.

— Et qu'a-t-il dit... *lui*?...

— *Lui*? Oh! *lui* est resté huit jours sans recevoir personne; mais, après tout, il faut bien prendre son parti, comme m'a dit son vieux valet de chambre, et *il* est maintenant presque gai.

Ici, Rita ne put réprimer un léger cri de douleur et porta la main à son visage.

— Ce masque... au nom du ciel, encore ce masque! — cria Perez; — ôtez-le, madame, il le faut.

Après un moment de silence, Rita lui dit d'une voix basse et tremblante : — Tu vas me trouver bien lâche, Perez... c'est à mourir de honte... eh bien... je l'avoue... je n'ose pas!...

— Vous n'osez pas?

— Non, Perez... je n'ose pas... j'ai peur...

— Peur! vous... madame, peur... quand, il y a vingt jours, vous m'avez dit si bravement : « Perez, je me vengerai de lui... entends-tu... mais pour que la vengeance que je veux soit entière et sûre, il faut qu'*il* me croie morte... et *il* me croira morte, Perez; maintenant ce n'est pas assez : il faudra encore que je sois méconnaissable, qu'il puisse me voir en face sans me reconnaître; comment donc faire, Perez?... » Oh! vous n'aviez pas peur alors... et vous voyant si courageuse, si décidée, moi je vous ai parlé d'un secret que j'ai rapporté de Lima, d'un ardent corrosif que les Indiens emploient pour se tracer sur le corps des marques ineffaçables.

— Perez!... Perez!... oh!

— Vous n'aviez pas peur non plus quand vous m'avez dit : « A ma vengeance j'ai sacrifié mon nom, mon rang, ma vie, je veux aussi sacrifier ce reste de beauté, qui se flétrirait un peu plus tard dans d'impuissantes larmes. » Aussi vous n'avez plus balancé, et ce masque a couvert votre figure... et c'est maintenant que vous avez peur! peur... quand de votre éclatante beauté il ne reste rien... peur! quand ce masque ne couvre plus que des traits effacés et méconnaissables!...

— Eh bien, oui! c'est cela... c'est cette idée de me voir

hideuse qui me glace... Oui, j'ai peur!... oui, c'est affreux, affreux à penser... Perez!... je le sais, je suis bien lâche, bien infâme, mais j'ai peur... Quand tu n'étais pas là... je n'osais pas ôter ce masque... mais maintenant je voudrais... Oh!... tiens... mes idées m'échappent... je deviens folle... folle... O Henri!... Henri!... mon Dieu, que t'avais-je fait?

Et la malheureuse femme roulait sa tête dans ses mains avec des cris déchirants... puis se relevant avec vivacité : —

— Mais j'y songe, Perez! es-tu bien sûr de ton secret? sais-tu que j'ai bien souvent dérangé mon masque?...

— Encore une fois, madame, ma chère maîtresse, les douleurs que vous ressentez sont la preuve qu'il n'y a aucune ressource...

— Oh! cela n'est pas vrai, cela ne se peut pas, Perez!

— Mais encore, par saint Jacques! n'ai-je pas suivi vos ordres, vos volontés?

— Mais, infâme, devais-tu les suivre alors? — dit la duchesse en délire, car c'était le dernier cri de sa vanité de femme jeune et belle qui expirait en elle; — ne devais-tu pas avoir pitié d'une pauvre créature égarée par l'amour et la haine?... ne devais-tu pas me tromper... me dire : Je l'ai fait, et que ce ne fût pas vrai?... Oh! mais je le vois à ta figure, Perez, bon et fidèle serviteur... tu m'as menti, n'est-ce pas? tu m'as trompée? tu t'es dit : Cette pauvre femme est folle, ayons pitié d'elle, car ce projet est trop horrible... le réveil de ce songe serait trop affreux... Mais tu ne réponds pas, Perez!... tu ne dis rien... tu es là... immobile!... Oh! mais tu m'épouvantes avec ton silence... Parle donc, malheureux, parle donc! — s'écria la duchesse en le saisissant par le bras.

— Que ma maîtresse, que Votre Excellence me pardonne ce que je fais, mais cette scène est atroce pour vous et pour moi... Voyez-vous donc, madame!...

En disant ces mots, Perez brisa les cordons du masque, qui tomba. . . . .

. . . .

Et Perez, ne pouvant retenir un cri d'étonnement et d'effroi, cacha sa tête dans ses mains et s'agenouilla aux pieds de sa maîtresse pour lui dérober la vue de ses pleurs.

Car cet homme de fer l'aimait de ce dévouement domestique, machinal, complet, désintéressé, qui n'a d'analogie qu'avec l'instinct du chien pour son maître; oui, Perez se vouait corps et âme à la vengeance de Rita, avec l'aveugle énergie du chien qui se précipite à la voix du maître sur une bête féroce.

Rita resta un moment immobile, les yeux fixes, regardant sans voir.

Puis revenant à elle, d'un bond elle fut à la petite table, saisit le miroir, y lança un coup d'œil rapide, et se jeta anéantie dans un fauteuil.

Deux grosses larmes tombèrent sur ses joues cicatrisées.

La malheureuse femme était si méconnaissable, que Perez, seul au monde, pouvait voir la duchesse d'Alméda dans ces traits affreusement défigurés.

Rita pleura beaucoup, et n'interrompit ses sanglots déchirants que pour prendre le miroir à deux mains, s'y regarder et le rejeter en s'écriant : — O mon Dieu... mon Dieu... c'est fini !... C'est donc fini... plus rien... tout perdu, beauté, nom, rang... il ne me reste plus rien... rien...

. . . .

— Que la vengeance, madame ! — dit gravement Perez, quand il vit ses larmes tarir...

A cette voix, Rita dressa la tête, et dit d'une voix ferme en essuyant ses yeux avec ses mains : — Pardon, mon bon Perez... pardon de ma faiblesse... de mon injustice... mais j'étais belle... j'étais femme... et tu dois excuser ce dernier regard jeté sur un passé si brillant, si plein d'espoir... Maintenant, tout est oublié, tu verras si je manque d'énergie...

Puis, prenant le miroir, elle s'y regarda une minute sans manifester la moindre émotion.

— Eh bien ! est-ce que j'ai peur maintenant, Perez ?... — dit-elle en posant la glace sur la table d'une main assurée.

Perez baisa le pan de sa robe.

— Oh !... tu as dit vrai, Perez !... il me reste la vengeance... ma haine... libre et franche, sans entraves ; car je n'ai plus un seul sentiment de piété qui puisse m'arrêter... pas une espérance d'avenir meilleur qui puisse me donner le change... Oh ! ma vengeance à moi est de ce monde... et je ne l'oublierai plus... ma haine m'y attache à jamais, comme le meurtre attache le bourreau à l'assassin... Oublier ma vengeance !... quand à chaque minute mes traits défigurés me diront : Venge-toi !... il t'a ravi beauté, rang, amour, honneur ! Venge-toi !... il t'a laissée morte sans la paix de la tombe, et vivante sans la joie du monde! Venge-toi!... car tu étais belle! Vengetoi!... car toi, maintenant, pauvre créature avilie et sans nom... tu avais un nom salué dans toutes les Espagnes!... Venge-toi!... car tu avais une existence presque royale, et maintenant ta vie sera errante, misérable, consacrée à l'accomplissement d'un seul vœu... à attiser sans cesse le feu dévorant d'une seule passion... la vengeance!

— Mais s'il meurt, madame, s'il meurt avant que vous soyez vengée! — dit tout à coup Perez avec effroi.

— Oh! mais il ne mourra pas, Perez!... — s'écria Rita avec un accent rendu presque prophétique par la conviction qu'il exprimait. — Il ne mourra pas... il ne peut pas mourir... Vois-tu, j'ai là dans mon cœur une foi, une certitude en l'avenir... qui me dit qu'il ne mourra pas... Et puis, tu comprends, Perez, qu'il faut bien aussi qu'il y ait quelque chose d'inconnu, de surhumain, d'infernal, que sais-je, moi? qui m'ait amenée à faire ce que j'ai fait, quelque chose qui me donne cette certitude que j'ai d'être vengée; car ce que j'éprouve, c'est comme le sentiment d'une seconde vue... comme la mémoire d'un rêve de l'avenir... Oui, oui, je le sens là... je suis sûre de voir ma vengeance à son heure... à son temps... Oui, j'en suis si sûre, vois-tu, Perez... que Dieu ou Satan me dirait non, je dirais si...

Et Perez la crut, car il y avait dans ses gestes, dans ses paroles, dans l'expression de sa figure, cette autorité inexplicable que donne la conscience d'une révélation occulte, phénomène psychologique que la raison est obligée d'admettre sans pouvoir l'analyser.

— Et cette vengeance, madame, elle sera donc bien terrible?...

— Oh! Perez... — dit Rita avec un sourire effrayant, — cette vengeance... Mais tiens, dis-moi, Perez... tu sais bien Caïn, Caïn le réprouvé... Caïn le maudit?

— Oui... — reprit Perez, épouvanté des regards de Rita.

— Tu sais bien Caïn avec sa marque au front... Caïn, qu'une fatalité sanglante entourait d'un cercle de néant et de désolation dont il ne pouvait jamais sortir... parce qu'il était condamné à rester le centre?...

— Eh bien?... — reprit Perez palpitant.

— Eh bien!... *Caïn* le réprouvé, ce sera LUI... *la fatalité, ce sera* MOI...

LIVRE III

XII

> On fait souvent du bien pour pouvoir impunément faire du mal.
>
> CXXI, *Maximes de la Rochefoucauld.*

> J'ai souvent dit que le malheur des hommes vient de ne savoir pas se tenir en repos dans une chambre.
>
> PASCAL, *Pensées*, art. VII.

> Cependant, tout infâme que j'étais, je me piquais d'honnêteté et de politique, tant j'étais possédé de l'esprit de mensonge et de vanité.
>
> SAINT AUGUSTIN, liv. III, ch. II.

LE COMTE HENRI DE VAUDREY

Mahomet, saint Augustin, Pascal, Rousseau, M. Jacotot, le dieu Saint-Simon, et bien d'autres encore (car aujourd'hui le nombre des dieux et des sages est grand), regardent avec raison l'éducation comme une seconde existence donnée à l'homme.

Déjà pourvu de sa vie physique, il lui faut, disent-ils, pour être complet, recevoir cette autre vie morale.

Cette appréciation m'a toujours paru d'un sens aussi vrai qu'admirable; seulement le choix de ces *procréateurs* intellectuels est, à mon avis, d'une étrange difficulté, quoique le nombre des prétendants soit toujours considérable. Au temps de cette histoire, les plus rudes athlètes en ce genre étaient les abbés; tels d'entre eux comptaient jusqu'à douze ou quinze progénitures *spirituelles*, plus ou moins viables, sans parler des enfants mort-nés et des bâtards.

Mais cette seconde nature est terriblement tenace, le frottement du monde la modifie sans la changer; et l'on est bien sûr de retrouver toujours dans la direction des pensées ou des actes de l'âge mûr, les traits primordiaux de ces seconds pères; en vérité, il y a quelquefois des ressemblances à faire peur.

Et de fait, dans l'extrême jeunesse, l'âme, ou l'esprit, ou le cœur, pour ainsi dire en fusion par l'effervescence et le feu des passions, est flexible et impressionnable... puis peu à peu la flamme se ralentit, l'âme devient froide et dure, elle est trempée : chez les uns, cette lave s'est coulée dans un moule sublime ou hideux, mais saillant et arrêté; chez d'autres, la matière a bouillotté quelque peu, et s'est éteinte sans forme.

Ceci n'est pas la préface d'un livre d'instruction élémentaire à l'usage des gens qui voudraient se *poser* dieux, ou l'annonce d'un établissement spécial pour sevrer des *Brutus* qui mordent leur nourrice, ou dresser des *Lycurgues* qui à sept ans votent déjà leur adresse pour la suppression de retenues et de férules, comme attentatoires à la liberté individuelle et à la dignité de l'homme.

Non, ceci est simplement une transition pour arriver à parler de l'éducation première du comte Henri de Vaudrey, et expliquer ainsi cette apparente légèreté de principes qui le mit dans une position assez fausse à l'égard de *feu* la duchesse d'Alméda.

Henri de Vaudrey, fils puîné d'une grande maison, devait être d'*église* d'après son ordre de naissance et l'exigence de cette haute pensée sociale qui liait le présent au passé et à l'avenir, par la concentration héréditaire des propriétés dans une seule main, loi autrement dite du droit *d'aînesse*.

Car autrefois on fondait lentement sur le roc, avec le fer et le granit, un édifice durable, non pour soi, car souvent la mort vous frappait avant que la dernière pierre de ce monument fût posée; mais on créait pour ses enfants... pour leurs générations.

Ce dévouement sublime à l'avenir, cette loi si morale et si conservatrice, qui rendait inaliénable et sacré le berceau d'une famille, cela, c'était la barbarie, l'abrutissement.

Autrefois les institutions religieuses et politiques s'opposaient au développement excessif de la population, afin de rendre moins considérable le nombre effrayant de prolétaires, à jamais destinés, quoi que disent et fassent les utopistes, à vivre ici-bas de privations et de misère.

Or, cette contrainte, si profondément morale, qui atteignait le riche comme le pauvre, qui tendait à mettre le nombre des hommes en équilibre avec la faible portion de bien-être dévolue à l'humanité, dans le noble but de rendre la part de chacun plus large... c'était le temps de l'abrutissement et de la barbarie.

Aujourd'hui, on bâtit avec de la boue et du plâtre une demeure d'un jour; on agit comme ces vieillards sordides qui vous disent : —Après moi, qu'importe? — Et c'est vrai, qu'importe? on a bien affaire de la religion des souvenirs et de l'attachement à la terre natale, aujourd'hui!

Avez-vous le tombeau de votre mère là... sous l'herbe de la prairie où elle aimait à s'asseoir pour vous bercer tout petit enfant? S'il plaît à l'industrie d'entendre grincer ses chemins de fer sur ce sol béni où vous priez chaque soir, l'industrie pèsera les os de votre mère, vous les *payera trois fois leur valeur*, et tout sera dit, et l'on jettera ses cendres au vent.

Or, comme il n'existe pas en France un coin de terre où *l'industrie* ne puisse faire passer un canal, un chemin ou une ligne de télégraphe (elle est si avancée, cette honnête industrie!), il en résulte qu'on serait stupide de bâtir une maison ou de planter un arbre, car on courrait grand risque de se voir dépossédé le lendemain à son réveil.

Cette dernière et mortelle atteinte aux liens de la famille, à la morale, à la religion de l'avenir et du passé, au droit sacré de la propriété, on appelle cela... *l'utilité publique*.

Or cela, cet infect *égoïsme public* qui attaque tout au détriment de tous, cette pensée hideuse et destructive, que tout doit être *commerce*, que tout se vend, se paye ou s'achète; que ce qu'il y a de plus pur et de plus saint au cœur de l'homme, que ce sentiment qui seul l'attache au pays, *l'amour de la tombe et du berceau*, peut être *indemnisé* avec de l'or, et sacrifié au vain espoir d'une imperceptible amélioration de bien-être purement matériel; ceci... c'est la civilisation... c'est le progrès...

Mais ce n'est pas tout; aujourd'hui on trouve des êtres organisés qui vous disent gravement (on nomme cette variété de l'espèce économistes ou philanthropes), qui vous disent avec une innocente et profonde satisfaction : Ah! monsieur... quel bonheur!... voyez donc, grâce à nos encouragements, combien la population augmente... comme l'humanité pullule... comme elle grouille... c'est une véritable fourmilière, monsieur.

Et cela, grâce à notre *immortelle* révolution! Ne nous a-t-elle pas débarrassés de mille entraves qui gênaient la procréation? n'a-t-elle pas chassé de leurs couvents ces moines inutiles à la reproduction de l'espèce? Des enfants, monsieur, des enfants! c'est la richesse de l'État; car enfin, monsieur, *l'empereur*, qui s'y connaissait, donnait une prime aux femmes qui justifiaient de douze enfants vivants, vous diront fièrement ces furieux étalons spéculatifs.

Je le crois, *l'empereur* aimait les hommes comme le boucher son bétail. Or, encourager par une aveugle philanthropie le malheureux à prendre une compagne, quoiqu'il soit hors d'état de nourrir sa famille, c'est lui dire : Fais des enfants; qu'importe qu'ils aient du pain! s'ils en manquent, la mort t'en débarrassera... Quand il y a trop-plein, vois-tu, l'humanité déborde; il y a des écoulements pour cela : c'est la peste, c'est la guerre, c'est la petite vérole, c'est le choléra, c'est la débauche, c'est la prostitution, et puis tout reprend son niveau; car ne pas créer comme autrefois, ou créer pour la peste ou pour la guerre, comme aujourd'hui, c'est tout un, le néant a toujours son compte; seulement, aujourd'hui que l'homme fait fumier, le sol y gagne, il engraisse...

Fais des enfants, te dis-je, goûte l'amour dans ta fange, accouple ta misère à une autre misère; il en naîtra le crime, qu'importe? le bagne et la guillotine ne sont-ils pas là qui s'en chargent? Obligeante guillotine! refuge économique contre le malheur du temps, toi qui dégorges si bien le corps social du sang corrompu qui l'étouffe, on veut t'abolir, c'est cruel, c'est mettre bien des gens sur le pavé, c'est tuer l'avenir de bien d'autres.

Oui, telles sont les suites de ce malheureux sophisme : que, la prospérité des États se jugeant d'après l'accroissement de leur population, il faut à tout prix favoriser la reproduction de l'espèce.

Ceci... cette ignorance complète des lois de la nature [1], cet

---

[1] Il est prouvé par des calculs irrécusables que n'entravant pas le développement de la population, elle devient dangereusement progressive, en ce sens

aveuglement furieux qui nous pousse à l'abîme... c'est la civilisation, c'est le progrès.

Or, cette civilisation me paraît agréablement sublime, et surtout à l'avantage des accoucheurs, des fossoyeurs, des bourreaux, des faiseurs de maisons de plâtre et des gouvernements modernes, car ils nous ruinent en façons; mais saurait-on jamais trop payer le *progrès?* car c'est un fait consolant pour l'humanité, un fait à extraire des larmes des yeux d'un philanthrope : depuis les budgets jusqu'aux crimes, tout devient en France étonnamment progressif.

Mais l'admiration pour le progrès m'a fait, je crois, oublier Henri.

Henri, cadet de famille, devait donc entrer dans les ordres; mais comme il était tapageur, entêté, sensuel, vain et colère, comme il faisait d'impertinentes questions aux femmes de chambre, comme il témoignait enfin des dispositions peu claustrales, on préféra le destiner à la marine et le faire chevalier de Malte.

On conciliait ainsi les conséquences de sa position de puîné et l'intéressant avenir de sa pauvre petite famille de vices, qui eussent végété étiolés et rabougris à l'ombre humide d'un cloître, mais qui devaient au contraire devenir de beaux et vigoureux gentilshommes en humant le grand air, s'épanouissant au soleil de tous les pays et se jouant sur le dos azuré des vagues de tous les océans.

Le digne astronome Rumphius avait donné à Henri quelques leçons de latin, de français et surtout de mathématiques; mais à douze ans l'éducation commence à peine : aussi ne prétendons-nous pas attribuer à l'influence de ce virginal et modeste savant le germe des passions déréglées qui se développèrent, hélas! fort précoces chez le jeune chevalier.

Or, en 1767, à la fin d'avril, Henri quitta le château de Vaudrey, où s'était passée son enfance. Il le quitta sans que

---

que les moyens de subsistance ne sont plus en rapport avec le nombre d'hommes. Portons à mille millions le nombre d'habitants actuels sur la terre. La race humaine croîtrait comme les nombres 1—2—4—8—16—32—64—128—256, tandis que les subsistances croîtraient comme 1—2—3—4—5—6—7—8—9. Au bout de deux siècles la population serait aux moyens de subsistance comme 4096 est à 13. — Jugez de la progression. Encore une fois, il faut opter : ou l'entraver, ou la favoriser. En la favorisant, il faut *bénir, favoriser* et *encourager* aussi la peste et la guerre, qui vous débarrassent du trop-plein.

sa mère, les yeux mouillés de larmes, l'eût embrassé et béni une dernière fois, car Henri depuis bien longtemps n'avait plus sa mère. Il quitta donc le château sans emporter la douce idée que chaque soir une voix attendrie invoquerait Dieu pour lui.

Et cela était d'autant plus malheureux qu'Henri ne paraissait pas devoir l'invoquer souvent, du moins d'une façon profitable à son salut; enfin la miséricorde divine est infinie, et si Henri n'eut pas les tendres et pieuses exhortations de sa mère, il eut les derniers avis de son père le comte de Vaudrey, ancien lieutenant général et chevalier de l'ordre, qui le conduisit lui-même à Brest et le confia aux soins du chevalier de Suffren, qui était fort de ses amis.

— Adieu, chevalier, — dit le comte de Vaudrey à son fils, — souvenez-vous de ce que vous devez au roi, à votre pavillon et à votre nom; après cela, ma foi, faites le moins de sottises possible...

Ce fut donc à l'âge de douze ans qu'Henri s'embarqua comme volontaire à bord de la frégate *l'Union*, commandée par M. de Suffren, et mise aux ordres du comte de Blugnon pour aller à Maroc traiter de la paix.

Henri, avec sa jolie figure vive et spirituelle, sa tournure décidée, son regard pénétrant, plut beaucoup à M. de Suffren, qui recommanda l'enfant au plus âgé des gardes-marine, dont il allait partager le service et les études.

On peut se figurer qu'un poste de douze à quinze gardes-marine, dont le plus vieux n'avait pas dix-huit ans, et qui pourtant avaient tous cent fois plus vécu que la plupart des hommes faits, si la vie se résume par les émotions et les contrastes; on peut se figurer, dis-je, qu'une telle compagnie, turbulente, railleuse, téméraire, joyeuse, folle et insolente, devait être une école assez favorable au développement du caractère ardent et impétueux d'Henri; aussi commença-t-il à s'y dessiner largement.

Et ceci fut en vérité fort heureux pour Henri; car rien n'est inutile chez l'homme, pas plus les vertus que les vices; il faut seulement savoir leur donner un but ou une direction. Voyez Henri. Laissez-le à terre, au château paternel, ce sera un sot enfant, capricieux, impertinent, opiniâtre, impatient et sensuel.

Mettez-le à bord. Donnez-lui à commander et à obéir. Jetez-le au milieu des dangers d'une vie aventureuse, voilà que l'enfant est déjà presque un homme; ses vices ne sont plus des vices, ce sont de précieuses qualités; l'entêtement devient fermeté; la colère, courage; la vanité, noble orgueil du rang; l'impatience, ardeur du savoir.

Enfin, es-tu capricieux, fantasque, bénis le ciel, pauvre enfant! Dans notre existence, vive Dieu! jamais le lendemain ne ressemble à la veille, le matin au soir. Oh! vois-tu, cette vie est si riche, si inattendue en oppositions, qu'elle défierait les exigences de la coquette la plus ennuyée.

Henri plut donc naturellement à ses camarades; pendant plusieurs jours seulement il fut encore un peu gêné par quelques bribes de timidité, de scrupules et de naïveté; mais bientôt il prit son rang, et un mois après son embarquement, ses jolies joues roses ne rougissaient guère, alors même que, s'échappant de la frégate avec son ami le jeune marquis de la Jaille, ils entraient dans un café et y demandaient, en grossissant leur petite voix douce, du punch et du tabac...

Ses joues ne rougissaient plus, lorsque le soir, tous deux embusqués sous une porte, ils surprenaient une grisette attardée, et que, ma foi, ils lui prenaient autant de baisers que leur victime charmée pouvait s'en faire ravir, sans outrager la morale.

Je dois l'avouer, Henri, après deux mois de séjour à bord de la frégate, avait été mis aux arrêts six fois, s'était battu deux; avait un soir, au moyen d'une corde artistement tendue d'un côté à l'autre d'une rue fort rapide, fait trébucher, tomber et gémir une honnête société de bourgeois qu'il attendait à ce piége, pendant que son Oreste la Jaille et d'autres garnements la pourchassaient à grands cris du haut de la rue; mais aussi Henri montait à la pomme du grand mât avec autant d'agilité que le mousse le plus ingambe. Henri savait le nom de tous les cordages, Henri serrait une voile comme un matelot, récitait le Manœuvrier tout d'une haleine, et, qui pis est, le comprenait et le démontrait au besoin.

Ne pourrait-on pas présumer d'après ces débuts que le jeune chevalier de Vaudrey compenserait par l'énergie, l'ardeur et le courage, ce qui lui manquait en continence et en austérité?

Continence! austérité! vertus toutes neuves quoique anciennes comme le monde; perles rares et virginales qui se cachent si modestes, j'allais dire si honteuses, sous le laurier des Scipion et des Bayard.

L'avenir ne démentit pas ces prévisions. A quinze ans, Henri avait assisté à deux combats, à un naufrage, et montrait fièrement sa première blessure.

A seize ans, il partit pour Malte, afin d'y faire ses caravanes sur les galères de la religion, toujours sous l'aile peu séraphique du brave Suffren.

Plus tard, en 1774, lors de la guerre de l'indépendance, il fut fait enseigne de vaisseau, se battit comme un lion, et reçut deux bons coups de pique au travers du corps en s'élançant à bord de l'amiral Byron, lors de son fameux combat contre M. le comte d'Estaing.

Enfin, s'il fut fait si jeune chevalier de Saint-Louis et lieutenant de vaisseau, c'est qu'au combat du 17 avril 1780, étant officier de manœuvre du comte de Grasse, il dégagea le vaisseau *le Robuste* d'une position effroyable, et reçut à cette affaire sa quatrième blessure.

Mais telle est l'influence qu'une véritable supériorité exerce toujours, que tous les officiers de l'escadre applaudirent aux distinctions flatteuses dont on récompensait le jeune comte; car Henri, ayant perdu son père et son frère en 1779, se trouvait ainsi seul, et chef de sa maison.

Au dire de MM. de Suffren, de Grasse et d'Estaing, Henri annonçait l'avenir le plus brillant comme marin; son défaut, ajoutaient-ils, était de hasarder sa vie et celle de ses matelots avec une témérité froide qui annonçait le plus profond mépris pour son existence et celle des autres. A cela près, nul n'avait fait une étude plus approfondie de son art, nul n'avait plus de ce courage indomptable et pourtant raisonné qui décèle l'officier consommé.

Mais, hélas! me voilà dans cette fatale position d'un homme qui, ayant un cheval à changer, une maison à vendre, une maîtresse à céder, a d'abord énuméré avec emphase les charmes, les agréments, les qualités *introuvables* de chaque objet, et se trouve arrêté tout à coup par ce terrible mot qui mettait si furieux notre ami *l'antiquaire*... par ce diable de *mais*, de si fatal augure.

Sans doute Henri était un marin consommé, brave, beau, spirituel; *mais* s'il se fût confessé à l'aumônier de son bord, il eût pu lui dire : Mon père, sauf trahir, voler ou assassiner, j'ai tout fait.

Aussi, que voulez-vous? ce pauvre enfant quitte son père si

jeune; depuis douze ans jusqu'à vingt-cinq, il vit, pour ainsi dire, d'une vie d'homme fait, parcourt l'Espagne, l'Italie, la Grèce, l'Inde, les colonies... que sais-je?... et dans chaque pays, grâce à sa jolie figure, à son esprit ou à son argent, il effleure tout ce qu'il rencontre d'honnêtes femmes faciles ou d'ardentes courtisanes.

A travers tous ces baisers de Turques, de Grecques, d'Indiennes, d'Espagnoles; quand le temps même manque au plaisir; quand à quinze ans on a déjà vingt fois bravé la mort, marché dans le sang, vu les horreurs d'un naufrage, ou poignardé une douzaine d'Anglais à l'abordage, écoutez donc! le cœur a bien le droit d'avoir perdu quelque peu de sa naïveté première...

Trouvez donc au milieu de cette bonne vie agitée, libertine et périlleuse, le temps d'être sobre, amoureux ou continent! quand vous vivez de contrastes, — d'abondance et de privations, d'orgies et de combats, de désirs et de satiété.

Trouvez donc la place d'une de ces fraîches et primitives pensées d'amour qui naissent dans l'isolement et grandissent dans la solitude, un de ces extatiques amours de quinze ans, qui sont peut-être la première et la seule poésie de l'âme; amours charmants, timides et discrets... oh! si discrets, que l'objet aimé les ignore toujours; car souvent on ignore soi-même l'objet aimé; amours qui ne laissent aucun vide, et qui sont pourtant sans but et sans résultat.

Hélas! hélas! en serait-il de l'amour comme des religions, n'arderait-il jamais plus vif et plus fervent que lorsque la divinité reste mystérieuse et voilée?

Et puis, songez donc que si Henri n'a pas pour les femmes cette vénération profonde qui leur est due... ce n'était pas sa faute, à lui.

A lui, isolé si jeune, presque orphelin, qui n'avait jamais éprouvé pour une mère ou pour une sœur cette adoration, cette affection vive et sainte, dont l'habitude donne plus tard à l'amour je ne sais quel parfum de délicatesse et de pureté, quel sentiment de respect et de reconnaissance, comme si ce sexe à qui vous devez une mère ou une sœur devenait pour cela sacré, inviolable à vos yeux.

Et puis encore, songez donc que, pour se donner à une femme, Henri n'avait pas attendu la sollicitation de ses sens. Chez lui un libertinage précoce avait tué l'amour à venir, cette corde manquait à son cœur. Sans haïr ni mépriser les femmes, il les jugeait d'après ses propres sensations à lui; pouvant tout pour le plaisir, mais rien pour l'âme. Aussi était-il pour elles physiquement rempli d'égards, de convenance, de goût et de grâces, parce qu'il savait vivre; mais quant à intéresser son cœur dans une liaison, il n'en avait ni la pensée, ni le pouvoir. Comme pour lui une infidélité qu'on lui faisait n'était qu'un changement anticipé ou un *débarras*, il considérait ainsi les trahisons qu'il se *permettait*.

Aussi sa conduite avec la duchesse lui paraissait toute simple, à lui; car, après tout, Henri était de son temps, c'est la duchesse qui n'était pas du sien. Allez donc vous attendre à trouver une femme comme Rita au dix-huitième siècle !

Au dix-huitième siècle, quand le philosophisme, *ce pur et brillant flambeau de la raison, ce régénérateur de l'humanité asservie*, luttait encore d'infamie avec la régence; quand ce philosophisme mêlait sa lèpre à cette gangrène, en répandant un flot de livres stupides, impies ou obscènes, qui, selon ses vues, corrompaient une société à laquelle il eut l'atrocité de reprocher sa corruption, quand, plus tard, il la fit décimer par ses bourreaux.

Au dix-huitième siècle, quand il y avait eu une apothéose pour Voltaire, pour celui qui avait insulté la France dans sa gloire la plus pure et la plus chaste! pour celui qui s'était rué en écumant sur Jeanne Darc, comme ces libertins ignobles et impuissants qui injurient ce qu'ils n'ont pu déshonorer! quand Diderot écrivait pour ce siècle *les Bijoux* et *la Religieuse;* Crébillon, *le Sofa;* Vadé, son théâtre; Piron, son ode... et Beaumarchais son drame! quand Helvétius, Condorcet et les encyclopédistes vivaient splendidement d'athéisme et d'ordures; quand les hideuses passions d'une populace déjà sans croyances religieuses commençaient à fermenter; quand le meilleur des rois, la plus vertueuse des reines, étaient abreuvés de calomnies vomies par le parti philosophique en langage des halles !

Alors comptez donc sur une femme capable de prendre une passion au sérieux, quand on sait les succès scandaleux de Clairval et de Jeannot; quand le livre de Laclos n'était que le miroir de la société, et que M. de Sade passait pour un original, avec ses dîners aux cantharides qui mirent en un si drôle d'émoi la meilleure compagnie de Marseille, depuis l'intendante jusqu'au prévôt des marchands!

Non! non! dans ce malheureux siècle, au milieu de cette terrible saturnale, bizarre et effrayante comme l'agonie d'un fou, toute immoralité était dans les mœurs, tout vice avait droit de cité.

N'était-ce donc pas le dernier terme de cette longue dégradation sociale qui datait de Luther? de Luther, que Voltaire et ses *manœuvres* parodiaient d'une si misérable façon. Voyez, c'est la grossière insolence de Luther, sa mauvaise foi dans la discussion, sa haine pour tout ce qui est saint et révéré parmi les hommes, ses injures sordides, ses dégoûtantes obscénités. Mais au moins Luther avait eu le premier l'infernale audace d'attaquer de front et de frapper au cœur cette puissante société monarchique et religieuse, dont Voltaire et son école souffletaient si lâchement le cadavre.

Mais, après tout, en ne considérant pas cette époque comme *moraliste*, mais comme *homme*, c'était, ma foi, un temps assez délicieux, et notre héros, peu *moraliste*, s'en arrangeait fort; car ce cher comte, prévoyant par instinct ce qui devait arriver, avait placé, pour ainsi dire, son bonheur en viager, et vivait sa vie de plaisir au jour le jour. A mon sens, voilà son excuse.

Que voulez-vous? après deux ans de guerre Henri arrive à Versailles, ses relations sont rompues, il n'a peut-être que deux ou trois mois à passer en France: il lui faut bien se remettre un peu en vogue, en nom, par quelque coup d'éclat, compléter sa réputation d'intrépide marin par celle d'homme à aventures originales, et, à vrai dire, cela était assez difficile alors. Le beau Lauzun faisait du romanesque avec succès, le marquis de Vaudreuil de l'indifférence; le prince de Guemenée exploitait le luxe, Tilly, le ton mousquetaire, Crussol l'esprit; ma foi, Vaudrey fit de *la régence*, et n'y réussit pas mal, ce me semble.

Au demeurant, c'était le meilleur homme de la terre, car, né surtout insouciant et railleur, Henri n'avait pas en lui assez de véritable supériorité pour prendre la nature humaine en haine ou en adoration; quoique fort aimable et fort brave, il manquait, heureusement pour lui, de cette dévorante activité d'esprit d'intuition, qui, permettant d'embrasser le monde d'un seul coup d'œil aussi profond que rapide, et de résumer les joies et les espérances humaines par ces deux mots, *néant* et *vanité*, force l'âme de se jeter à jamais dans l'immense abîme du désespoir ou de la foi.

Non, le comte de Vaudrey n'avait pas la vue assez haute pour parcourir d'un seul regard la route qu'il faisait; au lieu de jeter ardemment ses yeux à l'horizon, il s'amusait de chaque point de vue qu'il découvrait à ses côtés.

En un mot, Henri était un de ces hommes admirablement prédestinés qui ont de l'esprit et jamais de génie, des sens et jamais d'âme, des vices et jamais de ridicules; un de ces hommes délicieux qui, pouvant même avoir impunément quelques qualités, poursuivent, aux applaudissements de tous, une longue carrière d'amour, de gloire et de plaisir, laissant bien, il est vrai, çà et là derrière eux quelques tombes fraîchement ouvertes, quelques familles déshonorées, quelques petits enfants en deuil demandant leur mère...

Mais comment avoir la force de leur reprocher de pareilles vétilles? ils ont des défauts si séduisants, ils sont cruels avec tant d'élégance, prodigues avec tant de noblesse, braves avec tant de légèreté; des gens qui risqueront vingt fois leur vie pour venger leur maîtresse d'un mot ou d'un regard impoli; il est vrai qu'eux, sans le moindre scrupule, frapperont au cœur et à mort cette même femme, par un misérable mouvement de vanité. Mais qu'est-ce que tout cela prouve? Que les femmes ont tort de prendre la passion au sérieux. Qu'elles rendent perfidie pour perfidie, et, vive Dieu! personne n'en mourra, au contraire.

Tel était Henri; se battre bravement sur mer et à terre, s'amuser de tout et partout : voilà l'existence du comte; et pour compléter cet être inattaquable aux peines morales de ce monde, ajoutez l'expression de la plus profonde, de la plus incurable des sensations négatives, le *qu'est-ce que ça me fait?* le plus prononcé au moral et au physique. Car Henri vous eût dit avec l'accent de la plus intime conviction :

« Qu'est-ce que cela me fait de mourir maintenant? j'ai au moins la douce consolation de ne m'être jamais rien refusé, de n'avoir pas senti un désir éclore sans le satisfaire. Car tout jeune et déjà pensant à la mort, tout jeune, je m'habituais à me passer toutes mes fantaisies, à vivre double, dans la crainte de n'avoir pas le temps de vivre assez, n'imitant pas la folie de ces imprudents qui réservent des plaisirs pour *plus tard;* les insensés!... Pour plus tard! comme si une mort prématurée ne pouvait pas les atteindre, et leur montrer ainsi l'erreur des prévisions humaines. »

Voici l'abrégé de la morale pratique et théorique d'Henri; et si vous ajoutez à cette longue esquisse les traits frappants de son caractère à bord, c'est-à-dire l'habitude du despotisme le plus absolu, une volonté de fer, un courage inouï, le mépris le plus profond pour sa vie et celle de ses matelots ou de ses officiers, l'orgueil aristocratique le plus prononcé, vous aurez une idée à peu près complète du comte Henri de Vaudrey.

XIII

Chaque chose a plusieurs biais et plusieurs lustres.
MONTAIGNE, liv. I, ch. VII.

UN SALON

La scène se passe à Paris, faubourg Saint-Germain, chez madame la comtesse d'Émard. — Le marquis vient de raconter fort spirituellement l'aventure d'Henri et de la duchesse, les détails sur la tour, la mort de Rita, etc. Ce récit a fort amusé, même intéressé. On s'est un peu récrié sur l'horrible conduite de Vaudrey ; mais plusieurs femmes qui visitaient la comtesse sont sorties dans l'espoir de rencontrer ou de voir M. de Vaudrey chez madame de Vaudemont, qui donnait une fête ce soir-là. Il ne reste chez la comtesse que deux amis intimes, le chevalier de Bersy et le marquis d'Elmont. La comtesse n'a plus d'âge.

LA COMTESSE. Je n'ai pas voulu dire que j'attendais ici M. de Vaudrey ce soir, ils me seraient tous restés ; j'aime mieux que nous *l'ayons* en petit comité... Mais, voyons, chevalier, égayez-nous un peu, car cette histoire est en vérité bien triste.

LE CHEVALIER. Alors, madame, je vais vous dire une bonne aventure de Lauraguais.

LE MARQUIS. Encore du Lauraguais ; ses plaisanteries sont inépuisables. C'est merveilleux comme les millions de M. de Guemenée. Plus il en dépense, plus il en a.

LA COMTESSE. C'est-à-dire, plus il doit ; pauvre prince ! avec son train presque royal... Mais contez-nous donc votre histoire, chevalier...

LE CHEVALIER. Il y a quelques jours, Lauraguais forme une consultation de quatre docteurs de la Faculté, les reçoit à l'hôtel de Brancas, et là leur pose très sérieusement la question de savoir s'il était possible de mourir d'ennui. Voilà mes savants tous pour l'affirmative, et qui, après un long préambule rempli de termes de l'art, signent de la meilleure foi du monde qu'il est moralement et physiquement possible de mourir d'ennui. Les Brancas étant généralement hypocondres et mélancoliques, les médecins crurent que cette consultation regardait quelque parent de Lauraguais, et ils spécifièrent même, dans l'ordonnance, que le seul remède était de dissiper le malade, et surtout, si elle était connue, d'écarter de ses yeux la cause de cet état d'inertie et de dégoût qui le consumait.

LA COMTESSE. Eh bien, mais après?...

LE CHEVALIER. Muni de ce certificat en bonne forme, Lauraguais, qui était fort épris et fort jaloux de Sophie Arnould, s'en va le déposer chez un commissaire de police, et y porter plainte contre son rival, M. de Barentin, qui, disait-il, par son obsession continuelle autour de Sophie, ferait infailliblement périr d'ennui cette actrice inimitable. Lauraguais requérait donc de l'autorité chargée de veiller au salut des citoyens, qu'il fût enjoint audit Barentin de s'abstenir de toute visite chez Sophie, sous les peines réservées aux gens qui attentent à la vie des autres.

LA COMTESSE. C'est charmant. Mais savez-vous, chevalier, que c'est un *précédent* parfait qu'un tel arrêt?

LE MARQUIS. Sans nul doute : on fera renfermer les ennuyeux pour cause de salubrité publique.

LA COMTESSE. Le fait est que tout ennuyeux devrait être mis hors la loi.

LE CHEVALIER. Ou plutôt hors la société, ce qui vaudrait bien mieux.

LA COMTESSE. Et de qui tenez-vous cette histoire, chevalier?

LE CHEVALIER. De M. de Fronsac.

LE MARQUIS. Il a été fort amusant hier à Trianon, ce cher Fronsac!

LA COMTESSE. Vous y étiez hier?... Que donnait-on au théâtre de la reine?

LE MARQUIS. *La Veillée villageoise*. Sa Majesté jouait Babet; madame la comtesse Diane, la mère Thomas; mesdames de Guiche, de Polignac, de Polastron, les jeunes filles; le comte d'Esterhazy, le bailli; et puis toutes les vieilles, c'étaient messieurs de Bezenval, de Coigny, de Crussol...

LA COMTESSE. Et le Colin?

LE MARQUIS. C'était monseigneur le comte d'Artois, qui chante comme il se bat, c'est-à-dire fort et longtemps, je vous jure. Les places coûtaient, ma foi, bien un louis, et tout cela au bénéfice des pauvres orphelins que Sa Majesté protége.

UN VALET DE CHAMBRE, annonçant. M. le baron et madame la baronne de Cernan. (Entrent le baron et la baronne.)

LA COMTESSE, au chevalier. Ah! bon Dieu!... madame de Cernan avec son mari!... (A la baronne.) Bonsoir, ma toute belle... (Au baron.) Mais il y a un siècle que vous me négligez, monsieur de Cernan.

LE BARON, lui baisant la main. Vous êtes mille fois bonne de vous en apercevoir, madame, et je viens me mettre à vos pieds pour obtenir mon pardon.

LA BARONNE. Ne croyez pas un mot de cela au moins, madame; monsieur de Cernan ne vient pas pour vous.

LA COMTESSE. En vous voyant avec lui, je devais m'en douter, Cécile...

LA BARONNE, malgré les signes du baron. Oh! vous n'y êtes pas... il vient pour voir M. de Vaudrey, que vous recevez, m'a-t-il dit.

LE BARON, souriant. Comme madame de Cernan veut faire excuser mon assiduité auprès d'elle, elle prend ce prétexte... et je le dis avec fatuité.

LA COMTESSE. Le prétexte est au moins bien choisi, car, en effet, depuis son affreuse aventure, M. de Vaudrey est plus à la mode que jamais. C'est horrible à dire, mais cela est. Je le vois beaucoup, sa mère était de mon intimité, et je vous assure que c'est pourtant l'homme du nom de le plus aimable qu'on puisse se figurer.

LA BARONNE. Cependant, madame... quelle odieuse conduite a été la sienne! il me paraît au contraire, à moi, souverainement haïssable...

LA COMTESSE. Oui, ma chère enfant... mais c'est un de ces hommes que l'on hait à l'adoration...

LE BARON. Est-ce qu'il rentre déjà dans le monde?...

LE MARQUIS. Mais il est en mesure, ce me semble... douze

ou quinze jours de retraite après l'événement... et l'on peut reparaître, c'est le terme.

LA BARONNE. Il est donc bien vrai que la duchesse est morte de désespoir?...

LE MARQUIS. De parfait désespoir... cela valait bien ça.

LE CHEVALIER. Heureux Vaudrey... ces choses-là n'arrivent qu'à lui, il va faire fureur...

LA COMTESSE. Taisez-vous donc, c'est épouvantable... Et qui eût dit, à la voir, que cette duchesse si prude devait mourir d'amour? Je me la rappelle fort bien... J'ai soupé avec elle chez la maréchale de Luxembourg... c'était une femme d'un fort grand air... les yeux superbes... la gorge parfaite... mais trop brune... les sourcils trop marqués...

LE BARON. Elle était d'une sauvagerie affectée, m'a-t-on dit.

LE CHEVALIER. Ridicule... elle s'était constituée en reproche vivant pour beaucoup de femmes qui valaient mieux qu'elle... car, entre nous, la vertu est facile quand on n'a ni cœur ni âme...

LE MARQUIS. Pourtant... elle a pris, ce me semble, la plaisanterie de Vaudrey fort au sérieux.

LA COMTESSE. Franchement, je suis loin d'excuser la conduite de M. de Vaudrey; mais quand je pense avec quel froid dédain, quelle ironie insultante la duchesse accueillait les plus simples galanteries... avec quel air d'impertinente supériorité elle parlait des autres femmes... tout en la plaignant, j'aime mieux que cela lui soit arrivé qu'à toute autre.

LA BARONNE. Pourtant, jugez donc ce qu'elle a dû souffrir.

LA COMTESSE. Sans doute. Aussi je la plains, mais je la plaindrais plus encore si elle s'était montrée plus tolérante avant sa faute; à mon âge, ma chère enfant, on peut dire tout ce qu'on pense... Eh bien... tenez... j'ai vu le monde, et je suis convaincue qu'il est plus difficile de se faire pardonner ses qualités que ses défauts, par une raison toute simple : c'est que la modestie ou la bonhomie de vertu manque presque toujours aux gens austères.

LE CHEVALIER. Madame la comtesse a raison... Et puis, quel pitoyable goût!... car enfin, avant que Vaudrey se fût fait connaître... elle croyait n'aimer, et même elle n'aimait, à bien dire, qu'un inconnu sorti on ne sait d'où... vous avouerez que c'est presque de la dépravation.

LE MARQUIS. Ou l'espoir du mystère... Un amant de cette

sorte... ça se cache parfaitement... et maintenant je suis de l'avis de ceux qui la croyaient non rigide, mais adroite... Aussi Vaudrey me semble-t-il, après tout, fort excusable. Ce n'est pas non plus de sa faute, à lui, si d'une comédie la duchesse s'est amusée à faire une tragédie.

LA COMTESSE. Et puis enfin, la cause de l'indulgence qu'on a pour M. de Vaudrey vient de ce qu'il a vengé les hommes des rigueurs de la duchesse, et les femmes de sa supériorité de vertu ; il ne faut pas non plus nous faire meilleurs que nous ne sommes.

LE BARON. Il le faut pourtant, madame, il le faut... améliorer... arriver à la perfection en morale comme en politique.

LE CHEVALIER, bas à la comtesse. Bon! je parie qu'avant cinq minutes le baron a parlé de l'Amérique.

LE BARON. Tenez... en Amérique... (Ici la comtesse se cache sous son éventail.) Tenez, en Amérique... ils s'améliorent, et la preuve de cela... c'est qu'ils s'insurgent! c'est un fait. Ils dépendaient de la métropole... eh bien... tout à coup ils se disent : Bah! ne dépendons plus de la métropole... et ils ne dépendent plus de la métropole. Savez-vous que c'est sublime, ça!...

LE CHEVALIER. Ce sera surtout sublime s'ils sont les plus forts.

LE BARON. Ils le seront, monsieur... ils le seront, car leur cause est notre cause à tous.

LA COMTESSE, riant. Comment! monsieur de Cernan... c'est la nôtre aussi?

LE BARON. Certainement, madame, c'est la cause du monde entier; l'insurrection triomphera, parce que l'insurrection est la plus admirable des vertus; d'abord elle est facile, et à la portée de tout le monde, de toutes les intelligences ; ensuite elle est naturelle, car elle a son germe dans le cœur de l'homme. Tenez, moi... étant enfant, je m'insurgeais déjà contre mon gouverneur... je m'insurgeais contre mes bonnes, je m'insurgeais...

LA COMTESSE. Pardon si j'interromps le cours de vos insurrections, mais contre quoi... nous insurgerons-nous... nous autres, la noblesse?

LE BARON. Mais contre nous-mêmes, madame, contre notre propre classe. Voilà ce qu'il y a d'admirable; ce sera bien mieux encore qu'en Amérique.

LE CHEVALIER. Je conçois parfaitement le système politique et *insurrectionnel* du baron. Nous appellerons la canaille pour la prier de vouloir bien mettre le feu à nos hôtels, et nous égorger ensuite; c'est parfait, mais après?

LE BARON. Après... eh bien, quand nous aurons fait abolir nos titres monstrueux, renverser nos fortunes scandaleuses, nous serons tous égaux, tous frères; je deviendrai l'égal de mon palefrenier... Voilà le sublime...

LE CHEVALIER. Et puis après?

LE BARON. Eh bien, après... la France sera un immense jardin, couvert de fruits et de fleurs, dont chacun aura sa part. Nous serons bergers, ces dames bergères; il y aura des vertus pour tout le monde, des robes blanches pour les jeunes gens, des robes bleues pour les jeunes gens mariés, et on portera le deuil de ses amis. Ce sera divin... l'âge d'or; lisez Condorcet!...

LE CHEVALIER. Et puis après?

LE BARON. Eh! mon cher, que voulez-vous de plus? c'est le paradis terrestre, nous y vivrons sans avoir besoin d'autres lois que des lois naturelles! Manger quand on a faim, dormir quand on a sommeil... voilà qui est beau!

LE CHEVALIER. Mais les vices? comment les réprimerez-vous?

LE BARON. Mais abolis... les vices... abolis avec les corvées, les gabelles et les droits seigneuriaux... Est-ce qu'il peut y avoir des vices dans une société régénérée... qui vit de liberté, de légumes et d'égalité?...

LA COMTESSE, bas au marquis. Il est fort amusant. (Haut.) Et la religion, baron?... abolie?

LE BARON, avec suffisance. Parbleu, vous sentez bien que nous ne sommes plus à ces temps de fanatisme et de superstition où le clergé égarait la raison des peuples pour leur faire croire à d'atroces faussetés, dans ces temps de barbarie où il disait aux malheureux: L'homme est né pour souffrir, souffrez donc patiemment pendant cette vie, et vous aurez le bonheur éternel après votre mort; et ils le croyaient, les infortunés abrutis!... Il est notoire qu'ils le croyaient, qu'ils souffraient sans se plaindre... stupidement consolés par l'espoir d'une chimère absurde que le flambeau de la philosophie vient de réduire en cendre. Aussi maintenant le malheureux, n'étant plus enfoncé dans les ténèbres de l'ignorance, peut se dire, doit se dire: Je souffre toujours dans cette vie, c'est vrai; mais après la mort il n'y a rien du tout. Vous m'avouerez que c'est fort agréable de pouvoir passer ça au nez du curé de son village, car maintenant, *les prêtres ne sont plus ce qu'un vain peuple pense, notre crédulité fit toute leur puissance,* dit le grand homme... le demi-dieu... qu'est-ce que je dis, le demi-dieu!... le dieu du siècle... Voltaire! le dieu Voltaire!

LE CHEVALIER. Ah çà mais... et l'autre?

LE BARON. Quel autre?...

LE CHEVALIER. Oui, l'ancien Dieu, qui ne fit, lui, tout bonnement, que le ciel et la terre... aussi aboli?

LE BARON. Ce n'est pas encore décidé... Hier j'ai vu Laclos, qui m'a dit qu'on débattait la question chez Condorcet... Avant huit jours nous saurons à quoi nous en tenir, et si on le conserve, oui ou non.

LE CHEVALIER. Oh! je vous en prie, dès que vous saurez si vous le conservez, faites-m'en part; car je suis bien curieux de connaître votre arrêté... et puis je ne voudrais pas envoyer mes gens à la messe inutilement.

LE VALET DE CHAMBRE, annonçant. Monsieur le comte de Vaudrey.

(Mouvement général de curiosité et d'admiration. Henri baise la main de la comtesse.)

LA COMTESSE. Dites-moi, Henri, j'ai à vous parler... donnez-moi votre bras...

La comtesse entre dans un boudoir attenant au salon, dont les portes sont ouvertes. Les visites se succèdent. Des groupes se forment. Henri est superbement vêtu d'un habit de velours incarnat brodé et pailleté d'or, l'air insouciant et calme, extérieur justement opposé à celui qu'on attendait, et par cela même produisant beaucoup d'effet. — La baronne Cécile de Cernan a vingt ans, est belle comme un ange, spirituelle, rêveuse quelquefois, souvent folle et étourdie. — Le baron de Cernan a trente ans, pouvant prétendre en belle tête, fort gras, négligé, brave, immensément riche, et fort épris de philosophie.

LE BARON, à sa femme. En vérité, madame, ma démarche est étrange; je ne connais pas M. de Vaudrey, et ma demande lui paraîtra fort indiscrète.

LA BARONNE. Alors ne la lui faites pas, monsieur...

LE BARON. Mais vous m'y avez engagé.

LA BARONNE. Moi? pas du tout; je vous ai dit que la comtesse, ayant beaucoup connu la mère de M. de Vaudrey, avait infiniment d'amitié pour lui, et que, présentée par elle, votre demande ne serait peut-être pas refusée: voilà tout.

LE BARON. Soyez donc assez bonne pour faire cette demande vous-même.

LA BARONNE. Quelle folie! y pensez-vous?

LE BARON. Vous êtes de l'intimité de madame d'Émard, vous pouvez bien l'intéresser pour moi ; de la part d'une femme c'est toujours moins choquant ; nous sommes encore si ridicules avec notre politesse, nos formes... Ah ! en Amérique...

LA BARONNE. Allons !... j'y consens... mais en vérité je suis trop bonne...

LE BARON. Tenez, voilà justement la comtesse qui rentre dans le salon.

La baronne va s'asseoir près de la comtesse et cause avec elle quelques minutes à voix basse. La comtesse regarde malignement Cécile. Cécile rougit, et la comtesse la baise au front.

LE BARON, à part. Bravo ! cela va bien... ma demande est en bon train.

LA COMTESSE, s'adressant à Henri qui cause et rit avec le chevalier, et lui montrant un siége à côté d'elle. Henri, mettez-vous là, j'ai à vous parler... à vous supplier ; après vous avoir tant grondé tout à l'heure, j'espère que c'est bien hardi.

HENRI, souriant. Le fait est que c'est exiger un peu vite le prix de la leçon ; mais elle a été si gracieuse, si aimable, que je ne m'offense pas... et j'accorde tout...

LA COMTESSE. Même alors que cette supplique ne m'intéresserait pas personnellement... mais une jolie femme... qui vous hait de toute son âme...

La baronne rougit. Henri, qui la regardait à la dérobée, s'en aperçoit, et répond avec indifférence :

— Entre nous, madame, la haine ou l'affection me trouvent maintenant assez tiède ; autrefois j'aurais été fier, charmé de me savoir haï, dans le piquant espoir de changer cette impression cruelle en un sentiment plus doux ; mais, en vérité, l'amour entraîne à sa suite tant de tracas, tant de suites désagréables, que je me réforme tout à fait, et je ne veux plus vivre que pour votre ancienne et bonne amitié ; aussi est-ce à elle seule que j'accorde ce que vous me demandez.

LA BARONNE se lève avec dépit et va regarder de la musique étalée sur le clavecin, en disant à part : Quelle impertinente fatuité !... quel calme !... quelle insouciance !... après son affreuse conduite avec cette pauvre femme... c'est odieux...

LE BARON, avec intérêt. Eh bien, madame, où en sommes-nous ?

LA BARONNE, avec impatience. Eh bien, monsieur, je n'en sais rien ; croyez-vous que je m'en occupe ?...

LE BARON, décontenancé, sort en se disant : Il est, pardieu! fort plaisant que moi, qui suis d'une maison qui vaut au moins la maison de Vaudrey, je sois obligé de le solliciter; et l'on veut que je ne sois pas partisan de l'égalité... Oh! en Amérique...

LA COMTESSE, qui a causé longtemps avec Henri. Oui, mon cher Henri, il meurt d'envie, du désir de se rendre en Amérique; on lui a dit que vous y alliez, et il vous supplie de le prendre sur votre vaisseau; c'est un excellent homme, sauf une monomanie qui vous amusera... En vérité, Henri, si vous pouvez m'accorder cette grâce sans nuire à vos ordres, je vous en aurai une obligation particulière.

HENRI. Mais avec plaisir... je n'y vois aucun inconvénient; seulement j'en préviendrai M. le maréchal de Castries.

LA COMTESSE. Mille remercîments, mon cher Henri... Venez donc annoncer cette bonne nouvelle à madame de Cernan.

HENRI, à Cécile, d'un air froid. Si j'avais pu prévoir les intentions de M. de Cernan, j'aurais été au-devant de sa demande, madame, puisque ce bien léger service me donne l'occasion de vous assurer de tout mon dévouement.

LA BARONNE, saluant d'un air sec. Monsieur, je vous remercie mille fois de votre obligeance, au nom de M. de Cernan, heureuse pourtant de penser que c'est à la seule influence de notre amie commune, madame la comtesse d'Émard, que nous devons votre bienveillante disposition.

HENRI, toujours froid. Pour la première fois, madame, peut-être seriez-vous injuste envers notre excellente amie, si vous attribuiez à sa seule influence mon empressement à me mettre à vos ordres.

La baronne rougit et salue. Henri n'adresse plus la parole à madame de Cernan de toute la soirée. On joue une macédoine. Au moment de partir en compagnie du vieux duc de Lermos, auquel elle a demandé son bras, Cécile dit assez haut à la comtesse :

Dînez-vous demain chez la maréchale de Castries?...

LA COMTESSE. Non... Mais pourquoi cette demande, mon cœur?...

LA BARONNE. C'est que j'y suis priée, et je vous aurais offert de vous conduire...

LA COMTESSE, la baisant au front. Méchante enfant, de me donner un regret à moi, qui ai les dîners en horreur.

HENRI, à part. Justement j'ai à parler de M. de Cernan au maréchal de Castries; j'irai demain me faire inviter...

La baronne sort sans regarder Henri.

HENRI, à part. Tout va bien... Allons rejoindre Crussol, que je mène souper chez Lélia.

Il sort.

XIV

— Exegi monumentum. —

VERSAILLES

Versailles ! que de grandeur, que de misère, que de souvenirs dans ce mot ! *Versailles !* un de ces rêves d'Orient où la pensée se berce avec amour, un de ces beaux contes de fées, l'admiration de notre jeunesse naïve ; un de ces magiques palais de diamants et de fleurs, peuplés de génies aux ailes de feu ; *Versailles !* un de ces météores qui illuminent tout un ciel ; *Versailles !* un de ces élans de royale poésie qui s'écrit avec l'or, le bronze et le porphyre.

Dans cette création gigantesque tout devient en vérité colossal et presque fatidique.

Versailles ! c'est d'abord une pauvre demeure, un hameau chétif et obscur, aride, brûlé, sans sources et sans ombrages.

Alors un homme dit : Au lieu de ce village désolé, je veux, moi, un monument à stupéfier l'Europe ; je veux élever si haut et sa pompe et sa gloire, que son éclat, passant avec moi, laisse encore un souvenir puissant qui fera l'orgueil des siècles. Par la magie des arts je veux créer des merveilles... je veux que la nature me cède... Sur ce terrain nu et calciné, mille fontaines épandront leurs eaux dans des bassins de marbre ; d'épaisses voûtes de verdure y balanceront leur feuillage. Autour de ce monument, je veux une ville royale, splendide, que les souverains envoient saluer avec respect ; car je veux enfin que ce nom *Versailles*, ignoré aujourd'hui, pèse demain bien lourd dans la balance des destinées du monde !

Mais aussi quel homme ordonne ce prodige ? Louis XIV. Quel est son ministre ? Colbert.

Qui exécute cette œuvre immense? Mansard, Le Brun, Le Nôtre, Puget.

Et tout devient imposant comme Versailles.

Si le roi prend un emblème, c'est le soleil; faut-il orner la porte de son palais, il a des victoires à sculpter pour cela, et l'on enchaîne au seuil l'aigle d'Autriche et le lion des Castilles.

Versailles a une chapelle, Bossuet y prêche. Versailles a un théâtre, Molière y joue.

Et puis pour auditoire c'est Condé, c'est Montmorenci, Villars, de Saxe, la Rochefoucauld, Guise, Duras, Crillon, Noailles, Vendôme, Biron; que sais-je?... C'est toute cette haute aristocratie encore saignante des coups de Richelieu, qui la décimait au nom du roi de France.

Pourtant cette antique noblesse, riche, indépendante et presque souveraine dans ses terres, est encore là pressée sur les marches du trône, parce que pour elle le roi de France est plus qu'un roi. C'est un prince sacré, comme l'honneur et la vertu.

Et Louis XIV meurt, et Versailles meurt avec lui.

Car vous disiez une vérité fatale pour la France et pour votre race, grand roi, en vous écriant le fouet à la main : *L'État, c'est moi!*

Oui, l'État ce fut vous; oui, la monarchie ce fut vous, depuis votre irréparable scission avec Rome; depuis que, vous croyant si fort, vous prîtes la force en vous, au lieu de la recevoir de Dieu; depuis que vous eûtes substitué un seul pouvoir éphémère et despotique à cette sublime trinité gouvernementale, à ces trois puissances immortelles qui peuvent seules consacrer l'avenir d'une monarchie : *Dieu, le roi, le peuple.*

Aussi votre monarchie devait mourir avec vous, grand roi, puisque, de divine qu'elle était aux yeux de tous, vous l'aviez faite humaine; puisque la monarchie ce n'était plus que vous; vous, héros! vous, demi-dieu! dont le regard fit éclore un siècle de prodiges.

Et ainsi que ce soleil dont vous avez pris l'emblème, soleil d'un jour, vous avez ébloui le monde de votre éclatante lumière, et le soir vous vous êtes majestueusement abaissé dans un sombre couchant; la dernière lueur de votre crépuscule a encore jeté un pâle rayon sur la couronne de vos descendants, et puis la nuit est venue, nuit sombre et implacable... nuit de sang, d'orages et de tempêtes, qui a jonché de ruines le sol antique de la France.

Et après la mort du grand roi, Versailles reste fastueux, triste, imposant, abandonné comme ces immenses châteaux que la pauvreté moderne ne permet plus d'habiter.

Car à ce siècle de grandeur succède la régence.

La régence! et qu'eussent fait la régence et ses roués dans ces galeries sans fin, sous ces voûtes énormes où avait tonné la voix de Bossuet? La régence à Versailles! c'était une amère dérision; la régence avec ses soupers, ses infâmes orgies, son mépris affiché pour toutes les croyances! Encore une fois, la régence, qui finit de pourrir la nation jusqu'au cœur, ne pouvait pas rendre la vie à Versailles.

Louis XV, si grand roi, s'il eût voulu... mais que ça ennuyait, Louis XV essaye bien; mais lui, mais sa cour, mais ses gens de lettres, mais ses artistes, ne sont pas non plus de taille à *meubler* Versailles; les splendides souvenirs du grand siècle ont élevé ce palais dans une trop haute région, l'air y est trop mordant, l'atmosphère de sa gloire est trop vive pour ces poitrines étroites et corrompues; tant de grandeur les écrase, l'immensité les gêne : aussi la cour se sauve à Trianon.

Au moins là, tout était à son plan, tout était petit, pailleté, coquet, fardé, rosé, poudré, parfumé. Il y avait un tout petit écho pour la voix grêle et mignarde d'un athéisme de boudoir; car on était saturé de vices, et il fallait bien tâter un peu d'impiété pour se remettre en goût.

De fait, l'athéisme avait assez de montant, on s'en trouva bien... d'abord; puis, comme on se lasse de tout, on jeta les restes au peuple quand on en fut soûl.

Après Louis XV, après le règne des maîtresses et des favoris, vint le règne d'un *roi honnête homme*, d'une haute et sublime vertu; le règne d'une reine jeune et spirituelle, et bonne, et joyeuse, qui, forte de sa pureté, n'avait pas à cacher d'innocentes préférences.

Mais, quoique habité, Versailles est toujours désert.

Telles auraient pu être les pensées d'Henri de Vaudrey, qui se rendait à Versailles pour dîner chez M. le maréchal d Castries.

Pourtant je ne crois pas que les idées du comte eussent alors cette teinte grave et mélancolique.

Mollement bercé dans un bon carrosse, emporté par quatre

6.

magnifiques chevaux que précédait son piqueur, allant chez le ministre dans l'espoir d'y rencontrer la baronne Cécile de Cernan, il faut l'avouer, Henri ne songeait probablement pas alors aux causes de la chute des empires.

Le comte éprouvait un goût assez vif pour Cécile, car Lélia ne lui plaisait plus; il avait bien cherché quelque délassement dans une *distraction* avec la femme d'un procureur au Châtelet; mais depuis le mari que ça flattait extrêmement, jusqu'aux clercs que ça amusait fort, tout le monde était pour Henri d'une prévenance, d'une facilité si désespérante, que cet adultère à l'amiable le dégoûta, et qu'au regret du mari, de la femme et des clercs, il rompit après quelque huit jours d'intimité.

Dans cet état de choses, une liaison avec la baronne de Cernan devait donc lui paraître d'autant plus sortable que Cécile semblait avoir beaucoup d'éloignement pour lui.

En arrivant à Versailles, le comte de Vaudrey se présenta chez M. le maréchal de Castries, et lui exposa la demande du baron de Cernan.

— Quoique Sa Majesté voie avec peine l'engouement d'une partie de sa noblesse pour cette cause, — lui dit le ministre, — j'aime mieux votre baron en Amérique qu'ici; ainsi donc, mon cher comte, emmenez-le... Mais, j'y pense, madame de Cernan dîne chez moi; restez-nous, vous causerez avec elle des vues de son mari.

Henri accepta : c'était tout ce qu'il voulait. La baronne arriva bientôt : jamais elle n'avait été plus jolie; vêtue d'une robe de lampas brochée d'argent, poudrée à blond, coiffée en frimas, avec de longs repentirs qui se jouaient sur son joli cou, dont une rivière de diamants montés sur de larges émaux noirs faisait ressortir la blancheur, il était impossible de rencontrer un ensemble aussi gracieux et aussi désirable.

Henri alla la saluer avec un exquise et froide politesse, et lui annonça l'agrément du maréchal à la demande du baron, sans ajouter un seul mot de galanterie.

Cécile, déjà fort irritée contre Henri, sans savoir pourquoi, fut outrée de cette dernière preuve d'indifférence et presque de dédain de la part du comte; mais sa colère fut à son comble lorsqu'elle se vit placée à table à côté de lui : aussi, se promettant bien de ne pas répondre à une des paroles que *pourrait* lui adresser Henri, elle engagea un entretien fort vif avec son voisin de gauche, vieux conseiller au parlement.

Henri causait fort gaiement avec sa voisine de droite, la belle marquise de Vaillé.

Le conseiller, lui, avait beau prêter l'attention la plus soutenue aux moindres paroles de Cécile, c'est à peine s'il pouvait y comprendre quelque chose, tant les pensées de madame de Cernan étaient bizarres et incohérentes. Il n'en était pas de même de la marquise de Vaillé, qui appréciait parfaitement Henri, dont l'esprit ne s'était jamais montré plus vif et plus brillant.

Ce qui peut-être expliquait les vains efforts du pauvre conseiller pour suivre la singulière conversation de Cécile, c'est qu'elle écoutait Henri et qu'elle répondait au robin.

Presque en face d'Henri, et de l'autre côté de la table, était un officier anglais de la plus belle figure, d'un fort grand air, mais qui semblait absorbé par une tristesse profonde; distrait, rêveur, c'est à peine s'il paraissait se douter qu'il assistait à un dîner d'apparat.

— Savez-vous quel est cet officier? — demanda Cécile au conseiller.

C'était la seule question claire et lucide qu'elle eût faite jusqu'alors.

— Oui, madame, c'est sir Georges Gordon, lieutenant de la marine anglaise, et prisonnier de guerre; son cartel d'échange vient d'être signé, il est libre, et peut retourner en Angleterre quand bon lui semblera.

— C'est étonnant; pour un prisonnier qui se voit libre, il a l'air bien triste...

— Fort triste, — dit le conseiller; — on dirait que quelque chagrin profond le préoccupe; qu'est-ce que cela peut être?...

— Comment, vous ne devinez pas cela... avec l'habitude que vous avez des hommes, monsieur le conseiller?...

— Non, madame; il faudrait être devin, magicien...

— Devin!... oh que je donnerais de choses pour être devin, pour être fée, — reprit Cécile, — pour pouvoir lire au fond des cœurs... — et Cécile regardait machinalement Henri; puis, se reprenant, elle ajouta : — Pour connaître, par exemple, le secret du chagrin qui attriste ce pauvre Anglais. Oui, en vérité, je serais curieuse de savoir ce secret; je ne sais ce que je donnerais pour cela.

— Quant à ceci, madame, sans avoir besoin d'être fée, il

vous est très facile de savoir ce qu'il y a d'écrit dans les cœurs de tous ceux qui vous voient, car peut-on y lire autre chose que *je vous aime*, — riposta le conseiller avec une galanterie tant soit peu Louis XV.

Pas un mot de cet entretien n'avait échappé à Henri, qui, lui aussi, avait été frappé de l'air triste et distrait de sir Georges. Seulement, il avait souri lorsque Cécile s'était écriée qu'elle donnerait tout au monde pour connaître le secret de ce mélancolique prisonnier, et avait amené assez facilement la marquise de Vaillé à exprimer le même vœu.

Alors, élevant la voix, le comte dit négligemment, en s'adressant à madame de Vaillé et à Cécile : — *Quand j'étais jeune*, mesdames, j'aurais pourtant juré sur mon âme de posséder ce secret qui vous intéresse. Oui, sans doute, en entendant une femme former ce désir, rien ne m'aurait coûté pour la satisfaire; par adresse, par force ou par confiance, j'aurais obtenu ce secret, et fier de ma victoire, je l'aurais déposé aux pieds de ma divinité; *mais, à mon âge,* — ajouta-t-il en regardant surtout Cécile, — heureusement on n'est plus romanesque à ce point, et on laisse ces choses-là aux jeunes gens qui ont à faire leurs preuves.

— Quelle folie ! — dit la marquise; — le fait est que je serais, je crois, furieusement flattée d'une telle preuve de dévouement à un de mes caprices, et qu'en échange du secret, moi, j'en confierais peut-être un autre plus doux.

Cécile rougit beaucoup, ne dit mot, et, se tournant vers le conseiller, elle allait sans doute lui donner à chercher le sens d'une de ces phrases sans suite qui pouvaient passer pour des logogriphes, lorsqu'un secrétaire du maréchal entra, et lui remit des dépêches qu'un courrier venait d'apporter à l'instant.

M. de Castries demanda aux femmes la permission d'ouvrir les papiers, et, ne pouvant retenir une exclamation de surprise, il en lut bientôt le contenu à haute voix. C'était la nouvelle de l'admirable combat de *l'Iphigénie*, soutenu par le comte de Kersaint, qui, tombant de nuit au milieu de l'escadre de l'amiral Rodney, prit chasse assez à temps, quoique poursuivi par trois frégates, pour pouvoir les combattre et les désemparer successivement.

A peine M. de Castries avait-il terminé cette lecture, que réfléchissant à tout ce que cette nouvelle devait avoir de désagréable pour sir Georges :

— Je vous demande pardon, capitaine, — lui dit le maréchal ; — mais, vous le voyez, nous sommes si fiers d'un avantage remporté sur votre nation, que cette nouvelle fait tourner la tête à un vieux soldat comme moi, et m'empêche de vous annoncer cet événement avec les égards qui sont dus à votre position. Voilà mon excuse, sir Georges; l'acceptez-vous ? — ajouta le ministre du ton le plus affectueux.

Sir Georges balbutia, rougit et regarda le maréchal d'un air étonné.

— Il n'est pas du tout à la conversation, — pensa Henri ; — et puis comme il est pâle, quel air sombre... que de rides sur ce front qui se plisse à chaque instant !... Me voilà comme ces dames... je voudrais pardieu bien savoir ce qu'il a...

— Je vous demande la permission d'aller communiquer ces dépêches à Sa Majesté, — dit le ministre en se levant de table.

On rentra dans le salon.

Henri offrit sa main à la marquise, et Cécile prit celle du conseiller.

La baronne suffoquait de dépit. Pendant tout le dîner, Henri ne lui avait pas adressé la parole.

— Connais-tu cet officier anglais ? — demanda le comte au duc de Saint-Ouen, un des convives de la tour de Koat-Vën, et Henri lui montra sir Georges.

— Beaucoup, — répondit Saint-Ouen, — je l'ai rencontré chez Genlis, où il était fort assidu ; un beau joueur sur ma parole ; c'est sir Georges Gordon..

— Diable !... mais j'en ai beaucoup entendu parler ; c'est la Jaille qui a pris son brick... Sais-tu que ce sir Georges est un intrépide marin qui se bat comme un lion ?... Présente-moi donc... je voudrais le connaître.

— Rien de plus facile, — dit Saint-Ouen. Et ils s'approchèrent de sir Georges, qui regardait machinalement au travers d'une croisée.

— Tout est au mieux, — se dit Henri ; — madame de Cernan est outrée... Que que je sache le secret de sir Georges, et elle est à moi.

Ce pensant, il aborda sir Georges.

XV

LA MARQUISE. C'est un poste dangereux, marquis.
LE MARQUIS. Nous avons du courage.

GŒTHE, *le Grand Cophte*, acte II, sc. IV.

DES DIVERSES MANIÈRES DE SAVOIR UN SECRET

— Sir Georges, — dit Saint-Ouen, — permettez-moi de vous présenter, avant votre départ, un de mes amis intimes, M. le comte de Vaudrey, lieutenant des vaisseaux de Sa Majesté, qui désire vivement vous connaître.

Puis, saluant sir Georges, il le laissa avec le comte.

L'Anglais, après s'être profondément incliné devant Henri, le regardait d'un air sec, glacial, et ne disait mot.

— Pardieu, sir Georges, — dit Henri avec cette aisance qui lui était familière, — j'ai été bien désolé de l'indiscrétion du maréchal; mais, par le diable, vous pouvez nous pardonner ce succès, car vous nous avez coûté assez cher à prendre, sir Georges! puisque mon ami, le marquis de la Jaille, a reçu, lui, deux bons coups de hache d'armes sur la tête, et a vu sur les cadres les trois quarts de son équipage, pour s'être donné le glorieux plaisir d'amariner le brick de votre seigneurie, le *Triumph?* je crois...

— Le *Triumph*, monsieur le comte, — répondit l'impassible Anglais.

— Mais enfin votre sang-froid ne m'empêchera pas de soutenir que vous êtes le héros d'un des plus beaux faits d'armes de cette guerre, sir Georges.

— Si cela est comme vous voulez bien le dire, monsieur le comte, j'ai eu le temps de l'oublier pendant ma captivité.

— Mais maintenant vous êtes libre, sir Georges... libre... et pourtant vous avez l'air triste et soucieux... Pourquoi diable cela?

— Monsieur le comte! — dit sir Georges avec hauteur.

— Pardonnez-moi, sir Georges; mais moi je vous parle sans phrases, comme on doit se parler entre marins et entre jeunes gens... Tenez, franchement, je serais ravi que vous me permissiez de me dire de vos amis, car, vive Dieu, capitaine, je sens que j'aurais un plaisir infini à me rencontrer bord à bord avec vous... à forces égales, par une belle brise, et à causer là, franchement, à bons coups de canon.

— Vous me faites trop d'honneur, monsieur le comte,— dit gravement sir Georges...

— Eh! mon Dieu! ne m'appelez pas monsieur le comte; appelez-moi présomptueux, fou, étourdi, si vous voulez; mais ne soyez pas aussi glacial, sir Georges... Voyons, quel est mon tort à votre égard? Vous êtes prisonnier et étranger; comme je vous vois chagrin au moment où vous devriez être joyeux; comme vous êtes de mon âge, de ma profession, de mon rang, je me mets à votre service la première fois que je vous vois; cela heurte un peu les usages reçus, j'en conviens, mais je vous offre mon amitié en loyal et franc gentilhomme; acceptez-la de même, car, vraiment, vous ne pouvez m'en vouloir pour cela, sir Georges! — Et Henri lui tendit cordialement la main.

Sir Georges la prit, et lui dit, toujours avec sang-froid, mais avec une légère émotion : — Je suis on ne peut pas plus sensible aux témoignages d'intérêt que vous me donnez, monsieur le comte; et je vous sais un gré infini de votre obligeance. Ce qui me peine seulement, c'est de ne pas me trouver dans le cas d'y avoir recours. — Et saluant profondément Henri, il sortit du salon.

— Ah ça! il est fou... — dit le comte. — Il a décidément quelque chose de sinistre dans la physionomie, et puis il m'intéresse maintenant au moins autant qu'il intéresse madame de Cernan. Il faut que je le suive... car, pardieu! je saurai ce qu'il a...

Et se précipitant sur les pas de sir Georges, Henri le trouva au bas de l'escalier de la galerie des princes, au moment où il demandait ses gens.

— Sir Georges, — dit Henri en le prenant par le bras, — vous ne m'échapperez pas ainsi, vous m'écouterez... Il faut absolument que je cause avec vous, j'ai à vous dire...

— Qu'avez-vous à me dire, monsieur le comte? — reprit l'Anglais avec son diabolique sang-froid.

— Parbleu! j'ai à vous dire...

— J'attends, monsieur.

Et Henri, voyant ses avances ainsi rejetées, ne savait plus quel moyen employer pour arracher le secret qu'il brûlait de savoir, lorsqu'une idée lumineuse vint à l'esprit de l'élève de Suffren.

— J'ai à vous dire, — ajouta Henri vivement, — j'ai à vous dire, monsieur, que je désire avoir des explications sur le combat de votre brick ; mais sortons de cette galerie, et entrons dans ce jardin.

Ils sortirent, et se trouvèrent seuls sur l'esplanade qui règne devant la façade neuve du palais.

L'Anglais n'y comprenait plus rien.

— Oui, monsieur, — reprit Henri, ravi de son idée ; — mon ami le marquis de la Jaille m'a dit que vous aviez fait tirer sur lui au moment où il venait sans défiance à votre bord, voyant votre pavillon amené, et que cette infâme trahison avait pu seule vous donner l'avantage.

Les joues de sir Georges se colorèrent, son regard devint étincelant, et il reprit pourtant avec calme : — M. le marquis de la Jaille a menti, monsieur le comte !

— Il a menti !... — s'écria Henri. — Menti !... Mais savez-vous, monsieur, que cette injure m'est presque personnelle, vu l'amitié étroite qui m'attache à M. de la Jaille ?

— Prenez-la comme vous l'entendrez, monsieur : voilà d'ailleurs assez longtemps que vos questions me sont insupportables.

— Monsieur ! — dit Henri, — suivez-moi... Il doit faire un clair de lune superbe dans l'avenue de Saint-Cloud ; nous passerons chez le prince de Monbarrey, qui reçoit, pour y prendre des seconds.

— Je suis à vos ordres, monsieur le comte, — dit sir Georges en s'inclinant.

Et il suivit Henri chez le prince de Monbarrey.

— J'aurai maintenant bien du malheur si je ne lui arrache pas ce diable de secret, — pensait Henri, — car vraiment cet Anglais m'intéresse au dernier point, et jamais je n'ai éprouvé de sympathie d'amitié plus vive.

En arrivant chez le prince, sir Georges trouva lord Fellow... En deux mots il lui conta l'affaire, et deux minutes après deux carrosses roulaient sur la route de Paris : dans l'un, lord Fellow et sir Georges ; dans l'autre, Henri et Rullecour.

On s'arrêta près du Chenil-Neuf.

— Quand vous voudrez, monsieur... — dit sir Georges en se plaçant devant Henri. — Et sur un signe des témoins les fers se croisèrent.

Henri, d'une force supérieure dans l'escrime, ménageait visiblement la vie de sir Georges, car son but était de le blesser légèrement. Mais au moment où, après avoir évité l'attaque de son adversaire, il restait sur la parade, celui-ci profita de ce temps perdu pour lui porter une si rude botte, qu'Henri tomba sur le coup.

— Assez, assez, messieurs, — dirent les témoins.

— Ah! oui, assez! — dit sir Georges en regardant Henri qui, un genou en terre, s'appuyait sur son épée.

— Ah! monsieur! monsieur! — ajouta sir Georges, — pourquoi m'avez-vous provoqué sans raison? Je vous jure sur l'honneur qu'un tout autre sentiment que celui de la haine m'attirait vers vous.

— Pardieu! et moi aussi, — dit Henri d'une voix faible, — et c'est justement pour cela que...

Il s'évanouit.

Quatre heures après il était à Paris, dans son hôtel, livré aux soins des chirurgiens.

XVI

Si j'ai montré quelque grossièreté, c'est de mon rôle que je l'ai empruntée.

SHAKSPEARE, *la Douzième Nuit*, acte I, sc. v.

LE SECRET

Le lendemain de son duel, le comte de Vaudrey sommeillait couché dans cette grande chambre de damas rouge où il avait reçu l'astronome si gaiement.

Rumphius était encore là cette fois, mais appuyé sur son coude, lisant avec attention un énorme in-folio, et faisant tourner en même temps une cuiller dans une tasse placée à côté de lui... Or, dans cette occupation, le digne homme déployait un mouvement automatique à stupéfier Vaucanson.

La main qui agitait la cuiller, le bras qui agitait la main... tout cela allait ensemble, et effectuait un mouvement de rotation continu au fond de la tasse qui devait opérer des merveilles.

— Ah! bon Dieu du ciel! qu'avez-vous fait là, monsieur Rumphius? — dit Grosbois, le vieux valet de chambre, avec une sorte d'épouvante, en tirant le savant par la manche.

— Hein?... qu'est-ce?... plaît-il?... J'y suis... je finis. Seulement je veux voir dans le révérend père Hortius, sur Brahma, ce qu'il pense du traité du *Gourou; Tarpa Gamana,* qui traite la question de savoir *si l'on peut avoir commerce avec la femme de son Gourou ou de son supérieur...* — disait l'astronome en regardant fixement Grosbois, et remuant toujours sa cuiller dans la tasse avec une ténacité merveilleuse.

— Mais, monsieur Rumphius, — dit le serviteur, — vous avez beau taper dans cette tasse avec votre cuiller, vous n'y mêlez rien du tout; regardez donc, puisque c'est à côté que vous avez versé le sirop et la potion. Voyez, le marbre en est tout plein. Allons... bien! et le tapis aussi... C'est ma faute; voilà toujours ce qui arrive quand je vous charge de quelque chose.

— C'est que c'est comme il le dit, au moins! — s'écria Rumphius en vérifiant le fait avec un sérieux incroyable... J'ai tout mis à côté de la tasse... Eh bien, Grosbois, il y a dans le *Veikoula* un symbole absolument pareil : *Le jus du palmier tombe à côté du bassin,* dit le grand rituel de Brahma, le *Nittia-Carma,* le jus du palmier tombe à côté...

— Mais il ne s'agit pas de jus du palmier, monsieur Rumphius; il y a une heure que M. le comte devrait avoir pris cette potion... Encore une fois, c'est ma faute; voilà toujours ce qui arrive quand je vous laisse tout seul.

— Seul, Grosbois, seul! C'est comme le vrai Gourou, il faut qu'il soit seul pour être digne d'envisager Vishnou... et...

A ce moment Henri, se réveillant, interrompit la digression de l'astronome...

— Où suis-je?... Quelle heure est-il?... Fait-il nuit ou jour?... — demanda Henri.

— Enfin, il parle! — dit une voix; et sir Georges s'approcha du blessé.

— Vive Dieu! sir Georges, votre vue me fait du bien; mais, diable, vous avez le poignet rude... Après tout, ce ne sera rien, je pense.

— Non, monsieur le comte, non, il n'y a aucun danger, — dit sir Georges; les chirurgiens n'ont pas eu d'inquiétude un instant; une côte seule a été violemment touchée. Ainsi, n'ayez aucune crainte... Adieu, monsieur le comte... je voulais vous voir avant de partir... Maintenant que je ne redoute plus rien pour votre vie... adieu.

— Vous allez donc en Angleterre ? — dit Henri.

— En Angleterre ! — répondit sir Georges d'un air sombre... Et il reprit : — Oui, en Angleterre.

— Laissez-nous, — dit Henri à Rumphius et à son valet de chambre. Puis, s'adressant au capitaine : — Veuillez m'écouter, sir Georges. Quand je vous vis pour la première fois, votre réputation d'intrépide marin m'était connue; c'est donc à l'admiration que j'éprouve pour votre courage et pour votre brillant combat, que j'attribue l'intérêt singulier que vous m'avez inspiré tout d'abord. Sans être grand physionomiste, sir Georges, j'ai lu sur votre figure que vous étiez obsédé par quelque chagrin profond.

Dans l'espoir d'attirer une confiance qui m'eût peut-être mis à même de vous être utile et d'alléger vos souffrances, j'ai tenté quelques avances qui ont été repoussées comme elles devaient l'être, car vous ne me connaissiez pas assez pour me livrer votre secret. Alors j'ai dû essayer un autre moyen ; et, en calomniant affreusement mon pauvre ami de la Jaille, qui plus que personne admire votre loyauté, j'ai trouvé l'occasion de me battre avec vous, me promettant bien de ne pas vous blesser, et de me tenir sur la défensive. A ce jeu, je courais risque d'être tué, c'est vrai; mais j'ai l'habitude de réfléchir assez peu à ces sortes d'inconvénients. Maintenant, vous allez me demander quel rapport il y a entre ce duel et l'intérêt que vous m'inspirez ; sir Georges, je vais vous le dire. En France, capitaine, dès que deux gentilshommes ont croisé loyalement l'épée pour une misère, ils sont amis à la vie, à la mort; pour la confiance, cela vaut une intimité de vingt ans... Maintenant, — ajouta le comte en souriant, — maintenant, sir Georges, qu'il y a vingt ans que nous sommes amis intimes, me trouvez-vous digne d'être dépositaire de votre secret? car vous en avez un... et vous souffrez, j'en suis sûr, parce qu'il vous manque peut-être un ami... à qui vous confier...

Sir Georges fut un moment atterré de tant de générosité et de délicatesse. Prenant la main d'Henri dans les siennes, il le regardait d'un air attendri sans pouvoir parler.

— Ainsi donc, sir Georges, — reprit Henri, — si vous pouvez m'ouvrir votre cœur sans blesser l'honneur ou trahir une promesse sacrée, faites-le, au nom de l'amitié... car je ne mets une si bizarre opiniâtreté à me rendre digne de votre confiance, que parce qu'un secret pressentiment me dit que je pourrai vous être bon à quelque chose. Voyons, est-ce une femme qu'il vous faut quitter?... nous l'enlèverons... Est-ce un mari gênant? nous le distrairons... Est-ce...

— Tant de générosité ne sera pas perdue, monsieur le comte, — dit sir Georges en interrompant Henri. — Puisque vous voulez connaître ce secret, qui devait mourir avec moi, vous allez le savoir. J'ai joué, monsieur, j'ai joué sur parole, et j'ai perdu une somme considérable : quatre mille louis. Lord Gordon, mon père, est gouverneur aux Indes; or, il m'est impossible de rassembler les fonds qui me sont nécessaires pour payer cette dette sacrée avant mon départ, car je dois retourner en Angleterre sous le plus bref délai, sous peine de passer pour un lâche. J'étais venu chez M. de Castries, dans l'espoir d'y voir notre ambassadeur... Malheureusement il était absent de Versailles. A lui seul je pouvais me confier : nos relations de famille me le permettaient. Le voilà, ce secret, monsieur. Comme c'est demain que je dois payer et partir, et que je ne le puis pas; comme demain je serais déshonoré, ce soir je me brûlerai la cervelle. Maintenant, monsieur, que vous savez tout, adieu, et merci de votre intérêt. Je mourrai content de me savoir regretté par un ami de plus.

— Parbleu... j'étais bien sûr, — s'écria Henri, — que votre confidence serait bonne à quelque chose... sinon pour vous, au moins pour moi...

Sir Georges regarda le comte avec étonnement.

— Sans doute... Mais, tenez, entre intimes on peut parler *ménage*... Écoutez-moi donc, mon cher Georges. J'ai cinquante mille écus de rente, et un intendant honnête homme, ce qui me double à peu près ma fortune. Sur deux ans je reste six mois à terre, et j'ai beau jeter de l'argent par les fenêtres, je ne sais comment diable je fais pour me trouver toujours en avance de quelques milliers de louis; sans compter qu'il me reste, pour les cas imprévus, un mien oncle, l'évêque de Surville, qui est immensément riche, et se plaint toujours à moi que sa place d'oncle est une sinécure. Or, voici comment vous pouvez m'obliger beaucoup, sir Georges : les placements en France deviennent peu sûrs; j'ai depuis longtemps envie de mettre quelques fonds dans la compagnie des Indes d'Angleterre; puisque votre père est gouverneur de ces possessions, soyez donc assez bon pour me faire avoir des actions. Comme ces valeurs doivent être payées comptant, je vais vous faire un bon de cent mille livres à vue sur Bourette, fermier général, auquel vous voudrez bien envoyer d'Angleterre les coupons d'actions, si vous avez l'extrême obligeance de vous charger de ma commission auprès du comptoir de la compagnie.

Sir Georges fit un mouvement...

— Ne me refusez pas, — dit Henri avec émotion ; — ne puis-je pas être un jour prisonnier en Angleterre?... Voyons, ne soyez pas égoïste, sir Georges... Hésitez-vous à me rendre ce service? Sur l'honneur, je m'engage à ne pas être ingrat, si je trouve jamais l'occasion de vous être utile à mon tour.

Il y avait tant de délicatesse dans la manière dont cette offre était faite, que sir Georges ne put refuser.

Il se jeta dans les bras d'Henri.

Et ces deux jeunes gens échangèrent une larme sublime. Ces belles âmes se comprirent, et sir Georges accepta. Car avec de tels cœurs il n'y a ni bienfaiteurs ni obligés, il y a autant de bonheur à recevoir qu'à donner.

Sir Georges partit le jour même pour l'Angleterre, après avoir payé sa dette.

Henri, resté seul, dit en se frottant les mains : — Je savais pardieu bien que j'aurais ce secret. Maintenant, Cécile est à moi.

XVII

..... Quod finxere, timent.
LUCAIN, I, 486.

LA FEMME SANS NOM

Oh! béni sois-tu, désespoir furieux, ivre, insensé! toi qui, comme Roland, arraches les hauts pins, brises et fais voler les rochers en éclats! toi qui pousses des cris d'une joie féroce en voyant ta poitrine se rougir sous tes ongles crispés!... Béni sois-tu!... car, en épuisant tes forces et tes esprits, tu t'épuises toi-même, et la mort ou l'abattement succède à ton délire.

Mais toi, désespoir calme et profond! toi qui filtres goutte à goutte et lentement, et toujours... pour tomber en larmes de plomb sur le cœur!... toi qui as pour chacune de ses pulsations une angoisse froide et aiguë! oh! toi, maudit sois-tu!...

Oui! croyez-moi, c'est quelque chose de bien funeste que cette incurable douleur; mais cent fois plus funeste encore est la rage qu'on éprouve de ne pouvoir envelopper le monde avec soi dans le pâle linceul où l'âme est ensevelie.

Car osera-t-on jamais dire toutes les exécrables pensées qui germent... et meurent, heureusement, dans le cerveau d'un être souffrant et haineux, d'une femme comme Rita, je suppose?

Concevez-vous ce qu'elle devait éprouver à la vue d'un soleil éblouissant, au bruit de ce tumulte joyeux et fou d'une grande ville, à l'aspect de ces équipages splendides qui couraient à des fêtes? Mon Dieu!... que devait donc ressentir la pauvre femme, quand le soir... les accords lointains d'un bal ou d'un concert venaient mourir à son oreille?

Mais savez-vous que c'est horrible à penser, cela, que pendant qu'on est tout seul, sombre et désespéré, ailleurs on rit, on chante, on parle d'amour, de plaisirs passés ou à naître?...

En vérité, dans ces noirs accès de misanthropie, on concevrait le vœu sanglant de Néron appliqué au monde... si ce n'était couper son blé en herbe.

Rita habitait toujours le petit appartement voisin de l'hôtel de Vaudrey.

Elle se trouvait seule ce soir-là, Perez ayant été à l'hôtel du comte demander des nouvelles de la santé d'Henri, car Rita savait déjà l'issue de ce duel.

— Perez peut venir, — disait-elle, — je l'attends sans crainte... Mes pressentiments ne me trompent jamais... *Lui*, mourir avant que ma vengeance soit complète! Est-ce que cela se peut? Est-ce que je n'entends pas cette voix intime qui me dit : Il appartient à ta vengeance, âme et corps? Est-ce qu'il n'est pas de ces volontés si fortes, si absolues, qu'elles commandent pour ainsi dire aux événements?... C'est folie... si on veut, mais je pense cela; oui, je pense qu'*il* ne peut pas mourir, parce que je ne le veux pas, parce qu'il n'est pas temps qu'il meure... Et cette conviction, c'est ma puissance... c'est ma force. Cette conviction... elle me soutient, elle m'éclaire; elle fait que j'ai une incroyable confiance dans l'avenir... Cette conviction, enfin, me donne l'immense pouvoir de tout être qui a *foi* à sa mission, comme dit...

A ce moment Perez entra.

— Corps de Christ, madame la duchesse, il est sauvé, sa blessure est légère...

— Je le savais, — dit Rita, calme et tranquille, — cela devait être ainsi. Mais, Perez, puisque sa vie ne court plus aucun danger, il s'agit maintenant d'exécuter nos projets... Tout est préparé d'ailleurs pour en assurer le succès ; car, vois-tu, il se peut qu'il y ait une justice là-haut... mais j'aime mieux, moi, jouer son rôle ici-bas... c'est plus sûr... Et, par ma haine ! jamais dieu vengeur n'aura été plus inexorable... Écoute-moi donc, et n'aie pas peur. Si j'avais voulu me venger d'une manière prompte et incomplète, je l'aurais tué ; mais je n'ai pas voulu ; j'aime mieux qu'il en soit ainsi que je l'ai dit, qu'une fatalité implacable le poursuive sans relâche, et l'entoure d'un cercle de néant et d'horreur que nul n'osera franchir pour aller tendre une main amie à ce réprouvé. Il vivra, Perez... il vivra ; mais seul, mais isolé, mais banni au milieu du monde. Car, en voyant que le destin frappe sans pitié tout ce qui ose aller à lui, à ce maudit dont l'amour et l'amitié sont mortels... dis, Perez, qui oserait lui porter un seul mot d'espoir ou de consolation ?

— Mais c'est donc quelque chose de bien horrible que cette vengeance, madame ?...

— Oh ! oui... horrible... aussi horrible qu'elle est juste... Mais, dis-moi, que penserais-tu, Perez, si une voix te disait : Dans trois jours, ton ami, ta maîtresse et le seul parent qui te reste seront morts ? morts, parce qu'ils t'ont aimé ; morts, parce qu'ils te sont proches ; morts, parce qu'une influence fatale à ceux qui t'entourent te suit et te suivra partout ?... Tu rirais, n'est-ce pas, Perez ! tu dirais : Cette voix est celle d'un insensé. Mais si, trois jours après que cette voix eût parlé, ton ami, ta maîtresse et ton parent étaient morts, alors, rirais-tu, Perez ?

— Que voulez-vous dire, madame ?

— Rirais-tu... si la mort inexplicable et subite d'un parent immensément riche, et dont tu serais le seul héritier, laissait planer sur toi d'odieux soupçons ? Rirais-tu... si des insinuations adroitement jetées donnaient plus en plus de créance à ces calomnies ? si enfin ces apparences, adroitement combinées, étaient assez puissantes pour te désigner à l'opinion comme le meurtrier, sans pourtant te faire accuser hautement, et te donner par là le moyen de te justifier?

Et... si par un hasard inexplicable, ton ami, ta maîtresse, mouraient à l'heure dite, et cela parce qu'ils s'étaient attachés à toi... rirais-tu, alors qu'une rumeur sourde circulant dans le monde, on te montrerait avec effroi, en pensant que tout ce que tu as aimé ou envié est mort... quand toi-même, ne pouvant parvenir à comprendre cet infernal secret, voyant tant de preuves réunies contre toi, tu serais forcé de t'avouer que le jugement du monde, tout faux, tout atroce qu'il est, paraît pourtant logique, naturel et vrai... en voyant la réprobation et l'horreur attachées à ton nom; en te voyant, si jeune, si beau, si riche, si glorieux, et pourtant si délaissé, presque banni de ce monde que tu avais vu à tes pieds!... Oh! alors, n'est-ce pas que ta tête se perdrait à chercher l'inextricable nœud de cette fatalité qui t'écrase? n'est-ce pas que ce serait un supplice de chaque minute... un cruel et odieux suppplice?...

— Oh! oui... bien cruel. Mais c'est un rêve, madame.

— Oh! non, ce ne sera pas un rêve, Perez... Ce sera une réalité pour lui... mais une réalité aussi affreuse que le sont les plus horribles songes qui aient jamais torturé un homme au milieu du délire de la fièvre... Écoute... D'après tes renseignements, le chevalier de Lépine, son ami le plus dévoué, le commensal de la tour, va tous les jours visiter madame de Valentinois à Passy, il y va à cheval, suivi d'un seul écuyer.

— Tous les jours, madame.

— Tu as pu te ménager une entrevue avec cette fille... cette Lélia, qui, elle aussi, était là...

— Oui, madame.

— Son oncle à lui, l'évêque de Surville, doit emmener son neveu passer quelques jours à sa terre, pour parfaire la guérison de sa blessure.

— Oui, madame.

— La princesse de Vaudemont donne après demain un bal dans ses jardins.

— Oui, madame.

— Voici mon projet. Le comte de Saint-Germain a mis la magie à la mode, et il n'est pas une de ces fêtes qui n'ait son magicien, pour amuser le monde par ses prédictions. Tu iras trouver l'intendant de la princesse, et tu lui diras qu'un Italien se présente pour remplir cette tâche, qu'il ne demande à être payé qu'après, que le prix lui est indifférent; seulement qu'il veut se faire connaître par ses débuts dans une aussi brillante société.

— Oui, madame.

— Cet Italien, ce sera moi. Mon costume me déguisera. Toute la cour sera à cette fête. *Lui*, qui est du cercle de la princesse, y sera. Je ne doute pas une minute qu'il ne vienne aussi m'interroger sur son avenir; c'est la mode, et il est fort à la mode, *lui*. Alors, vois-tu, Perez, je lui dis : « Ton étoile est fatale à ceux que tu aimes ou dont tu envies la fortune; *dans trois jours*, ton ami, Lélia et l'évêque de Surville seront morts. Ainsi, ta haine a tué ton frère; ainsi, ton amour a tué la duchesse ! » A ces mots, tu conçois ses mépris, ses railleries... Mais si tu m'es dévoué, toi, trois jours après il en sera ainsi que j'aurai prédit, Perez.

— J'attends vos ordres, madame.

— Eh bien, écoute. Le chevalier de Lépine... tu sais, Perez... son ami, ce loyal gentilhomme... qui a si noblement trempé dans cette honorable ligue contre une pauvre femme... ce chevalier, dis-je, en se rendant à Passy, chez madame de Valentinois, passe devant de bien profondes et bien silencieuses carrières, et il est presque seul.

— C'est vrai, madame, — répondit Perez avec un singulier sourire; — il sort presque toujours seul. — Puis, flattant de ses mains la tête monstrueuse de son grand lévrier gris à longs poils : — Et voici Étrik, — ajouta-t-il, — qui a saisi plus d'un taureau à la gorge... Or, croiriez-vous, madame, que sur un mot, sur un signe de moi... ce brave lévrier se jetterait au col d'un cheval, s'attacherait à ses flancs, à ses jarrets... Et si ce cheval et son cavalier côtoyaient à ce moment un passage dangereux, une carrière escarpée, je suppose... savez-vous que le péril serait bien grand, madame, et que la mort du cavalier serait certaine ?...

— Oui... oui... je sais qu'Étrik est un brave lévrier de la Sierra, — dit sourdement Rita. Puis, après un silence : — Mais cette fille, Perez, cette Lélia ?...

— Elle me prend pour un Péruvien fort riche, madame, et j'ai tant donné d'argent, et j'en ai tant promis, qu'elle consent à me recevoir demain... Or, vous le savez, madame, les poisons de *José Ortès* sont sûrs, ne laissent aucune trace, et

7.

n'agissent qu'à une époque que l'on fixe soi-même, en augmentant ou diminuant la dose.

— C'est bien, — dit Rita vivement. — Et quant à l'évêque...
— Mais elle s'arrêta, passa la main sur son front, puis s'écria en tremblant... — Quant à l'évêque, oh! sais-tu que cela est horrible, Perez!... Au moins cette fille était là... elle... c'est pour la posséder qu'il m'a si affreusement trompée... Ce chevalier, il était aussi là... enfin, ce sont ses complices à *lui*... aussi, mort et vengeance sur eux... sur eux tous, chacun à son heure. Mais lui, ce pauvre vieillard, que m'a-t-il fait? pourquoi sera-t-il ma victime?... Oh! que cela est affreux, affreux à penser, Perez!

Et Rita, cachant sa tête dans ses mains, était agitée d'affreux tressaillements. Puis elle redressa tout à coup sa tête, ses yeux étincelèrent, et marchant à grands pas dans la chambre :
— Faible cœur que je suis, — s'écria-t-elle, — je parle de pitié, je crois... De la pitié! en a-t-on eu pour moi, quand, abusant de l'amour le plus pur et le plus dévoué, on m'a craché au visage, on m'a foulée aux pieds? De la pitié! en ai-je eu pour moi-même, quand je me suis faite horrible, quand je me suis faite morte?... Et j'en aurais, moi, de la pitié, pour un vieillard dont la mort peut lui être si fatale à *lui*... parce qu'elle fera remarquer combien meurent vite et à propos ceux dont il hérite... parce qu'on viendra se demander aussi pourquoi son frère aîné est justement mort pendant le temps qu'il était en France, *lui!* Non, non, vienne l'enfer et ses flammes, mais ma vengeance aura son cours. Malheur! malheur à qui se trouve sur ma route!... Ainsi, plus de scrupules, Perez. Nous suivrons l'évêque de Surville à sa terre. Une fois là, dans le village, à force d'or, toi ou moi trouverons moyen d'approcher de lui... Et alors, Perez...

A ce moment, la porte de la rue fut violemment ébranlée...

On entendit le bruit retentissant de crosses de fusil qu'on posait à terre, et une voix forte cria : — *De par le roi, ouvrez...*

XVIII

> C'est chose digne de très grande considération que cette excellente police de Lycurgue, à la fois monstrueuse par sa perfection.
>
> MONTAIGNE, liv. I, ch IV.

M. LE COMMISSAIRE

La petite chambre de Rita se trouvait envahie par une vingtaine de soldats du guet, commandés par un sergent à hallebarde. Les uns causaient à voix basse en désignant Rita; les autres se montraient en silence les divers meubles de l'appartement.

Assis à une petite table, était un homme d'une figure ignoble, gros et sale, vêtu d'une robe noire crottée. C'était le commissaire.

Devant lui, Perez et Rita se tenaient debout.

— Vos noms? — leur demanda durement l'homme noir.

— Perez de Sibeyra, — répondit Perez.

— Votre état?

— Négociant.

— Oh! *négociant*... Négociant est fort. Joli négoce... en effet... Vos papiers?

— Je n'en ai pas... je les ai perdus.

— Je m'en doutais; — et s'adressant à Rita : — Et vous, la belle?... Allons, allons, ôtez ces mains, et ne nous cachez pas ce beau visage... Voyons... votre nom?... Hein!... Mais parlez donc ! — dit brutalement l'homme de police. — Et se levant à demi, il voulut abaisser les mains de la duchesse, qui continuait de se cacher la figure.

— Misérable!... par le Christ!... ne la touche pas, entends-tu! — s'écria Perez en se précipitant sur le commissaire.

— Saisissez-le, et serrez-lui les pouces, — dit froidement celui-ci.

Perez fut garrotté.

Et l'homme noir s'adressant à Rita :

— Et toi, la belle... Ah! à la bonne heure, tu nous laisses

voir ta figure... Tudieu! tu avais bien raison de la cacher, car elle n'est pas belle... Voyons, ton nom... ton état?...

Rita était pourpre; ses yeux lançaient des éclairs, mais elle ne parlait pas.

— Tu t'obstines à te taire; c'est fort bien. Nous verrons si le régime de Saint-Lazare, et les corrections qu'on y inflige aux entêtées, auront plus de pouvoir que mes procédés... Une fois à l'Hôpital, tu te décideras, ma fille...

— A l'Hôpital!... elle... elle... Oh! mon Dieu! c'est affreux! — dit Perez.

Et il pleura.

— Tiens... et pourquoi donc pas elle comme les autres de sa trempe?... On prendra des mitaines, n'est-ce pas? ne dirait-on pas que c'est une duchesse?... Allons, qu'on lui attache les mains comme à son complice; et prenez garde à vos poches, car c'est une hardie coquine.

— Me toucher... tu n'oserais, — dit Rita, en s'avançant avec tant de dignité et d'un air si imposant que l'homme de police en fut un instant interdit.

Puis, revenant à lui : — C'est qu'elle se donne en vérité des airs de princesse... Allons, qu'on en finisse... Attachez-la.

Deux soldats s'approchèrent.

Perez se jeta à genoux et dit en pleurant : — Par pitié, madame, laissez-les faire...

Rita pâlit extrêmement, tendit les mains aux chaînes, et dit seulement à voix basse et sourde : — Oh! Henri!... Henri!...

— Mais de quoi nous accuse-t-on, au moins? — demanda Perez.

— Tu es bien curieux, toi! — dit le commissaire. — Mais si tu es curieux, monseigneur le lieutenant de police l'a été autant que toi. Aussi, à votre arrivée à Paris, toi et ta complice, vous avez d'abord éveillé les soupçons, et l'on vous a suivis. C'étaient des allées, des venues, de l'or donné à droite et à gauche, un espionnage de votre part qui s'attachait aux gens les plus recommandables... enfin, tout ce qui annonce les plus mauvais desseins. Aussi, on vous pince aujourd'hui, mes moineaux de Saint-Lazare. Maintenant, les clefs de ce secrétaire?

— Je ne les ai pas.

— Ouvrez ce secrétaire! — dit le commissaire. — Il faut que j'inventorie tout ce qu'il y a ici; car je soupçonne fort cet honnête couple de recéler quelque larcin...

Le sergent fit sauter la serrure du secrétaire d'un coup de hallebarde.

Et le commissaire ouvrit la cassette qui renfermait ces immenses valeurs que Rita avait réalisées, soit en or, soit en billets de la banque d'Angleterre.

— Ah! j'ai donc enfin trouvé la pie au nid! — s'écria-t-il radieux. — C'est un vol manifeste... Et d'où tenez-vous cette somme énorme, misérables ?...

— C'est mon bien. Je suis négociant, — dit Perez.

— Oui, oui, ton bien. Greffier, mettez les scellés sur tous ces meubles, sur cette cassette, que je vais déposer chez monseigneur le lieutenant de police. Quant à ces oiseaux, la cage les attend... et peut-être la potence, car le diable sait ce qu'ils auront fait pour s'approprier cet or, et s'il n'y a pas du sang dans tout cela...

— Pour la dernière fois, monsieur, — dit Perez, — je proteste, je jure devant Dieu que cette somme m'appartient légitimement, et que d'ailleurs, s'il y a crime, vol, madame est innocente... Cet or est à moi, à moi seul. Les démarches qui ont éveillé les soupçons de l'autorité, moi seul les ai faites; retenez-moi prisonnier, mais que madame soit libre.

— Il y a un fiacre en bas? — demanda le commissaire sans répondre à Perez.

— Oui, monsieur le commissaire, — dit le sergent.

— Conduisez donc ces deux complices en lieu de sûreté, pendant que moi et mon greffier, assistés de deux de vos gens, nous allons terminer l'inventaire de tout ceci.

Et Rita fut conduite à l'Hôpital, et Perez à Saint-Lazare.

Cela est cruel, je le conçois, au moment de se voir sur le point d'assouvir sa vengeance par la trame la mieux ourdie.

Mais, malheureusement, les conspirateurs, les amants, les poëtes, ou les artisans de vengeance tels que Rita, oublient presque toujours de prendre les précautions les plus simples et les plus vulgaires, égarés qu'ils sont dans les hauteurs de leurs puissantes combinaisons.

Or, tel est l'ordre admirable de la police, qu'elle irait relancer le *solitaire* sur son rocher pour lui demander *ses papiers* ou *son rôle de contributions;* car il y a dans les civilisations une époque à laquelle on ne peut plus être *misanthrope* sans autorisation municipale.

XIX

Une femme est un oiseau...
Étude psychologique du temps de l'empire.

CAPRICES

Figurez-vous un boudoir tendu de satin blanc à grandes fleurs roses damassées, avec des rideaux pareils, et garnis d'une frange de grosses perles encadrées dans une délicate broderie d'argent; les carreaux des fenêtres, dépolis et teints aussi en rose, à l'instar des anciens vitraux, laissent régner dans cette ravissante pièce un demi-jour mystérieux et tendre, une lueur rosée comme celle du crépuscule par un beau soir d'été.

Ce boudoir était encombré de ces futilités exotiques si ruineuses et si fort à la mode alors. C'étaient des vases du Japon, en porcelaine vert et or, remplis de fleurs fraîches et embaumées; des vernis du Japon, rouges et noirs; des magots du Japon, les plus effrayants qu'on puisse imaginer, et bariolés de couleurs tranchantes.

On voyait encore, sur une cheminée de porphyre, de ces curieux vases chinois en verre peint, qui coûtaient jusqu'à cent louis la paire; et puis, enfin, des objets d'une utilité plus réelle complétaient l'ornement de cette délicieuse retraite. C'étaient un magnifique clavecin de Marchand, une harpe de Legris, qui passait alors pour une rareté, et sur une petite table de vieux laque, une boîte de pastels et du vélin bien blanc et bien tendu.

La divinité de ce temple (vieux style) était mollement couchée sur un grand et profond canapé circulaire. C'était la baronne de Cernan.

Jamais sa jolie figure, mobile et capricieuse, n'avait révélé une expression plus mutine et plus mauvaise. On devinait que tous les nerfs de cette femme impressionnable étaient tendus et agacés.

Vêtue d'une simple robe blanche, **coiffée en frimas et en** repentirs, elle était charmante ainsi.

Elle lisait dans un petit livre de maroquin rouge tout doré.
Au bout de cinq minutes, elle jeta le livre loin d'elle.

Ce livre était *le Sofa*, de M. de Crébillon fils.

Alors Cécile se leva, courut s'asseoir à son clavecin, et commença de fredonner une nouvelle romance de M. de Laborde, qui faisait fureur : *Lubin et Lubine, ou le Berger tyran.*

Après quelques accords, Cécile ferma le clavecin avec colère, car elle ne pouvait chanter. Sa voix tremblait ; ses doigts erraient incertains sur les touches. Aussi, elle déchira le cahier de romances, elle le foula aux pieds, trépigna dessus, frappa de ses petits poings sur le clavecin, et courut cacher sa tête sous les coussins du sofa, en disant : — Mon Dieu, que je suis malheureuse !

Cinq minutes après, Cécile riait aux éclats, et tenait sur ses genoux sa chienne Zerbine, un de ces imperceptibles épagneuls à longues soies argentées, lisses et parfumées.

A l'aide d'un ruban rose, madame de Cernan coiffait Zerbine ; et quoique Zerbine fût ordinairement d'un caractère assez quinteux et assez maussade, elle se laissait faire complaisamment, lorsque tout à coup Cécile se fâche, d'un revers de sa jolie main blanche soufflette Zerbine, la jette loin d'elle, et va s'asseoir devant la table chargée de pastels.

Ici, ce fut bien autre chose, ma foi. Je ne sais quels traits se reproduisirent sous le crayon de Cécile, mais après quelques essais sans doute infructueux, le carton vola par les airs, accompagné de la boîte de pastels, qui alla tomber en tournoyant sur un de ces beaux vases de verre chinois, dont les morceaux roulèrent sur un magnifique tapis de Turquie.

A la vue des débris de ce vase précieux, la colère de Cécile fut à son comble, et elle entra dans cette espèce d'ivresse furieuse assez commune aux jolies femmes fantasques, ou aux enfants gâtés, qui, dans la rage d'avoir brisé un objet, en briseront dix, vingt, en briseront tant qu'il en restera, et ne s'arrêteront que par lassitude, comme le soldat ivre de carnage ne s'arrête qu'alors que son bras ne peut plus frapper.

Cécile se livra donc à l'accomplissement fort peu logique de cette pensée : qu'il faut casser parce que l'on a cassé. Or, quand elle eut mis tout en pièces, n'ayant rien de mieux à faire, elle s'évanouit.

Heureusement que ses femmes étaient accourues en entendant ce tapage infernal ; elles délacèrent leur maîtresse, et l'inondèrent d'eau de la Reine-de-Hongrie; bientôt Cécile reprit ses sens et se calma peu à peu.

Une des femmes resta près de la baronne, et sortit après lui avoir remis mystérieusement une lettre, que Cécile jeta au feu à la seule vue de sa forme et de son cachet; puis tout à coup elle voulut la ravoir, et la retira de la cheminée au risque de se brûler les doigts.

Cette lettre, d'abord si dédaignée, était pourtant une lettre d'amour; mais cet amour, quoique ardent, était si pur, si désintéressé, si extatique, que non-seulement une mère n'en aurait pas pris ombrage, mais encore qu'un mari raisonnable en eût été extrêmement flatté.

Cet amant, si platonique et si rare, était, malgré cela, lieutenant-colonel du régiment de Bourgogne, infanterie, alors en garnison à Nevers; il se plaignait à Cécile du silence qu'elle gardait depuis quelques jours, et aspirait après une lettre qui était tout son espoir, et serait toute sa consolation.

Cécile froissa le billet, et le jeta de nouveau dans la cheminée.

— Que je suis malheureuse, pourtant! — dit-elle, — voilà M. de Saint-Cyr qui m'aime véritablement; c'est un des hommes les plus recherchés et des plus aimables que je connaisse; je ne lui ai jamais rien accordé... il ne m'a jamais rien demandé... il est d'une soumission, d'un amour... sans pareil; eh bien, non, ce n'est pas cela, il faut que malgré moi j'aille m'occuper...

A ce moment un valet de chambre entra...

— Le coureur de M. le comte de Vaudrey vient d'apporter cette lettre pour madame la baronne, — dit-il en remettant un billet à Cécile.

— Sortez, — dit-elle en prenant avidement la lettre; elle lut; c'était d'Henri.

« Étant à dîner chez le maréchal de Castries, vous avez dit : — *Que je voudrais donc connaître ce qui cause l'air sombre de cet Anglais, et que je serais contente de savoir son secret!* — Ces mots, sans importance pour vous, mais précieux pour moi, puisqu'ils exprimaient un de vos désirs, je les ai retenus : le secret, je l'ai conquis, je le sais; quand pourrai-je vous le dire?... »

— Voilà donc la cause de son duel avec cet Anglais, — s'écria la baronne ; — et c'est pour moi... pour moi... qui me croyais dédaignée... oh! j'en deviendrai folle !...

Puis, courant à sa table, elle écrivit à la hâte ces seuls mots : — *A l'instant*... — sonna, et dit à son laquais : — Pour M. le comte de Vaudrey.

A peine le valet fut-il éloigné, que Cécile frémit de l'inconvenance de la réponse qu'elle avait faite à Henri. Cette femme si impressionnable et si vive s'était laissé emporter à un premier mouvement de joie, de surprise et de bonheur. Quand elle eut retrouvé son sang-froid, elle vit tout ce qu'il y avait de dangereux dans sa conduite.

Elle en pleura de rage, et, selon l'usage, concentra toute sa colère sur celui qui l'avait amenée à agir ainsi.

Car, par une contradiction singulière peut-être, si elle aimait Henri comme *amant*, elle le haïssait comme *homme*.

Et, à ce propos, on se tromperait, ce me semble, en croyant que les femmes aiment un homme précisément à cause des perfidies qu'il aura faites à d'autres femmes. Elles ont, comme on dit, trop d'*esprit de corps* pour cela.

Il y a, je crois, dans leur conduite, moins d'amour que de curiosité, d'orgueil féminin froissé, de vague espoir de vengeance, ou de confiance en leur supériorité, qui les mettra au-dessus du sort commun ; en donnant des droits au *perfide*, elles savent ou croient acquérir sur lui une influence complète, dont elles comptent user pour venger la *cause commune* ; ce qui est un bien admirable dévouement. Malheureusement si le *perfide* est aimable, et cela s'est vu, l'égoïsme s'en mêle, et la femme, oubliant la vengeance commune pour son bonheur privé, se laisse bercer par cette douce illusion : qu'elle ne sera pas trompée comme les autres, parce qu'elle vaut mieux que les autres, et un jour elle se réveille aussi, à son tour, femme à venger.

Cécile se trouvait donc dans un état cruel d'angoisse ; tantôt elle se promettait de recevoir Henri avec mépris et dédain, et de le persifler sur son impertinente confiance ; tantôt elle voulait se montrer bonne et tendre, et lui savoir au moins gré de cette originalité chevaleresque qui l'avait poussé à exposer ses jours, sur un mot dit par elle au hasard, mais lui refuser tout, même l'espoir.

Au milieu de ces contradictions on annonça le comte de Vaudrey.

XX

. . . . . L'imprévu...
Montaigne.

L'ENTREVUE

— C'était donc là le secret de sir Georges, — disait Cécile à Henri assis à ses côtés, — son secret que vous n'avez pas craint de lui arracher au péril de votre vie... et cela pour satisfaire à un vain caprice... et cela pour moi...

— Oui, pour vous seule... cela pour vous, *Cécile*... Oh! pardon, mais laissez-moi vous dire Cécile... ce mot *madame* est si froid... — reprit Henri d'une voix douce et soumise, en voyant l'étonnement de la baronne... qui lui dit d'un air sec:

— Vous vous oubliez, monsieur le comte.

— Oh non! ce n'est pas oubli, car c'est une habitude, et il me sera, je vous jure, impossible de m'en défaire.. D'abord elle est trop douce, et ensuite elle dure depuis trop longtemps...

— Comment!

— Sans doute... elle dure depuis que je vous ai vue, depuis que je m'occupe de vous. Car à chaque instant, lorsque votre souvenir vient me charmer... lorsque, seul avec mes pensées, je vous parle, je vous implore, croyez-vous que je vais vous dire madame?... Non, je dis : Cécile; je dis : Cécile, aimez-moi... Cécile, croyez à un amour profond et vrai; surtout, Cécile, ne le jugez pas d'après les faibles preuves que je vous ai données... Sans espérer un regard de vous, j'ai joué ma vie pour vous, mais qu'est-ce que cela?... A votre amour je voudrais sacrifier plus que ma vie, sacrifier mes goûts, mes penchants, mon avenir... mais, hélas! je t'aime tant... oh! je t'aime tant, qu'obéir à tes moindres caprices ce serait encore le bonheur... je t'aime tant, Cécile... que je te défie d'exiger quelque chose qui, pour moi, soit un sacrifice.

— Monsieur le comte... — dit sévèrement Cécile en retirant sa main, dont Henri s'était emparé.

— Oui, voilà ce que je me dis en votre absence, Cécile... Pourquoi devant vous m'empêcheriez-vous de penser tout

haut? Oh! si us saviez combien votre froideur m'a fait mal...
combien votre air dédaigneux m'imposa, lorsque assez heureux
ù Cour que vous ayez daigné me demander un léger service,
vous m'avez reçu avec une politesse si glaciale... C'est alors,
Cécile, que je maudis ces succès qui me font tant d'envieux,
cette réputation dont l'éclat fatal jetait peut-être la défiance
dans votre âme... Peut-être, me disais-je, ne verra-t-elle qu'un
amour vulgaire dans la passion brûlante qui m'emporte...
tandis que c'est le premier amour, le seul et véritable amour
que j'aie éprouvé... Oui, Cécile, croyez...

Un grand éclat de rire de la baronne interrompit la période
amoureuse du comte, qui s'était assis aux genoux de Cécile
sur un petit tabouret.

Malgré ces rires immodérés qui continuaient, la figure
d'Henri exprima plus d'étonnement que de dépit; il se releva,
et se jetant sur le sofa en secouant négligemment son jabot :
— Voilà, parbleu, madame la baronne, un éclat de rire qui
déconcerterait fort un pauvre amoureux ; mais, d'honneur,
vous êtes difficile, car je n'ai jamais de ma vie mieux parlé
premier amour, si ce n'est pourtant une fois à la femme d'un
quaker, en Amérique... et une autre fois à la fille d'un bourg-
mestre. Mais dites-moi donc, je vous prie, la cause de cette
gaieté ?

Cécile se prit à rire plus fort, et dit : — Comment! vous ne
trouvez pas du dernier plaisant, monsieur le comte, que vous,
l'homme à réputation *fatale*, vous, le modèle envié des roués
de la cour, vous ayez été sottement jouer votre vie sur un mot
d'une femme qui ne pensait pas à vous, qui n'y pense pas, et
qui n'y pensera jamais?

— Je vous jure, madame, — dit Henri avec le plus grand
sang-froid du monde, — que si notre position doit être amusante pour quelqu'un, c'est pour moi.

— En effet, vous jouez parfaitement l'impassibilité, — dit
la baronne, qui commençait à s'irriter du calme d'Henri.

— Ce n'est pas un jeu vraiment, et vous allez voir pourquoi.
Tenez, raisonnons un peu. D'abord, j'ai exposé ma vie, dites-
vous; quant à cela, ma réputation est, je crois, assez faite pour
que j'aie le droit d'exiger qu'on ne s'en étonne pas ; ainsi, n'en
parlons plus; ensuite, j'ai espéré vous faire agréer mes soins;
vous me refusez, c'est tout simple; j'en ris, c'est encore tout
simple; car, à mon avis, un seul homme au monde pouvait.

sans être un niais, se dépiter de ce qu'une femme n'en voulait pas, ou n'en voulait plus.

— Et qui était-ce donc, monsieur ? — demanda la baronne avec impatience.

— Mais c'était *Adam*, quand il était seul dans le paradis avec notre mère commune. J'arrive donc à ce que je trouve de si amusant dans cette scène. Le voici : En vous entendant l'autre jour, chez M. de Castries, exprimer le désir de savoir le secret de cet Anglais, j'ai de mon côté amené ma belle voisine, la marquise de Vaillé, qui n'y pensait guère, à éprouver le même désir, de sorte qu'il y a peu de jours elle a reçu, comme vous, le billet obligé : « Étant chez le maréchal de Castries, vous avez dit... » etc., etc. Moins ingrate que vous, madame, elle m'a promis une douce récompense. Déjà j'avais droit à la reconnaissance du galant homme que j'ai obligé. Vous voyez donc qu'une action tout à fait indifférente pour moi m'a valu l'amitié d'un brave gentilhomme, l'espoir des faveurs d'une marquise fort désirable, et la haine d'une jolie femme; car, je le vois, madame, mon sang-froid vous déconcerte et vous irrite; avouez donc que je n'ai pas lieu de me plaindre, puisque, pour un pauvre coup d'épée guéri, j'excite à la fois l'amitié, l'amour et la haine; car j'ai assez de fatuité ou de conscience pour croire que vous me ferez l'honneur de me haïr, madame la baronne.

Cécile était atterrée; elle comptait sur du dépit, sur de la colère, elle ne trouvait chez le comte qu'un flegme imperturbable, qu'une raillerie froide et calme. Les impressions se succédaient si vives dans cette petite tête vide, capricieuse, que, quoiqu'elle aimât Henri, comme on sait, elle avait voulu le tourmenter, le piquer; peut-être comptait-elle aussi sur l'embarras qu'il devait éprouver, pour lui pardonner ou le désespérer à son gré. Malheureusement, rien de tout cela n'arriva : l'imprévu tuait toutes ces belles combinaisons; et comme Henri s'approchait pour lui baiser la main et sortir...

— Restez, monsieur, — lui dit-elle, — restez... Il faut absolument que je vous parle... Restez, je le veux.

Et la voix de Cécile était saccadée et trahissait son émotion

— Combien j'aurais été heureux de recevoir un pareil ordre tout à l'heure ! — dit Henri; — mais à présent...

— Eh bien ! à présent ?

— Oh ! à présent, je sais bien que c'est un jeu, une mé-

:hante plaisanterie de votre part; vous voulez encore m'abuser, m'amener à vos genoux, et là vous moquer de moi comme tout à l'heure; mais la leçon est bonne, et j'en profiterai.

— Je suis bien malheureuse, — dit Cécile en fondant en larmes.

— Savez-vous, madame, qu'un autre que moi se tromperait à ces larmes? — dit encore Henri avec son imperturbable sang-froid.

— Mais quand je vous dis, moi, que je suis malheureuse, que je pleure parce que j'ai à pleurer! — s'écria Cécile; — oui, à pleurer, car je me hais et je me méprise autant que je vous hais et que je vous méprise. Je me méprise de me trouver si faible, moi qui me croyais si forte, si faible devant vous... faible à vous laisser voir mes larmes, faible à vous en laisser deviner la cause... Mon Dieu! que cela est donc affreux!

— Bravo, madame la baronne! bravo!... mademoiselle Raucourt ne dirait pas mieux!... Et penser que je suis seul pour jouir d'une si belle scène, pour apprécier un talent qui se révèle tout à coup, et si profond!... et si brillant!... — dit Henri en continuant sa froide raillerie.

— Oh! mais c'est à devenir folle! — s'écria Cécile exaspérée. — Il dit connaître les femmes, et il ne distingue pas une vraie larme d'une fausse; il n'a pas vu que ce rire cachait un chagrin; il n'a pas vu qu'il fallait bien souffrir pour rire ainsi! Mais les femmes que vous avez connues étaient donc de bien habiles comédiennes, monsieur? ou êtes-vous d'une défiance si atroce et si stupide que des pleurs comme ceux-ci ne vous disent rien, — et elle mit la main d'Henri sur sa joue brûlante et baignée de sanglots, — ne vous disent rien... ne vous prouvent rien!... Tenez, monsieur, sortez... sortez, car vous me faites horreur et pitié.

— Le *sortez* est parfait! — dit Henri, — et l'idée de prendre la main pour faire tâter les larmes ferait un prodigieux effet au théâtre; malheureusement vous jouez pour moi seul, madame... et je sais la pièce d'avance.

On devine l'effet de cette réponse sur une femme aussi violente, aussi impatiente de contradiction que l'était Cécile. Elle ne dit pas un mot, pâlit affreusement, essuya ses yeux, et prenant la main d'Henri dans les deux siennes, tremblante comme la feuille, elle lui dit à voix basse et entrecoupée:

— Monsieur de Vaudrey, je vais vous faire, sans rougir, un

aveu qui devrait me faire mourir de honte. Du jour où je vous ai vu, vous avez fait sur moi une impression vive ; votre froideur l'a encore augmentée. Le billet que vous m'avez écrit m'a rendue ivre de bonheur. Vouloir vous dire pourquoi je vous attendais avec joie et chagrin, pourquoi j'ai ri et pourquoi j'ai pleuré, ce serait vous expliquer ce que je ne comprends pas moi-même ; vous dire enfin que, malgré tout... je vous aime encore... oui, que je vous aime ; vous faire cet aveu, m'avilir, m'humilier à ce point, est-ce assez ? Monsieur de Vaudrey... est-ce assez expier un moment de folie, de vertige ?... Maintenant, me croyez-vous, enfin ?... Oh ! dites-le... n'est-ce pas que vous me croyez, monsieur de Vaudrey ?... Oh ! dites-le... au nom du ciel ! Pourquoi mentirais-je ?

— Mais peut-être pour gagner un de ces paris qu'on se fait avec soi-même, — reprit Henri ; — peut-être en pensant à un amant heureux que je ne connais pas, vous vous serez dit : « Si M. de Vaudrey revient à mes pieds, mon amant me sera fidèle, ou bien je pourrai lui être infidèle sans qu'il s'en doute, » ou autre chose encore... et, comme Jean-Jacques, vous tâchez de bien viser votre arbre ; c'est si naturel !

— Oh ! mon Dieu ! — dit la baronne avec un accent de douleur qui émut Henri, car au fond il avait bon cœur. Aussi ajouta-t-il : — Pourtant, Cécile, il serait un moyen de me convaincre de votre amour : soyez à moi... aujourd'hui.

A ce moment, le valet de chambre annonça M. le baron.

XXI

HERMIA. Je te proteste que je t'aime plus qu'elle ne peut t'aimer.

LYSANDRE. Si tu parles ainsi, viens à l'écart et prouve-le-moi.

SHAKSPEARE, *le Songe d'été*, acte III, sc. II.

L'EXPÉDIENT

— Vous avez été incommodée, à ce que m'ont appris vos femmes, — dit M. de Cernan en baisant la main de Cécile ; — mais je vois avec plaisir que cela va mieux : vous êtes pourtant encore un peu pâle. — Puis, saluant Henri : — Je suis ravi de vous rencontrer, monsieur le comte, car j'arrive de Versailles, et M. de Castries m'a prié de vous remettre ces dépêches. C'est fort pressé, m'a-t-il dit. Voyez donc... madame de Cernan le permet.

— C'est l'ordre de me rendre à mon poste sous le plus bref délai, — dit Henri, — de partir dans quarante-huit heures, si je puis, et d'aller à Brest attendre de nouveaux ordres. Ce départ est bien prompt, — ajouta-t-il en échangeant un regard avec la baronne.

— Diable! — dit le baron; — et moi, comment ferai-je pour être prêt dans quarante-huit heures?

— Oh! je ne suppose pas que nous appareillions aussitôt mon arrivée. Dans une note que voici, M. de Castries ne m'ordonne de me rendre à Brest aussi promptement qu'afin de diriger moi-même l'armement de ma frégate. C'est un essai qu'on veut tenter, un nouveau système d'artillerie à organiser.

— Oh! alors j'aurai tout le temps nécessaire pour me préparer, — dit le baron, — et je ne me ferai pas attendre; mais je vous laisse, madame, — dit-il à sa femme, — car voilà l'heure du club de Condorcet.

Le baron sortit.

— Dans deux jours... vous partez? — dit Cécile.

— Je pars, — dit Henri avec gaieté, — et j'emmène votre mari; avouez au moins que vous me devez un dédommagement pour cela... C'est fort généreux de ma part, car je fais peut-être ainsi le bonheur d'un amant aimé.

En disant ces mots, Henri, qui regardait machinalement dans la cheminée, aperçut la lettre du colonel platonique : se baisser, la saisir, la lire, fut l'affaire d'un moment.

— Ah! parbleu... j'avais deviné juste. Eh bien, madame, avais-je tort de ne pas croire à vos protestations? — dit Henri en montrant la lettre.

— Eh bien, que dit cette lettre que je ne puisse avouer, monsieur? — répondit Cécile avec fierté.

— Elle me dit, madame, que cette scène a duré assez longtemps, que je crains d'abuser de vos moments, et que je me retire...

— Vous ne sortirez pas, monsieur, — s'écria Cécile, — que vous n'ayez tout appris. Oui, monsieur, M. de Saint-Cyr me rendait des soins avant que je vous eusse connu. Il m'a écrit plusieurs fois : je lui ai répondu; mais jamais il ne reçut de moi d'autre preuve de mon affection... croyez-le... Mais non, vous ne le croirez pas... puisque vous ne croyez rien de moi, — dit Cécile en pleurant.

— Si, Cécile... je croirais à votre amour si vous m'en donniez une preuve irrécusable; vous m'aimez, dites-vous... eh bien, prouvez-le-moi. Je pars dans deux jours pour une guerre hasardeuse; jamais je ne vous reverrai, peut-être : que j'emporte au moins ce souvenir, Cécile, que j'aie au moins une fois la conviction d'avoir été aimé, oh! bien aimé. Car je sais que de votre part ce serait un sacrifice immense; mais aussi quel immense amour il prouverait! et puis ce serait si généreux de donner tant à si peu, d'accabler un homme sous le poids d'un bonheur aussi inespéré, aussi inouï! Mais, hélas! je vous demande cela, Cécile, sans croire l'obtenir; je sais qu'un tel sacrifice est au-dessus des forces d'une femme, que depuis qu'on s'aime sur la terre jamais pareille preuve d'amour n'a été donnée; enfin, je vous demande cela, Cécile, comme un athée demande un miracle à Dieu pour se convertir et l'adorer...

Et il baisait les mains de Cécile... et il pleurait même, je crois.

— Mais cela est impossible! — dit Cécile presque en démence, perdue au milieu de mille émotions contraires qui l'avaient agitée si violemment; — d'ailleurs, les préparatifs du voyage de M. de Cernan vont le retenir ici plus que jamais, vous voyez bien que cela ne se peut...

— C'est un prétexte, — dit Henri.

— Un prétexte... mon Dieu! un prétexte...

— Eh bien, Cécile... si ce n'est pas un prétexte, voici un moyen qui concilie tout, — dit Henri après un moment de réflexion; — vous avez souvent écrit à M. de Saint-Cyr?

— Je vous l'ai dit.

— Il a vos lettres?

— Je le crois.

— Vous avez les siennes?

— Oui.

— Rien ne vous y compromet?

— Non, oh! non... tenez, les voilà, lisez-les.

— Eh bien donc, prenez ces lettres, et quand votre mari rentrera, jetez-vous à ses pieds, avouez-lui votre correspondance; dites-lui qu'au moment de le voir partir en Amérique, vous voulez lui avouer un secret qui vous pèse... dites-lui que vous avez été imprudente... mais que vous vous êtes arrêtée sur le bord de l'abîme au moment d'y tomber; que l'honneur, que le devoir, vous ont retenue. Pour preuve, donnez-lui les lettres de M. de Saint-Cyr, et demandez-lui par grâce de vous retirer dans un couvent pendant son séjour en Amérique.

— Eh bien?

— Que vous êtes enfant! suppliez alors votre mari de partir à l'instant pour Nevers afin de retirer vos lettres des mains de M. de Saint-Cyr, et de lui remettre les siennes. Je n'en doute pas, le baron partira ce soir ou demain; cela nous donne vingt-quatre heures à nous, toutes à nous, Cécile, et vous gagnez encore, par ce sublime aveu, l'avantage d'inspirer pour l'avenir une confiance incroyable à votre mari.

— Mais c'est le démon qui vous inspire de pareilles idées, — dit Cécile; — c'est infâme; jamais, oh! jamais je ne consentirai à cela; plutôt mourir, plutôt vous voir douter de mon amour. . . . .

. . . .

Le lendemain matin le baron de Cernan courait sur la route de Nevers, et se disait : — Certainement en Amérique je ne trouverai pas une femme de cette vertu-là; s'arrêter au bord du précipice, avoir le courage de me faire un pareil aveu! Mais il faut avouer aussi que j'ai été bien heureux d'avoir affaire à un aussi galant homme que M. de Saint-Cyr, car, en vérité, je ne puis lire sans émotion le passage de sa dernière lettre (et le baron lisait) :

« ... Non, madame, non, je ne demande rien, je ne demanderai jamais rien; n'ai-je pas tout? n'ai-je pas votre affection? Plutôt cent fois mourir que de penser à vous faire trahir des devoirs sacrés, que de porter la moindre atteinte à votre repos, et à l'honneur d'un galant homme qui mérite à tant d'égards d'être heureux! Entourez-le de soins, madame, et cela sans crainte d'hypocrisie, car un amour tel que le nôtre ne dégrade pas l'âme, il l'ennoblit; on n'en rougit pas, on en est fier, parce qu'il n'y a rien que de pur et d'irréprochable dans cette sympathie éthérée qui élève deux âmes qui s'entendent au-dessus des passions matérielles de ce monde... »

— C'est admirable, — reprit le baron en renfermant les

lettres dans un portefeuille ; ce M. de Saint-Cyr est un homme *antique*, et je n'ai pas la force de lui en vouloir ni à ma femme non plus.

Et la nuit vint, et le baron approchait de Nevers.

XXII

> Que le temps s'emploie de manières diverses !
> *Confessions de saint Augustin*, liv. II, ch. ii.

TROIS SCÈNES D'UNE MÊME NUIT

Scène première.

Cette scène se passait à Paris pendant cette nuit où le baron de Cernan arrivait à Nevers ; nuit sombre, froide et orageuse ; la pluie tombait à torrents, et de fortes bouffées de vent la faisaient fouetter sur les toits des maisons, qui ruisselaient d'eau ; dans les rues les passants étaient rares, et le bruit de leurs pas interrompait seul le murmure monotone des gouttières qui débordaient.

Au bout du faubourg Saint-Antoine était situé ce que l'on appelait alors l'*Hôpital*, lieu de retraite et de réclusion qui recevait les filles de mauvaise vie et les femmes prévenues de vol ou d'autres crimes.

Là était enfermée la duchesse d'Alméda.

Par cette nuit obscure et pluvieuse les environs de cette triste demeure semblaient absolument déserts.

Une ruelle étroite et sinueuse s'étendait au pied du mur qui fermait l'enceinte d'une des cours extérieures de cette prison.

Dans cette ruelle, un homme enveloppé d'un manteau paraissait attendre je ne sais quel signal avec anxiété ; à chaque minute il allongeait la tête, regardait attentivement le haut de la muraille... et prêtait l'oreille au moindre bruit.

Au bout d'un quart d'heure, une pierre à laquelle était attachée une longue corde tomba aux pieds de l'homme au manteau, qui, se débarrassant aussitôt de sa cape, saisit la pierre, et donna une légère secousse à la corde, qu'on tenait sans doute de l'autre côté du mur ; car une pareille secousse répondit à ce signal. Alors Perez, car c'était lui, attacha rapidement à cette corde une échelle à nœuds, dans lesquels étaient passées de petites tringles de fer, donna de nouveau le signal, et l'échelle se hissa le long du mur.

A ce moment la pluie et le vent semblèrent redoubler de fureur; l'eau tombait en larges nappes, si blanches qu'elles semblaient un brouillard visible au milieu des ombres de la nuit; l'ouragan sifflait avec violence en longs mugissements, et faisait craquer les branches dépouillées de quelques arbres dont la cime dépassait la muraille.

Au bruit que fit une seconde pierre en tombant, Perez saisit fortement l'extrémité de l'échelle de corde, et s'y cramponna, puis à sa tension subite il devina que le prisonnier commençait à y monter de l'autre côté du mur.

Cette ascension durait depuis quelques minutes, lorsqu'un mouvement violent et saccadé, imprimé à l'échelle, fit tressaillir Perez... puis, comme il continuait toujours de peser avec force à son extrémité, l'échelle céda tout à coup, et lui vint en partie dans les mains : Perez poussa un cri terrible.

On conçoit son épouvante, car à cette secousse, qui avait subitement détendu son échelle, il jugea que Rita, trop faible pour arriver au faîte du mur, s'était laissée tomber, et s'était blessée, s'était tuée peut-être. Pensez alors ce que dut souffrir cet homme si dévoué, là, palpitant de frayeur, collant son oreille à ce mur qui le séparait de Rita de toute son épaisseur; pensez les affreuses angoisses de cet homme courbé à terre, cherchant à entendre, à travers ces pierres muettes et impitoyables, les cris de la malheureuse duchesse; se disant :
— Elle est là, sur le même sol, au même niveau que moi, derrière ce mur dont mon bras dépasserait l'épaisseur, et je n'entends rien! et je ne vois rien!... — Cela fut un horrible moment.

Mais une lueur d'espérance vint animer Perez, une pierre tomba près de lui, et il vit l'échelle remonter le long de la muraille, et se tendre de nouveau.

Il reprit son poste.

Cinq minutes après, Rita, vêtue en homme, parut sur la crête de ce mur excessivement élevé, et descendit avec précaution.

Bientôt la duchesse fut libre, et Perez, à genoux devant elle, lui baisait les mains; il ne pouvait parler, tant son émotion était forte.

— Perez... Perez, — dit Rita; — mon bon et loyal Perez... comment jamais reconnaître...

Puis elle faiblit, chancela et tomba évanouie...

La pluie ne discontinuait pas, le vent redoublait de violence : Perez était dans une mortelle inquiétude en pensant qu'une ronde du guet pouvait le surprendre : aussi employait-il tous les moyens possibles pour ranimer Rita; ne pouvant y parvenir, il se décida à l'emporter, la prit dans ses bras, et marcha ainsi quelques pas.

Bientôt la fraîcheur que lui causait l'humidité de ses habits, et le petillement de la pluie qui tombait sur son visage, ranimant la duchesse, elle ouvrit les yeux et dit à Perez : — Où suis-je ?

Perez s'arrêta.

— Laisse-moi un peu me remettre, Perez, — dit-elle; — assieds-moi contre ce mur, car je me sens bien faible, bien meurtrie, cette chute m'a été si douloureuse ! j'ai les mains tout en sang... et puis la tête aussi... oh ! j'ai bien cru n'en relever jamais... Allons... du courage, Perez... tu vois, l'enfer me seconde... cet orage même nous est propice; allons, Perez, espoir... courage... Je te le disais bien, que rien n'était désespéré...

Et cette malheureuse femme, retrouvant toutes ses forces, toute son énergie dans cette pensée fixe et dévorante qui l'exaltait, recommença à marcher d'un pas ferme, appuyée sur le bras de Perez, meurtrie, souillée, ruisselante d'eau et de sang; elle atteignit ainsi, conduite par son écuyer, la rue du Faubourg-Saint-Antoine, car Perez, par excès de prudence, n'avait pas voulu amener de fiacre près de cette ruelle de l'Hôpital, dans la crainte d'éveiller les soupçons. Il pensait trouver une voiture dans le faubourg Saint-Antoine, où l'on en rencontrait toujours, grâce au voisinage des petites maisons des grands seigneurs, qui, presque toutes, étaient situées dans ce quartier; car on se servait alors fort prudemment de *fiacres* pour se rendre dans ces mystérieuses demeures, l'incognito se gardant bien plus facilement à la faveur de ces modestes carrosses, qui passaient inaperçus.

Perez et la duchesse commençaient à désespérer d'en rencontrer, lorsqu'ils en virent un à vingt pas d'eux qui entra dans la petite rue Saint-Marcel.

— Hâtons le pas, madame, — dit Perez ; — peut-être ce fiacre est-il vacant.

Bientôt ils furent à portée de voix du carrosse.

— Arrête ! — cria Perez en courant.

Le cocher ne répondit pas.

— Arrête... si ta voiture est libre, — dit encore Perez en joignant le fiacre.

A la voix de Perez, la glace d'une des portières s'était abaissée.

— Ma voiture est pleine, — dit le cocher en fouettant ses chevaux, que Perez tenait à la bride.

— C'est ce qu'il faut voir, cria la duchesse en se précipitant à cette portière dont la glace était abaissée.

Tout à coup un homme allongea la tête par cette glace en criant : — Mordieu, si vous tenez à la vie, passez votre chemin, monsieur...

La malheureuse duchesse poussa un cri horrible et tomba à la renverse.

Cet homme, c'était *lui*... c'était Henri... Henri avec une femme enveloppée dans ses coiffes.

Au cri de la duchesse, Perez lâcha la bride des chevaux pour la secourir.

Le cocher fouetta, le fiacre partit, et Perez put entendre ces mots d'Henri : — Rassure-toi, cher ange... rassure-toi, Cécile... C'est quelque homme ivre... attardé...

Scène deuxième.

Le boudoir d'une petite maison située rue Saint-Marcel.

Un foyer de lumière douce et invisible répand du haut du plafond, fait en dôme, une mystérieuse clarté dans cette délicieuse pièce. Un grand feu clair et flamboyant pétille dans une cheminée de granit à enroulements d'or. Les fenêtres, bien closes, sont voilées par d'épais rideaux de satin. L'air est embaumé par les fleurs d'une jardinière qui occupe un des côtés de ce boudoir, tendu de velours blanc à fleurs bleu et argent. Les sifflements de l'orage, ne s'entendant plus qu'à travers les doubles fenêtres et les lourdes draperies, arrivent confus et éloignés.

Ce murmure plaintif complète, par son contraste, l'harmonie

8.

de cette scène de délices. Car c'est, dit-on, et je le crois, une ineffable jouissance d'entendre le vent gémir, la pluie ruisseler, alors que, dans un ravissant petit salon, bien clos, près d'un grand feu, à demi couché auprès de la femme d'un autre, votre tête sur ses genoux, vous causez d'amour, en attendant un souper délicat et une longue nuit de voluptés ardentes comme des voluptés défendues.

Or, Henri goûtait cette ineffable jouissance dans le boudoir de sa petite maison, que nous venons de dépeindre.

Henri, amoureusement assis aux pieds de Cécile, ses mains dans les siennes, la contemplait avec des yeux pétillants de désirs.

— C'est que je suis encore toute tremblante, Henri, — disait madame de Cernan ; — cet homme avait une figure effroyable...

— Parbleu, mon ange, veux-tu que les gens qui courent les rues à cette heure soient de droit jolis garçons ?

— Ne plaisantez pas ainsi, Henri... j'ai eu trop de frayeur.

— Mais, frayeur de quoi, cher ange ?... Un homme ivre arrête notre voiture, c'est tout simple ; cet homme est fort laid, c'est encore fort naturel. Ainsi, calme tes craintes, toi que j'aime tant ; car je t'aime, Cécile... Vrai, oh ! bien vrai ; il y a tant d'imprévu, de bizarrerie dans notre liaison, qu'elle ne peut être commune et vulgaire.

— Henri... Henri, combien ce boudoir a-t-il entendu de pareils serments ?

— Pour cela, Cécile, il faudrait qu'il t'eût déjà possédée, que déjà ces glaces eussent réfléchi ces yeux si fins, cette bouche si rose, cette taille si voluptueuse... Mais non, c'est aujourd'hui seulement qu'elles ont ce bonheur. Aussi, tiens ! j'en suis jaloux, de ces glaces... Après tout, non... oh ! non; je les aime, au contraire .. je les aime, comme j'aimerais l'écho qui me redirait à l'infini le doux son de ta voix.

— Henri ! en vérité, c'est un songe, — disait Cécile les yeux demi-fermés ; — oh ! j'ai besoin de croire que c'est un songe.

— Oui, Cécile... oui, mon ange, c'est un songe... un songe d'or, crois-le... Oui, plus tard, en te rappelant ce jour étincelant de bonheur et d'amour... je veux que tu dises : « Ce bonheur était trop vif, cet amour trop passionné, cette ardeur trop enivrante... Oui... c'était un songe... » Et puis, savez-vous, — dit Henri en souriant, — savez-vous, Cécile, que c'est chose rare qu'une réalité si réelle qu'elle ait l'air d'un songe !

— Oh ! tais-toi...

— Eh bien, oui, je me tairai, mon ange, je me tairai ; mes baisers parleront pour moi. Un long baiser, qui, du bout de tes jolis doigts, si fins, si déliés, remontera le long de ce bras blanc et arrondi, ne dira-t-il pas mieux que moi : J'aime cette main charmante, ce bras divin !... Je me tairai... et quand mes lèvres cloront tes paupières, cette amoureuse pression ne te dira-t-elle pas mieux que ma voix : Oh! j'aime, j'aime ces beaux yeux qui jettent de ces regards qui font mourir !... Je me tairai...

— Oh! non, parle, parle, Henri... Oh ! que j'entende ta voix que j'aime tant, ta voix si douce... Mais, dis-moi donc, Henri, pourquoi chacune de tes paroles vibre-t-elle si longtemps dans mon cœur après que tu as parlé?... Pourquoi cette mollesse, cette langueur qui m'énerve? Pourquoi me serait-il égal de mourir demain, dans une heure ? car jamais, oh ! jamais je n'ai éprouvé tant de félicité. Pourquoi ce bien-être qui m'écrase, pourquoi cette sensation vague et voluptueuse qui circule par tout moi, et se fixe délicieusement sous chacun de tes baisers?... Oui, si tu baises mes yeux, c'est un plaisir; si tu baises mes mains, c'est encore un plaisir, un plaisir à mourir, un plaisir à rendre le ciel jaloux. Pourquoi cela, dis, Henri?

— Pourquoi, *ma* Cécile? — dit Henri en entourant la taille de Cécile de ses deux bras, et appuyant sa tête sur son sein.

— Pourquoi cela?... C'est que tu suis l'instinct de ton cœur, qui te dit : Il t'aime... parce que deux cœurs qui sont faits l'un pour l'autre se révèlent toujours l'un à l'autre ; parce que...

Henri n'acheva pas, car, à ce moment, les doubles portes du boudoir crièrent légèrement sur leurs gonds, s'ouvrirent sans que personne parût, et laissèrent voir une toute petite salle à manger dont les murs étaient rehaussés de peintures écarlate et or ; un grand feu flambait dans une cheminée de marbre surchargée de fleurs qui mariaient leurs couleurs variées au feu des bougies qui étincelaient dans des candélabres de cristal.

La table avait surgi par un plancher mobile, comme on le pratiquait alors, et deux petites consoles chargées de tout ce qui était nécessaire au service de la table évitaient l'ennui d'avoir des laquais.

— Je vais te faire un aveu bien pénible, — dit Henri d'un air honteux en se mettant à table tout près, tout près de Cécile; — c'est que j'ai un appétit dévorant.

— Et moi, — reprit Cécile d'un air plus honteux encore, — j'ose à peine dire que je meurs de faim.

— Oh! quel bonheur, Cécile!... Tiens, mets-toi là... près de moi... Vive Dieu! l'amour est une bonne chose, mais un souper recherché et l'amour sont deux bonnes choses...

Or, ils soupèrent, et, il faut l'avouer avec honte et rougeur, ils soupèrent, mais parfaitement bien. Ce qu'il faut encore avouer, c'est que, par cette maudite et fatale réaction du physique sur le moral, leurs yeux devinrent plus vifs, leurs joues plus roses; les lèvres de Cécile brillèrent d'un carmin plus vif, ses dents d'une blancheur plus éblouissante.

C'est que la teinte de mélancolie douce qui avait présidé au commencement de la soirée s'effaça devant un rire franc et redoublé; c'est qu'enfin, au moment où une pendule à musique annonça minuit, Henri s'écria : — Déjà minuit, Cécile!

Et à peine ce mot avait-il été prononcé, que les doubles portes du boudoir se fermèrent, et que la salle à manger fut déserte.

Scène troisième.

A peu près à la même heure, et pendant cette même nuit, une autre scène se passait à Nevers, dans un appartement occupé par M. de Saint-Cyr.

M. de Saint-Cyr a trente ans; il est blond, coloré, d'une taille élégante; il a de fort beaux traits, des yeux calmes, à fleur de tête, l'air noble et réservé, un abord grave et froid, et de la dignité jusque dans sa façon de prendre du tabac.

Il est minuit. M. de Saint-Cyr, en robe de chambre, vient de se faire rouler les cheveux par son laquais. Il le renvoie, s'assied près de sa cheminée, prend un portefeuille de satin vert brodé d'une guirlande de pensées et d'immortelles, en tire un paquet de lettres, les étale sur la table, et les lit avec recueillement.

Ce sont les lettres de Cécile.

— Et pas de réponse à mes deux dernières lettres, — dit M. de Saint-Cyr après avoir lu et relu son amoureuse correspondance. — Singulière femme... oui, singulière; car au milieu de cette facilité de mœurs qui nous envahit, en voilà une qui reste pure, une qui, à mon avis, a plus de mérite qu'une femme strictement vertueuse. Au moins, *ma* Cécile, oui, je puis dire *ma* Cécile ; au moins, ma Cécile combat, elle lutte... Oh ! qu'il y a de peine et de plaisir dans cette pensée : qu'elle m'aime, mais qu'elle aime plus encore la vertu !... Hélas ! c'est une de ces préférences qui charment, tout en vous désolant... Voilà bientôt six mois qu'elle agrée mes soins, et je n'ai pas d'autre témoignage d'amour que ses lettres... Que dis-je ?... misérable que je suis... pas d'autre ! Et n'est-ce pas assez, mon Dieu ! que l'affection sincère de cette femme adorable et adorée ?... Pas d'autre témoignage... et que voudrais-je donc ?... infâme que je suis ! la déshonorer, l'avilir à ses yeux ; la forcer à rougir devant son mari ; l'exposer à souffrir d'affreux remords ! et pourquoi ?... Pour m'avoir donné les droits que donne une possession brutale, tandis que je goûte sans crime les plus ineffables jouissances en me disant : — Elle est pure, elle est vertueuse, elle est digne de son époux et de moi ! Cet amour qui nous unit échappe aux censures de ce monde, parce qu'il n'est pas de ce monde ; amour chaste, amour noble et élevé, auquel on sourit avec tant d'orgueil, parce qu'on lui a sacrifié toutes les basses et misérables pensées matérielles... amour...

Malheureusement ce touchant monologue fut interrompu par le bruit d'une chaise de poste qui s'arrêta à la porte de l'hôtel, et par l'arrivée subite du laquais de M. de Saint-Cyr, qui, pâle comme un mort, n'eut que le temps de lui dire : — Voilà M. le baron de Cernan, il est derrière moi.

A ces mots, les lettres rentrèrent dans le portefeuille vert comme par enchantement ; et quand M. de Cernan se présenta dans la chambre, il trouva M. de Saint-Cyr froid et calme, debout devant sa cheminée.

M. DE SAINT-CYR. A quel heureux hasard dois-je la visite de monsieur de Cernan ?

LE BARON DE CERNAN. Veuillez, je vous prie, monsieur, faire retirer vos gens. (Sort le laquais.)

M. DE SAINT-CYR. Vous arrivez par une nuit affreuse, monsieur ; il faut qu'un motif d'une grande importance...

LE BARON DE CERNAN. D'une grande importance, en effet, monsieur... Mais, tenez, abrégeons les formalités et parlons franc, monsieur : vous avez écrit à ma femme, elle vous a répondu... je sais tout.

M. DE SAINT-CYR. Monsieur...

LE BARON DE CERNAN, *lui montrant un paquet.* Il est inutile de le nier, monsieur, voici vos lettres.

M. DE SAINT-CYR. Je conçois maintenant le but de votre visite, monsieur, je suis et serai à vos ordres quand il vous plaira.

LE BARON DE CERNAN. Écoutez-moi, monsieur. Hier, ma femme, en apprenant que j'allais bientôt partir pour l'Amérique, s'est jetée à mes pieds; elle ne pleurait pas, mais ses traits bouleversés, sa pâleur, son agitation, m'apprirent qu'un secret important allait m'être révélé. En effet, monsieur, elle m'a tout dit, et ses remords et ses craintes; elle m'a tout dit, monsieur; elle m'a donné vos lettres; elle m'a supplié de partir à l'instant, de vous les remettre, de vous redemander les siennes, et de l'arracher ainsi au danger qu'elle pouvait courir pendant mon voyage, me demandant par grâce de s'enfermer dans un couvent durant le temps que je resterais en Amérique. Vos lettres, je les ai lues, monsieur; quelque amère que soit une pareille découverte aux yeux d'un mari, j'y ai puisé un grand soulagement, monsieur, en voyant que ma femme était encore pure; en voyant que, loin d'abuser d'un ascendant fatal, vous aviez, au contraire, affermi Cécile dans l'amour de ses devoirs, vous contentant d'une affection pure et désintéressée. Avec un autre homme que vous, monsieur, la marche était simple : je devais venir ici vous insulter et vous couper la gorge, ou me faire tuer par vous; avec vous, monsieur de Saint-Cyr, j'agis autrement : voici vos lettres (*le baron les jette au feu*), j'ose espérer maintenant de votre loyauté un pareil sacrifice.

M. DE SAINT-CYR. Votre procédé est trop noble, monsieur, pour que je ne réponde pas à une façon d'agir aussi flatteuse qu'elle est honorable pour moi : voici les lettres de madame de Cernan. (M. de Saint-Cyr jette au feu les lettres de Cécile.)

LE BARON DE CERNAN. Maintenant, monsieur, je vous remercie de la noblesse de vos procédés, que j'apprécie bien; car les hommes comme vous deviennent rares, monsieur.

M. DE SAINT-CYR. C'est entre nous à la vie à la mort, monsieur (*il tend la main au baron*); accordez-moi votre amitié, monsieur, j'en suis digne, et j'espère m'en montrer plus digne encore. (*L'amant et le mari s'embrassent avec effusion.*)

LE BARON DE CERNAN. Maintenant, monsieur, recevez mes adieux.

M. DE SAINT-CYR. Par cet épouvantable temps... vous n'y pensez pas... demain il sera temps...

LE BARON DE CERNAN. Demain... monsieur !... demain... et ma femme, et *ma* Cécile qui m'attend !... demain... et ses angoisses, monsieur !... demain... et à cette heure n'est-elle pas échevelée, désolée, pleurant, en songeant aux suites de cette entrevue, pensant peut-être, la malheureuse, que nous sommes sur le point de nous entr'égorger !

M. DE SAINT-CYR. Je conçois votre impatience, monsieur ; j'entends les chevaux qui arrivent, encore une fois adieu... adieu.

LE BARON DE CERNAN. Adieu, monsieur de Saint-Cyr ; je vais, en vous quittant, vous dire une chose qu'un aussi galant homme que vous comprendra. Demain vous viendriez à Paris, que je vous présenterais à madame de Cernan, sûr que, pendant mon absence, elle ne pourrait avoir de mentor plus sûr, d'ami plus digne de ma confiance et de mon estime.

M. DE SAINT-CYR, avec une admirable expression de conscience et de dignité. J'y aurais compté... monsieur.

LE BARON DE CERNAN, l'embrassant. Toute votre conduite est dans ce mot-là, *Saint-Cyr*.

M. DE SAINT-CYR, l'embrassant encore. Vous m'avez compris, *Cernan*... (Le baron sort ; la chaise de poste roule sur la route de Paris.)

M. DE SAINT-CYR, seul. Et voilà comme, grâce à une conduite honnête et loyale, une liaison qui pouvait amener la mort et le désespoir de trois personnes, raffermit davantage les liens d'honneur et de probité qui les unissent... Comparez donc cela à un amour criminel !... Allons... quoi qu'on dise, la vertu est une belle et honorable chose : en voici la preuve.

Et M. de Saint-Cyr dormit comme un juste qu'il était.

A la fin de cette nuit si diversement employée, sur les six heures du matin, la porte de la petite maison du comte de Vaudrey s'ouvrit mystérieusement, et Cécile, prudemment enveloppée, monta dans un fiacre.

Le baron arriva de Nevers à onze heures du matin et embrassa joyeusement sa femme, qu'il trouva pâle, abattue, comme il s'y attendait bien.

LIVRE IV

XXIII

> L'homme s'élève au-dessus de la terre sur deux ailes : la simplicité et la pureté. La simplicité doit être dans l'intention, et la pureté dans l'affection.
>
> *Imitation de Jésus-Christ*, liv. II, ch. IV.

> ..... Et s'il a une piété fervente et une grande vertu, il lui manque encore beaucoup, il lui manque une chose souverainement nécessaire.
>
> — Qu'est-ce donc ?
>
> — C'est qu'après avoir tout quitté il se quitte aussi lui-même, et se dépouille entièrement de l'amour de soi.
>
> C'est, enfin, qu'après avoir fait tout ce qu'il sait devoir faire, il pense encore n'avoir rien fait.
>
> *Imitation de Jésus-Christ*, liv. II, ch. XI.

LES DEUX FRÈRES

Rien n'était changé dans la petite maison de Saint-Rénan, demeure tranquille et modeste des deux frères. C'était la même solitude, le même calme. Sulpice s'était remis à l'habitude de ses soins domestiques, qui avaient un peu souffert de l'absence de Rumphius ; car, pendant le séjour de l'astronome à Paris, le pauvre Sulpice était resté dans un état inaccoutumé d'apathie et de torpeur.

Ces détails minutieux du ménage, auxquels il se livrait avec tant de bonheur, dans l'espoir d'être utile à son frère, il les négligea dès qu'il ne s'agit plus de Rumphius. Vivant de quelques fruits, passant la plus grande partie de la journée à pleurer dans la chambre de l'astronome, le malheureux Sulpice traîna si douloureusement sa vie pendant sa séparation d'avec Rumphius, qu'à bien dire, ces quinze jours ne pouvaient compter dans son existence ; car, nous l'avons dit, épargner a son frère la moindre peine, tel était le but constant que se proposait Sulpice. Or, ce but étant, pour ainsi dire, l'âme qui animait le corps de ce bon frère, une fois l'âme partie, le corps restait inerte et comme sans vie.

Mais aussi, quels transports, quelle joie lors de l'arrivée de Rumphius, qui était revenu à Saint-Rénan depuis deux jours ! Il fallait voir comme Sulpice considérait son frère avec attendrissement, avec admiration; osant à peine lui parler, car il connaissait les accès de mutisme de l'astronome, mais le couvant des yeux, mais tâchant de lire sur ses traits si ce voyage l'avait fatigué, si les résultats en étaient satisfaisants pour lui !

Il fallait voir avec quel bonheur intime et profond Sulpice prépara le premier repas que fit son frère; quelle activité, quelle promptitude dans le service !

Et, chose bizarre, incompréhensible, pour la première fois Rumphius parut s'apercevoir de tout ce que son frère faisait pour lui, et, chose plus extraordinaire encore, Rumphius, dérogeant à son habitude, ne chercha pas à soulever la moindre contradiction, et passa la soirée de son arrivée sans taquiner Sulpice.

Sulpice, prenant cette quiétude, ce calme inusité pour le résultat de la fatigue du voyage, ne s'en effraya que médiocrement ; mais le lendemain, trouvant la même bienveillance chez l'astronome, ne lui entendant pas dire un mot aigre ou désagréable, ou lui poser une question ambiguë et embarrassante, Sulpice crut Rumphius sérieusement indisposé, et commença de s'inquiéter.

Il se proposa donc d'interroger son frère sur sa santé, si, le troisième jour, les mêmes symptômes se manifestaient. Ils se manifestèrent.

Et nous sommes arrivés à ce troisième jour.

C'était après le frugal repas des deux frères. Rumphius paraissait plus absorbé que de coutume, lorsque, sortant tout à coup de sa rêverie, et s'adressant à Sulpice : — Enfin, nous voilà réunis, — lui dit-il avec un profond soupir.

— Oh ! oui, mon frère, bien heureusement réunis, réunis pour ne plus nous quitter, n'est-ce pas, mon frère ? — répondit Sulpice. — Car si vous saviez combien j'étais malheureux loin de vous ! Et pourtant je m'en voulais d'être malheureux, puisque ce voyage vous plaisait, mon frère... Mais pardonnez-moi cet égoïsme, je ne pouvais m'empêcher de souffrir. Oh! vrai, mon frère, vous devez me pardonner, car j'ai bien souffert loin de vous, et je vous aurais eu bien vite rejoint, si vous ne m'aviez pas ordonné de rester ici... tout seul.

Et les yeux de cette pauvre et bonne créature se remplissaient encore de larmes au seul souvenir de ces jours si longs, si tristes, si décolorés, qu'il avait ainsi passés.

— Mon bon Sulpice! — dit Rumphius attendri. Car, même pour une âme desséchée par l'analyse, comme l'était celle de Rumphius, la position était cruelle.

L'astronome avait promis au comte d'aller avec lui dans l'Inde; pour rien au monde il n'eût sacrifié ce voyage. Seulement, malgré son égoïsme et son mépris philosophique pour la nature bornée de Sulpice, Rumphius se trouvait fort ému en se voyant au moment de faire cette confidence à cet être si inférieur et si bas placé, qu'il dominait pourtant de toute la hauteur de son intelligence et de son savoir.

Et cette crainte était naturelle, car jamais la science d'un Newton, le génie d'un Bonaparte, la puissance d'un Louis XIV, ne mettront un homme à l'abri de l'espèce de trouble et d'admiration qu'impose le placide rayonnement d'une âme pure et sereine, d'une âme d'enfant, qui trouve des armes si puissantes dans sa résignation, une supériorité si immense dans son naïf dévouement.

— Mon bon Sulpice, enfin nous voilà donc réunis; ne pensons plus à tout cela, — répéta machinalement Rumphius, qui n'osait toujours pas apprendre à son frère la fatale nouvelle.

— Oh! mais, mon frère, mon chagrin est oublié maintenant; je ne parle de cela que parce que je suis bien heureux, — dit Sulpice, — oh! bien heureux, car d'ici à bien longtemps vous ne me quitterez plus, n'est-ce pas, mon frère? puisque voilà M. le comte de Vaudrey, votre protecteur, qui va s'embarquer à Brest; et il se passera sans doute bien du temps avant qu'il revienne, or, bien du temps aussi, avant que nous soyons séparés de nouveau, n'est-ce pas, mon frère?...

— Oui, sans doute, Sulpice, il part pour l'Inde... Ah! voilà un beau voyage!

— Oh! certainement, un beau voyage, — reprit Sulpice avec sa soumission ordinaire.

— Un voyage comme j'en aurais désiré faire un, si j'avais été plus jeune. Mais bah! à mon âge, il n'y faut plus penser,

— reprit Rumphius, qui ne brillait pas dans l'art d'arriver à son but par des transitions ménagées.

— Oh! sans doute, mon frère, vous avez bien raison de n'y pas songer.

— Je n'y pense pas non plus, Sulpice; je dis seulement que c'est un beau voyage. Jugez donc, voir de ses yeux ce que les livres apprennent si imparfaitement; voir des brahmes et converser avec eux sur le *Nity Hocas*, ou science morale de la religion hindoue! Voir les sacrifices des brahmes, *Vanaprasty*, dont nous avons une idée si incomplète, et le sacrifice de l'*Ékiam!* et le petit *Ékiam!* et le grand *Ékiam!* et les légendes sanscrites! et les géants ennemis des *Vanaprastas!!!*

Or, Rumphius s'animait graduellement à ces citations; peu à peu son ardeur pour la science se réveillait, et le rendait de plus en plus insensible à la crainte de blesser son frère au cœur en lui révélant ses projets d'une manière si inattendue.

— Enfin, — reprit Rumphius avec une exaltation croissante, — enfin voir de mes yeux, comme je vous vois, Sulpice, voir et entendre un vrai brahme, un brahme en chair et en os, pratiquer le *Sandia!* le voir, avec le pouce et l'index, se presser les deux narines, prononcer six fois le mot *Ron* en retenant sa respiration, pensant au feu, et, par là, brûlant symboliquement son corps! Comment, Sulpice, vous ne m'enviez pas?... vous ne concevez pas mon bonheur?... Je vais lire dans le *Talmuth*... pénétrer le mythe des symboles!... savoir le sens allégorique que cache, entre autres, cette fiction du géant *Ravana* qui avait les poils du corps semblables à des arbres de haute futaie, et qui, étant en guerre avec quelques dieux, attacha un gros rocher à chacun de ces poils; de sorte que, s'avançant ainsi équipé au milieu de l'armée ennemie, il ne fit que se secouer comme cela, brrr..., et, par ce mouvement violent, fit voler à droite et à gauche tous ces rochers, qui tombèrent dru comme grêle et écrasèrent ses ennemis jusqu'au dernier!... Mais qu'est-ce que cela auprès de l'espoir de pénétrer le symbole de Rama, qui avait dix têtes et trois cent soixante-cinq bras?... Penser que je pénétrerai ceux-là et encore bien d'autres... cela ne vous ravit pas, ne vous fait pas trépigner de joie?... L'idée de mon voyage ne vous transporte pas?...

— Mais je ne vous comprends pas, mon frère, — dit Sulpice.

— Au fait, c'est vrai. Eh bien, puisque après tout il faut en finir par là,— dit Rumphius d'un air de résolution désespérée, — M. le comte de Vaudrey m'a proposé de l'accompagner dans l'Inde ; j'ai accepté, et dans huit jours j'irai le rejoindre à Brest pour partir avec lui...

A cette nouvelle si imprévue, si accablante, le sang de Sulpice ne fit qu'un tour ; il devint pâle comme la mort et balbutia, les yeux noyés de larmes, avec un accent déchirant :

— Partir !... mon Dieu ! partir ! mon Dieu ! et moi, mon frère !...

Et il était à genoux devant Rumphius, dont il pressait les mains.

— Vous?... eh bien, vous, — murmura Rumphius, — vous m'attendrez ici... vous m'avez bien attendu quinze jours, et vous n'en êtes pas mort...

— Mais c'est impossible, cela... c'est impossible... Partir seul... cela ne se peut pas, mon frère, — dit Sulpice à mains jointes.

— Cela est possible, car ce sera ; et ce sera, parce que je vous l'ordonnerai !... Après tout, je n'ai pas besoin de vous, — dit Rumphius d'un ton qu'il voulait rendre dur et que l'émotion de sa figure démentait.

A ces mots cruels, Sulpice se releva droit, noble et calme... il essuya ses larmes, et, pour la première fois de sa vie, il dit avec une fermeté extraordinaire, qu'on ne pouvait attendre d'un homme toujours si timide et si soumis : — Que vous le vouliez ou non, si vous allez dans l'Inde, mon frère, je vous y suivrai...

— Quelle folie ! — dit l'astronome.

— Il ne faut pas appeler cela une folie, mon frère, entendez-vous ! — et la voix de Sulpice devenait presque menaçante ; — ce n'est pas une folie, c'est un droit que j'ai acquis par un dévouement pour vous qui date de vingt ans ; c'est un droit que j'ai encore acquis en promettant à notre père mourant de ne jamais vous quitter... et je suis décidé à user de ce droit, entendez-vous, mon frère?

Rumphius se tut, ne pouvant supporter le regard imposant, presque inspiré, de Sulpice, qui reprit avec une animation croissante : — Comment, mon frère, vous avez cru que vous sachant au milieu des mille dangers d'un voyage, je resterais ici à faire des vœux stériles pour vous ! Vous avez cru que lorsqu'ici, à terre, dans cette solitude, c'est à peine si je puis parvenir à ce qu'aucune privation, aucune imprudence ne vienne attaquer votre santé ou vous déranger de vos travaux, vous avez cru que j'irais vous laisser seul, dans un vaisseau, parcourir des pays étrangers, vous occuper de détails dont vous n'avez pas même l'idée!... Et qui donc vous soignerait, mon frère? et qui donc vous guiderait? et qui donc vous mettrait le pain à la main et le verre à la bouche? et qui donc viendrait, pendant ces nuits où vous restez quelquefois demi-nu à observer les astres, qui viendrait donc vous préserver du froid? Comment, vous avez cru cela, mon frère! Vous avez pu croire que, vous sachant perdu au milieu d'une existence si nouvelle pour vous, je vous laisserais seul! Non! non! que vous y consentiez ou non, encore une fois, je vous suivrai. Écoutez donc, mon frère : moi, je n'ai pas mis ma vie dans la vôtre pour voir anéantir dans un jour le fruit de vingt années d'affection fraternelle; je vous suivrai. Encore une fois, que vous le vouliez ou non, je vous suivrai, mon frère !

Ce langage simple, ferme et noble, confondit Rumphius. Le savant était terrassé; il faisait pitié à voir, il balbutiait comme un écolier pris en faute. Enfin, ne sachant que dire et que répondre, il pensa à invoquer la médiation d'Henri, et répondit à son tour d'une voix soumise et émue : — Mais je ne sais pas, moi, si M. le comte de Vaudrey voudra bien consentir à ce que vous me suiviez, Sulpice.

— S'il y consentira, mon frère! vous en doutez? c'est faire injure à ce seigneur. Oh! je vous promets, moi, qu'il y consentira, quand je lui dirai : Monsieur le comte, mon frère ne peut pas plus se passer de moi qu'on ne se passe de mains pour toucher ou d'yeux pour voir. Pendant que mon frère pense, moi j'agis pour lui. C'est un savant précieux pour son pays, monsieur le comte, et pour qu'il puisse se consacrer tout entier aux sciences qui le réclament, il faut que sa vie soit dégagée de tous ces misérables soins matériels qui le troubleraient dans ses travaux : qui donc mieux que moi pourrait remplir ce devoir près de lui? qui oserait me disputer cette tâche? Après cela, monsieur le comte, je ne vous demande que d'être avec mon frère, voilà tout; d'être dans le même vaisseau que lui, le reste m'est égal; vous me confondrez avec vos matelots, vous me traiterez comme eux; ce que je veux, monsieur le comte, c'est d'être avec mon frère, et cela, vous ne pouvez me le refuser, vous ne me le refuserez pas.

— Dame... alors vous vous chargerez de le lui demander,

Sulpice, — dit Rumphius ; — quant à moi, je ne m'en mêle pas.

— Oh! laissez-moi faire, mon frère; tout ce que je voulais, c'était votre approbation à vous, — dit Sulpice, tout heureux de l'agrément de l'astronome et redevenant humble et soumis.

Car, par un singulier phénomène psychologique, cette exaltation passagère à laquelle Sulpice avait dû son éloquence disparut dès que son but fut rempli.

Oui, c'était une de ces subites et incompréhensibles révélations de l'esprit, de l'âme ou de Dieu, qui vous indiquent, comme moyen infaillible de réussite, le parti le plus opposé, le plus contrastant avec votre caractère et votre façon d'être habituelle.

Et cette influence supérieure et occulte est si puissante, qu'elle vous donne, non-seulement l'idée, mais la force, mais le pouvoir de venir à vos fins; et puis, le terme atteint, elle se retire, elle s'efface, elle devient presque un rêve, même pour celui qui a pourtant éprouvé son action d'une manière si intime et si probante.

Pénétrer ce mystère, chercher le lieu où naît cette idée, la cause qui l'inspire, serait s'égarer dans le dédale de la métaphysique la plus embrouillée. Contentons-nous donc de dire qu'après cette scène le bon Sulpice redevint ce qu'il avait toujours été, calme, patient, négatif; que Rumphius, débarrassé de ce secret qui lui pesait, redevint, lui, rêveur, taquin, disputeur comme d'habitude, et que la vie régulière des deux frères ne fut un peu changée que par les préparatifs de départ et de voyage, que Sulpice fit avec sa patience, son exactitude et ses soins ordinaires.

Trois jours après, Rumphius reçut une lettre de Paris ainsi conçue :

« Monsieur,

» Monsieur le comte mon maître me charge d'avoir l'honneur de vous prévenir qu'il sera à Brest le surlendemain du jour où vous recevrez cette lettre, et qu'il désire que vous fassiez tous vos préparatifs le plus tôt possible; car monsieur le comte veut partir de Brest dans les premiers jours de janvier au plus tard.

» J'ai l'honneur d'être, etc., etc.

» Germeau,
» Valet de chambre.

» Décembre 1780. »

Puis, au bas de la lettre, ces mots écrits à la hâte, de la main d'Henri :

« Dépêche-toi d'arriver, mon bon Rumphius, une diable d'aventure m'oblige à partir sous le plus bref délai. »

— Une diable d'aventure? — dit Rumphius tout pensif. — Ah! j'y suis, ce sera son duel avec M. le baron de Cernan; ils devaient se battre le lendemain de mon départ... Et moi qui ai oublié d'être inquiet...

— Se battre, mon frère! Ah! mon Dieu, s'il allait être tué...

Dans cette exclamation involontaire du doux Sulpice devait pourtant se trouver le germe de cette homicide pensée : — S'IL ÉTAIT TUÉ, *mon frère me resterait, et éviterait les dangers au-devant desquels il court peut-être.*

Toujours est-il que Rumphius répondit : — Blessé... cela pourrait bien être : car le baron était outré.

— Pourquoi donc cela, mon frère? — demanda Sulpice.

— Oh! pour des raisons que vous ne pouvez savoir, — répondit Rumphius avec cet air de fatuité mystérieuse que prend un enfant de quinze ans en répondant à un curieux de douze ans au sujet d'une indiscrète question *sur les femmes.*

Deux jours après, les deux frères arrivèrent à Brest, suivis de leur mince bagage, et la petite maison de Saint-Rénan resta confiée aux soins d'une vieille femme.

Sulpice essuya bien en secret quelques larmes que lui arracha le souvenir des jours qu'il avait passés dans cette retraite; mais il n'en dit rien à son frère, et tâcha même de paraître plus gai qu'il ne l'était d'habitude.

XXIV

Il y a parmi eux des hommes très malheureux, que personne ne console, ce sont les maris jaloux ; il y en a que tout le monde hait, ce sont les maris jaloux ; il y en a que tous les hommes méprisent, et ce sont encore les maris jaloux.

MONTESQUIEU, *Lettres persanes*, I, LV.

Cecy est digne d'estre considéré, que nostre nation donne à la vaillance le premier degré des vertus.

MONTAIGNE, liv. II, ch. VII.

BREST

En 1780, comme en 1830, ç'a toujours été une existence assez monotone que la vie d'un officier de marine dans un port militaire.

Mais c'est surtout pour ceux qui, étrangers à la ville, n'y ont aucune relation de famille, que les jours se traînent longs et ennuyeux ; car il y a même peu de distractions à chercher dans ce qu'on appelle la *société*, cette société, comme toutes les sociétés de province, n'étant amusante que pour ceux qui, vivant sans cesse dans son cercle, peuvent être au fait des sempiternelles médisances, plaisanteries ou rivalités sur lesquelles pivotent ordinairement les beaux esprits de l'endroit. Mais, au résumé, tout cela doit paraître assez sot à un pauvre diable qui arrive de Versailles, de Paris ou du Chili. Aussi a-t-il à choisir entre la bière et la fumée des estaminets, les faussets d'un pitoyable théâtre, et les charmes de la solitude la plus complète.

Or, trois des officiers de la frégate *la Sylphide*, que commandait le comte de Vaudrey, auraient eu à faire ce choix embarrassant, car ils étaient totalement étrangers à Brest, s'ils n'avaient pas eu la lumineuse idée de se réunir tous les soirs chez l'un d'eux, et d'improviser ainsi un petit Paris sous le ciel brumeux de la Bretagne.

De cette façon, ils vivaient de leurs mutuels souvenirs, se communiquaient les lettres qu'ils recevaient de la cour, et refaisaient ainsi un peu de cette bonne existence de Paris et de Versailles après laquelle ils soupiraient si vivement.

Ces trois intimes, comme on les appelait, étaient le marquis de Miran, le chevalier de Monval, tous deux enseignes de vaisseau, et le baron de Saint-Sauveur, garde du pavillon, faisant à bord le service d'officier.

Chaque soir, après dîner, ils se rassemblaient chez l'un d'eux, et là, auprès d'un bon feu bien flambant, devant lequel frémissait une immense bouilloire d'eau chaude destinée à parfaire le punch, le café ou le thé (dont l'usage commençait à se répandre dans l'aristocratie), les trois gentilshommes causaient longuement de voyages, de combats, de Versailles, de Paris, de femmes, jouaient quelque peu, ou se lisaient les lettres qu'ils recevaient de leurs nombreux correspondants.

Les trois amis se réunissaient ce soir-là chez le marquis de Miran.

Le chevalier de Monval était arrivé ; ils n'attendaient plus que le baron de Saint-Sauveur.

L'appartement de M. de Miran se composait de trois de ces grandes pièces *garnies* qui ont un caractère si particulier et si triste à mon avis.

Les deux jeunes gens s'étaient établis dans la moins vaste de ces chambres, qui avait la prétention d'être un salon ; mais grâce à un immense feu bien pétillant, à un épais tapis, et à de grands rideaux qui cachaient les fenêtres, on pouvait encore là passer une soirée d'hiver, étant bien étendu sur un des trois larges canapés qui ornaient cette pièce, et humant de temps à autre un verre de punch brûlant ou une tasse de thé de caravane.

— Que diable peut donc faire ce fou de Saint-Sauveur pour arriver si tard?—dit Monval ;—pour Dieu, qu'il ne nous manque pas, nous sommes à court de nouvelles, et nous comptons sur lui pour en apporter.

— En effet, Monval, — dit M. de Miran, — c'est un mauvais courrier que celui d'aujourd'hui; et pour nous refaire, il a fallu passer dix heures à l'arrimage de cette maudite frégate.

— Sans compter la fatigue mortelle d'avoir sans cesse ce diable de lieutenant sur nos talons, — dit Monval.

— Oh! pardieu, le *bleu*[1] qu'il est! — reprit Miran, — il

---

[1] La marine se distinguait alors en marine bleue et rouge. Les officiers de

tient à prouver qu'il sait son métier, ce que personne ne lui conteste. Mais il y a chez cet homme-là une brutalité et une insolence de manières qu'il ne porte heureusement que dans le service; car, sans cela, mon cher, il y aurait du sang de répandu.

— Bah! — dit Monval, — il est à moitié fou; il faut s'en amuser; moi, au contraire, je mets une soumission dans le service qui le désespère, et une fois hors de la frégate, je lui rends bien ses impertinences, à ce digne M. Thomas, que je soupçonne fort d'être au désespoir de ne s'appeler que Thomas, quoique lui et son ami Gédéon, notre digne docteur, ne cessent de clabauder contre la noblesse.

— Gédéon! en voilà un qui est bête! — dit le marquis de Miran; — un imbécile qui... Mais j'entends Saint-Sauveur...

En effet, Saint-Sauveur entra.

Il pouvait avoir dix-huit ans; ses deux amis paraissaient un peu plus âgés.

— Bonjour, — cria Saint-Sauveur en entrant; — bonjour et bonne soirée : j'ai des lettres!

— Bravo! voyons.

— Non. Auparavant donne-moi une robe de chambre, Miran. Comme M. Jourdain, je crois que je lirai mieux en robe de chambre.

— Allons! tiens, fou que tu es! — dit son hôte en lui jetant ce vêtement, qu'il prit dans une garde-robe.

Saint-Sauveur dépouilla son habit bleu galonné d'or à la Bourgogne, garda sa veste, sa culotte et ses bas écarlates (écarlates parce que les gardes du pavillon faisaient partie de la maison du roi), dégrafa son ceinturon de daim, jeta son épée sur une table, passa la robe de chambre, s'allongea commodément sur un canapé, et dit enfin à ses deux amis, qui attendaient la fin de son installation avec une avide curiosité:

— Mes amis, j'ai des lettres de Paris, et entre autres une du marquis de la Jaille, de l'ami intime de notre futur commandant.

— C'est parfait; lis-nous cela...

— Je crois bien que c'est parfait, car il s'agit d'une aventure

la marine rouge étaient ordinairement de la noblesse, et sortaient des gardes-marine; les officiers bleus ne servaient que comme auxiliaires, et sortaient de la marine marchande.

des plus bizarres; c'est tout un roman, dont le dénoûment est l'arrivée prochaine du comte de Vaudrey.

— Mais lis donc, maudit bavard, — crièrent les intimes.

— M'y voici. Écoutez donc bien ce que m'écrit la Jaille :

« Vous vous plaignez ordinairement de ce que mes lettres sont courtes, mon ami; en voici une qui, je crois, ne m'attirera pas le même reproche. Je serai prolixe, car il s'agit d'un de mes amis les plus intimes, sous les ordres duquel vous allez vous trouver, et je n'ai rien voulu omettre d'une aventure que l'envie et la médisance s'efforceront, j'en suis sûr, de faire tourner contre mon excellent et digne ami, le comte Henri de Vaudrey. Voici le fait.

» Je vous ai raconté, dans mes lettres précédentes, la plaisanterie si originale que Vaudrey fit à cette duchesse espagnole, son déguisement, son séjour dans une tour isolée, sa plaisanterie fort innocente d'abord, et qui, au grand regret de mon ami, je vous l'assure, a fini d'une façon plus sérieuse. Mais aussi, qui diable pouvait s'attendre à voir, de nos jours, une femme pousser les choses aussi loin et être assez enfant pour mourir d'amour? Que voulez-vous! c'est un malheur; mais vous m'avouerez qu'il était impossible à Vaudrey de le prévoir.

» Comme vous pensez bien, cette aventure a mis Vaudrey plus à la mode que jamais, et au nombre des femmes qui l'ont occupé, je citerai madame la baronne de Cernan, que vous avez vue, je crois, chez madame la princesse de Lorraine, d'où elle n'a bougé pendant quelques mois. »

— Pardieu! je la connais aussi, — dit Monval : — une bien jolie femme; mais d'une épouvantable pruderie, m'avait-on dit... Ah! elle aussi... Tiens... tiens... tiens... si j'avais su cela!

— Tais-toi donc, — dit Miran.

Saint-Sauveur continua :

« Il paraît qu'un M. de Saint-Cyr, lieutenant-colonel au régiment de Bourgogne, rendait aussi ses soins à madame de Cernan, qu'elle recevait même ses lettres, mais que lui, pas plus que d'autres, n'en avait rien obtenu; enfin c'était, dit-on, du platonisme le plus pur. »

— Et tu veux que je ne méprise pas souverainement l'infanterie! — s'écria Monval.

— Encore une interruption, et je cesse de lire, — dit Saint-Sauveur, qui continua :

« Je ne sais ni pourquoi ni par quel moyen Vaudrey éloigna le mari et l'envoya trouver M. de Saint-Cyr à Nevers, où ce dernier tenait garnison ; mais ce qu'il y a de certain, ce qui est maintenant connu de tout Paris, c'est que pendant le temps que le mari et l'amant platonique se disaient je ne sais quoi à Nevers, le comte passa toute une nuit avec la baronne dans sa petite maison. »

— Bravo! — cria Monval, — voilà une bonne leçon pour l'infanterie platonique...

« Par un hasard inconcevable, — reprit Saint-Sauveur, — quoique les précautions minutieuses que le comte et la baronne avaient prises parussent devoir ensevelir cette aventure dans le plus profond secret, deux lettres anonymes, lancées, on le suppose du moins, par la marquise de Vaillé, qui s'était vue sacrifiée par Henri à madame de Cernan, apprirent à M. de Saint-Cyr et à M. de Cernan qu'on les avait joués tous deux, et que pendant le voyage du mari à Nevers sa femme s'était donnée à Vaudrey. Le fait fut affirmé par une des femmes de la baronne, qui jusque-là avait paru dévouée à sa maîtresse, mais qui, probablement corrompue par les infâmes qui avaient machiné toutes ces horreurs, avoua tout au baron.

» Jusqu'ici, mon ami, je n'ai rempli que le rôle de narrateur, voici comment je suis devenu acteur dans cette tragi-comédie.

» Il y a trois jours, je reçus un mot d'Henri, qui me priait instamment de passer à l'hôtel de Vaudrey. J'y courus, et je le trouvai assez agité. — Je t'attendais, me dit-il, car me voici une pitoyable affaire sur les bras. Pour moi, ça m'est égal ; mais c'est cette pauvre madame de Cernan qui sera désolée. Enfin, n'importe, je t'ai écrit pour te prier d'être un de mes seconds, Crussol sera l'autre. Je me rencontre ce matin à la porte Maillot avec MM. de Cernan et de Saint-Cyr. — Deux duels à la fois ! lui dis-je ; mais la partie n'est pas égale. — Ce qu'ils appellent l'*offense* a été égal, mon cher, me dit Vaudrey : la réparation doit l'être aussi.

» Nous partîmes dans son carrosse, lui, moi, Crussol et son chirurgien.

» A la porte du bois, nous rencontrâmes nos adversaires,

M. de Cernan et MM. de Saint-Cyr et de Maupas, qui lui servaient de seconds.

» Nous payâmes largement les gardes, qui nous promirent le silence, et nous gagnâmes une allée assez épaisse.

» Son embonpoint excessif lui rendant l'escrime fort incommode, M. de Cernan avait choisi le pistolet. Lui et Vaudrey devaient marcher l'un sur l'autre, et tirer quand bon leur semblerait, mais ne pas s'approcher l'un de l'autre de plus de dix pas.

» On les plaça à vingt-cinq pas. Vaudrey était froid et calme comme d'habitude.

» M. de Cernan était fort pâle, et quoiqu'il fît un froid très vif, il suait à grosses gouttes.

» A peu près à quinze pas d'Henri, le baron tira son premier coup, et la balle effleura l'oreille de Vaudrey, qui riposta aussi, mais je jure sur l'honneur qu'il ne visa pas M. de Cernan. »

— Il était encore bon enfant, — dit le chevalier de Monval en interrompant la lecture.

Saint-Sauveur continua après un geste d'impatience :

« Lorsque les deux adversaires furent arrivés à dix pas l'un de l'autre, le baron tremblait si fort de colère, que son pistolet vacillait affreusement dans sa main. — Vous n'avez pas votre sang-froid, monsieur le baron, lui dit Henri ; veuillez vous remettre, j'attendrai. — Puis, s'adressant à M. de Saint-Cyr : — Si vous le voulez, monsieur, je suis à vos ordres, car j'ai aussi affaire à vous.

» Cette démarche si noble, si inattendue, si généreuse, nous stupéfia tellement, que personne ne répondit d'abord ; mais M. de Saint-Cyr, tout en remerciant Henri de la délicatesse de son procédé, ne voulut pas accepter sans le consentement de M. de Cernan.

» — Et moi je m'y oppose, — s'écria le baron furieux ; — le misérable ne mourra que de ma main ; encore une fois, je m'y oppose : Saint-Cyr *me le* tuerait peut-être !... — ajouta ce forcené.

» — Vous avez raison, monsieur le baron, chacun son bien, — dit tranquillement Henri ; — alors j'attendrai sans rien faire.

» Ces mots parurent redoubler la fureur du baron, mais en

même temps lui rendre tout son calme extérieur;. d'une, colère agitée, il passa à une rage froide; et son bras était tendu et roide comme une barre de fer, quand il dit à Henri avec un affreux sourire : — Allons, allons, monsieur, vous voyez que je ne tremble plus; mettez-vous donc là, que je vous tue.

» Henri ne répondit rien, me salua de la main, et regarda fixement le baron. Le coup partit; mais il n'atteignit pas Henri, qui tira, lui, comme la première fois, au hasard.

» Au lieu d'apprécier cette admirable conduite, le baron se jeta sur Henri, dans un accès de fureur indicible, et le frappa au visage en disant : — Ce n'est pas fini, entends-tu; je ne sortirai d'ici que mort ou t'ayant tué.

» Au geste du baron, connaissant la violence d'Henri, je crus M. de Cernan perdu. Vaudrey tenait encore à la main ses deux pistolets déchargés, il est vrai, mais qui pouvaient lui être une arme terrible.

» Je ne pourrais vous dire combien je fus stupéfié, mon ami, en voyant Henri rester presque calme; seulement je m'aperçus, à la contraction de ses joues, qu'il serrait violemment ses dents les unes contre les autres.

» Moi, Crussol et M. de Saint-Cyr, nous contînmes le baron, tout en lui reprochant ses épouvantables façons d'agir.

» — Monsieur le baron, — dit Henri avec son même sang-froid, — votre offense change nos rôles, ou du moins les égalise. Pour en finir, je vous propose de prendre deux pistolets, dont un seulement sera chargé; nous nous les appuierons sur la poitrine, et tout sera dit : car, en vérité, nous jouons là un jeu d'enfants, et nous abusons de la complaisance de ces messieurs.

» — J'accepte, — dit le baron.

» Notre intervention pour le détourner d'un pareil projet fut vaine.

» Ce qui avait été proposé par Henri fut fait; ils prirent chacun le bout d'un mouchoir entre les dents. Nous donnâmes le signal. Un seul coup partit, ce fut celui de Vaudrey. Le baron tourna une fois sur lui-même, étendit ses bras et tomba sur le côté sans pousser un cri; il était mort. »

— Diable! — dit Monval.
— Peste! — ajouta de Miran.

Saint-Sauveur continua :

« — Je te jure, la Jaille, — me dit Vaudrey extraordinairement ému, — que j'aurais tout donné au monde pour éviter cette affreuse nécessité : mais j'avais déjà ménagé deux fois la vie de ce furieux; je ne veux pas non plus me laisser tuer comme un chien, sans essayer au moins si le hasard ne me servirait pas.

» — Maintenant, je suis à vos ordres, monsieur, — dit Henri à Saint-Cyr.

» En vérité, mon ami, ce fut un cruel spectacle de voir ces deux hommes ferraillant auprès de ce cadavre. Après dix minutes de combat, M. de Saint-Cyr fut blessé et désarmé; il se déclara satisfait. On dit qu'il a quitté son régiment et qu'il se fait trappiste. La baronne de Cernan est retirée provisoirement dans un couvent.

» Voilà, mon ami, toute cette aventure; j'ai préféré vous la raconter dans ses moindres détails, afin de vous prémunir contre les bruits que la malveillance pourrait faire courir. Vous le voyez, il est impossible de mettre plus d'honneur, plus de délicatesse, plus de loyauté dans sa conduite, que n'en a mis Vaudrey, et pourtant l'envie a déjà tenté de flétrir un aussi beau caractère. Mais ces odieuses manœuvres ont échoué, à la confusion des méchants. Car je ne sais comment le bruit avait un instant couru que le comte était blessé dangereusement; eh bien, la cour et la ville ont été se faire écrire chez lui, et ç'a été presque un jour de fête quand on a su dans le monde qu'il n'y avait rien à craindre pour ses jours. Il a pris hier les ordres du ministre et de Sa Majesté. Le roi l'a congédié, un peu sévèrement, il est vrai, en lui disant : — C'est contre les ennemis de la France, monsieur, que nous voulons vous voir employer votre bravoure. Partez, monsieur, et que j'entende bientôt parler d'un de ces beaux faits d'armes auxquels vous nous avez habitués. C'est le seul moyen de nous faire oublier votre malheureuse aventure, et de rentrer dans nos bonnes grâces.

» Cette mercuriale ne doit point vous étonner. Le roi a une façon de vivre si austère, que la conduite de Vaudrey a dû lui paraître plus blâmable qu'elle ne l'est réellement.

» Adieu, mon ami : je vous félicite bien sincèrement de servir sous les ordres du comte, quoi qu'on en puisse dire; je lui ai parlé de vous, et l'ai présenté à votre père, pour lequel il a eu tant de prévenances et de coquetterie, que le vieux général en est maintenant fanatisé, et le cite à tout propos comme le modèle d'un parfait gentilhomme.

» Adieu encore, tout à vous,

» Marquis A. DE LA JAILLE. »

— Diable, — dit Miran, — notre futur commandant n'emploie pas mal son temps.

— Voilà pourtant qui est singulier, — dit Monval. — Parce que M. de Vaudrey, après avoir déshonoré M. de Cernan, l'a tué sans défense devant cinq personnes, il est fort excusé et fort excusable; tandis que s'il l'avait tué sans témoins, il serait regardé comme un assassin. Et pourtant le fait est absolument le même.

— Sans doute, — reprit Saint-Sauveur; — mais aussi, mon cher, nous vivons en société, nous ne sommes pas des sauvages.

— Après ça, — ajouta Monval, — M. de Cernan a pris la chose bien au sérieux.

— Écoute donc, — dit Miran, — je sais aussi bien vivre que qui que ce soit; mais à sa place, j'en aurais fait autant, non à cause de ma femme, mais à cause de cette mauvaise plaisanterie de m'envoyer à Nevers... par une pluie battante, pendant que... Diable !... il y a moyen de mettre des procédés partout.

— Mais enfin, que voulez-vous ! — reprit Saint-Sauveur. — On a une liaison; malgré le mystère qu'on y met, le mari le sait et s'en fâche : il vous tue ou on le tue. Cela a été, cela est, cela sera de tous les temps. On ne peut pas se faire moine, non plus.

— Pardieu ! — dit Miran ; — aussi je ne cherche pas à justifier M. de Cernan aux dépens de M. de Vaudrey.

— Eh bien, moi, — reprit Monval, — je suis plus sévère : je dis qu'il y a des torts des deux côtés.

— Mais aussi, toi, tu es un double Caton, — dit Saint-Sauveur.

Et les trois intimes finirent leur soirée en causant sur ce texte inépuisable, qui amena une foule d'anecdotes dont le récit varié les mena fort avant dans la nuit

XXV

> Si tu avais adopté ce genre de vie sauvage pour
> châtier ton orgueil, à la bonne heure ; mais tu ne
> l'as fait que par force. Tu serais un courtisan si tu
> étais pas un gueux.
>
> Shakspeare, *Timon d'Athènes*, acte IV, sc. III.

RECOUVRANCE

La ville de Brest était alors et est encore divisée en deux quartiers bien distincts, par le canal qui forme le port militaire et traverse l'arsenal.

Recouvrance, quartier ordinairement habité par les matelots, les bas officiers de la marine et les maîtres du cabotage, était un amas de maisons basses et sombres, de rues étroites, fangeuses, et de ruelles sans issues.

La rue des *Poutres* était une des rues les plus confortables de ce misérable quartier. Au milieu de cette rue on distinguait une petite maison basse, dont les volets, peints d'un joli vert, les murs blanchis, contrastaient, par une propreté splendide, avec les masures environnantes.

Cette maison était celle de madame Thomas, veuve de M. Thomas, premier maître des *canonniers bourgeois*, et mère de M. Jean Thomas, capitaine de brûlot, officier *bleu*, et lieutenant de la frégate *la Sylphide*, commandée, on le sait, par M. le comte de Vaudrey.

Il était environ deux heures de relevée, et la veuve Thomas, assise dans un grand et antique fauteuil de velours d'Utrecht gris à larges bandes rouges, lisait l'Imitation de Jésus-Christ avec un profond recueillement ; ses pieds étaient posés sur un petit tabouret de la même étoffe que le fauteuil. Un rouet et une quenouille, placés à ses côtés, indiquaient assez que cette pieuse femme venait d'interrompre son travail pour se livrer à cette sainte lecture.

La veuve Thomas avait bien soixante-dix ans. Selon la mode de Bretagne, elle était vêtue d'une robe de laine brune et coiffée d'un petit béguin de toile blanche qui entourait étroitément sa tête, et ne laissait apercevoir aucun de ses cheveux.

Sa physionomie douce et calme annonçait une âme résignée, et le jour qui tombait d'une fenêtre étroite à petits vitraux plombés, éclairait cette figure austère à la façon de Rembrandt.

Les murs de la chambre étaient nus, mais propres. Le plancher, soigneusement lavé et gratté, éblouissait par sa blancheur; puis, au fond de cette pièce, se dressait un de ces anciens lits, d'une largeur démesurée, à baldaquin, et à quatre rideaux de serge grise et rouge, comme le fauteuil; enfin, au-dessus d'une grande cheminée qui recevait un poêle, était un mauvais portrait de feu M. Thomas, en uniforme de maître canonnier, et au-dessous de ce tableau pendait une épée, droite et courte, à large poignée de cuivre, incrustée de deux ancres et de la couronne royale. C'était l'épée du défunt maître.

Bientôt la porte de la rue s'ouvrit; des pas retentirent dans l'escalier, et le fils de feu Yvon Thomas entra brusquement.

Jean Thomas était un homme de trente ans environ, de taille moyenne, à épaules larges et carrées. Sa figure n'avait rien de remarquable, qu'un plissement de sourcils prononcé. Ses sourcils étaient d'un blond ardent, ses yeux d'un bleu vert, et son visage, fortement coloré, annonçait un tempérament sanguin et vigoureux.

Jean Thomas, lieutenant de la frégate *la Sylphide*, était poudré et vêtu du petit uniforme de la marine, habit, veste et culotte bleus ornés d'un galon à la Bourgogne, bas blancs et larges boucles sur les souliers.

En entrant, il jeta son chapeau bordé sur une chaise, déboucla son ceinturon, ôta son épée, et s'approchant de sa mère, il lui dit d'une voix brève : — Bonjour, ma mère.

— Bonjour, Jean, — dit la veuve, qui, tenant son livre d'une main et ses lunettes de l'autre, paraissait inquiète du long silence que son fils venait seulement d'interrompre. — Bonjour, Jean, — reprit-elle. — Mais qu'as-tu donc encore?... A tes sourcils, je le vois... tu as de l'humeur.

— Oui, j'en ai, et j'ai le droit d'en avoir.

— Ah! mon cher fils, — dit la veuve en secouant la tête avec une expression de tristesse, — mon cher fils, vous serez toujours le même, jamais content du sort que le bon Dieu vous a fait.

— Eh! le bon Dieu... S'il y en a un, le bon Dieu ne s'inquiète ni de moi ni de vous, ma mère.

— Taisez-vous, Jean... taisez-vous, — dit la veuve en levant sa main d'un air d'autorité, — cessez de blasphémer ainsi, vous qu'il a comblé de ses dons, vous qui êtes arrivé par sa grâce à une position inespérée pour des gens de notre état... Souvenez-vous de cela, Jean... et remerciez Dieu.

Jean se leva les poings serrés, il était pourpre.

— Des gens de notre état... de notre état... Vous voilà bien... de notre état! Est-ce qu'un gentilhomme est fait autrement que moi?... est-ce que sa voix a plus que la mienne le don de charmer le vent ou de calmer la tempête? est-ce que, lorsque je dis à mes canonniers : « Feu! » mes boulets arrivent moins lourds et moins rapides dans le bâtiment ennemi que si c'était un gentilhomme qui eût commandé?...

— Qui vous dit cela, mon fils? de quoi vous plaignez-vous? Depuis que par votre courage vous êtes arrivé à un grade qui doit dépasser toutes vos espérances, n'avez-vous pas même des gentilshommes sous vos ordres?

— Oui, j'en ai... et, par le ciel! ils m'obéissent et ne disent mot.

— Eh bien, Jean!... que voulez-vous de plus?

— Mais vous me rendrez fou, ma mère : ce que je veux, c'est qu'ils m'obéissent sans avoir l'air de n'obéir qu'à mon grade... ce que je veux, c'est autre chose que cette soumission passive, froide, insolente, qui me dit assez qu'ils ne me considèrent que comme un parvenu, un intrus dans leur noble corps!...

— Vous parlez de folie, Jean, — dit sévèrement la veuve, — et vous avez raison; vous êtes un pauvre fou, un fou incurable, un fou rongé d'envie et de vanité : et c'est là, mon fils, une misérable folie; car, pénétrez-vous bien de ceci, Jean, vous seriez demain grand amiral de France, que vous n'en seriez pas moins fils de Thomas, maître des canonniers bourgeois; que vous ne pourriez pas oublier que votre grand-père vendait du poisson sur le port.

— Par le ciel! par le ciel! ne dites pas cela, ma mère...

— Et je veux vous le dire, moi, — reprit la veuve d'un air imposant, — et je veux vous rappeler sans cesse votre origine, aussi humble qu'elle est honnête, pour vous montrer combien sont vains et fous ces regrets qui vous empêchent de jouir de ce que vous avez, en vous faisant envier ce que vous n'avez pas, ce que rien au monde ne pourra vous donner : une origine noble.

— Moi !... moi !... envier la noblesse ! mais je la méprise souverainement, la noblesse ! mais c'est un mot creux, un préjugé stupide, bon à imposer aux sots et aux enfants ; la noblesse, voilà, pardieu, quelque chose de bien désirable ! des titres dus à la bassesse, à la prostitution ou à l'infamie !

— Taisez-vous, monsieur, taisez-vous, — dit vivement la veuve. — Allez ! vous montrez bien que l'envie est la mère de tous les vices, puisqu'elle vous entraîne jusqu'à l'ingratitude. N'est-ce pas à un des membres de cette noblesse que vous attaquez que vous devez ce que vous êtes ? n'est-ce pas aux bontés de feu monseigneur le marquis de Menneval, dont votre père était patron, et dont j'étais domestique de confiance, que vous devez votre éducation et votre avancement ? Encore une fois, Jean, taisez-vous, car je lis au fond de votre cœur de bien tristes vérités que vous essayez en vain de vous cacher, et qui empoisonnent votre existence, — dit la veuve en attachant sur son fils un regard chagrin et découragé.

— Eh bien, oui ! — s'écria Jean avec impétuosité, — oui, je les envie, je les abhorre, je les déteste ; oui, si quelque chose m'est surtout odieux, c'est de devoir de la reconnaissance à un de ces nobles insolents, qui ne vous sont utiles que pour vous humilier, que pour pouvoir vous dire : « Vous voyez bien cet homme, c'est ma créature ; il était dans la boue, c'est moi qui l'en ai tiré !... »

— Mais, malheureux, c'est horrible, ce que vous dites là !... Mais c'est l'orgueil le plus détestable, l'envie la plus amère qui vous font tenir ce langage de la plus noire ingratitude ; mais, encore une fois, songez donc quelle devait être votre position, à juger de votre origine : toute votre ambition devait être de mourir *maître* comme votre père !...

— Eh bien, alors, pourquoi m'a-t-on sorti de cette position ?... Malédiction sur ceux qui ont éveillé en moi des passions qui devaient rester endormies ! malédiction sur ceux qui ne m'ont pas laissé confondu avec les *gens de ma classe,* comme vous dites ! malédiction sur ceux qui ont développé en moi des besoins, des idées que je ne puis, que je ne pourrai jamais satisfaire, et qui, vous l'avez dit, et c'est vrai, empoisonneront ma vie, fût-elle pleine, fût-elle glorieuse comme celle de Jean Bart! Enfin... oui, malédiction sur vous qui ne m'avez pas étouffé au berceau, plutôt que de me jeter dans une vie de regrets et de désespoir!

Et Jean Thomas, exalté, furieux, ne se connaissant plus, parcourait la chambre à grands pas.

A ces derniers mots si cruels, la pauvre mère s'était levée debout, calme et imposante, s'appuyant d'une main sur son fauteuil; elle étendit l'autre vers la porte : — Sortez, monsieur! — dit-elle à son fils; — la colère de Dieu frappera cette maison, car un fils vient d'y maudire sa mère!... sa mère!... — répéta-t-elle avec un accent déchirant.

Et une larme coula sur les joues creuses de la veuve.

Jean ne s'en aperçut pas, et continua de se promener avec agitation dans la chambre.

Un troisième personnage vint interrompre cette scène triste et solennelle.

C'était le docteur Gédéon, chirurgien-major de *la Sylphide*.

Un gros petit homme à face rouge et luisante, poudré, vêtu d'un habit gris de fer à collet et parements de velours cramoisi, d'une veste de velours aussi, et d'une culotte pareille à l'habit.

A la vue du docteur, la veuve s'était assise et avait repris son rouet, ne voulant pas rendre un étranger témoin de ces débats de famille.

Jean avait réprimé un léger mouvement d'impatience, et s'était avancé vers le docteur en lui tendant la main.

— Bonjour, docteur... quelles nouvelles?

— Pas d'autre que l'arrivée de notre *monstre* de commandant; il sera, dit-on, ici aujourd'hui ou demain.

Cette nouvelle parut faire une impression désagréable sur Jean Thomas.

— Pourquoi donc, monsieur le docteur, appelez-vous M. le commandant un monstre? — demanda la veuve sans quitter son rouet.

— Je l'appelle un monstre, d'abord parce que c'est le commandant, et puis parce que c'est un noble, un privilégié, un *abus*, comme disent les philosophes; parce que c'est un de ces grugeurs qui soutiennent la prêtraille, autre espèce de monstre...

A ces mots, la veuve se leva, posa sa quenouille, et dit à son fils : — Je vous laisse, Jean, j'ai affaire ici près...

— Mais, ma mère... je vais sortir avec le docteur, — répondit Jean en prenant son chapeau et son épée.

— Ah dame! — reprit Gédéon en s'approchant de la veuve et riant d'un gros rire bête et moqueur; — ah dame! maman Thomas, sur l'article de la calotte nous nous chamaillerons toujours... Je combats le fanatisme partout où je le rencontre, d'abord.

— Allons, allons, venez, Gédéon, — dit Jean en tirant le docteur par le bras. — Adieu, ma mère, — ajouta-t-il en s'approchant de sa mère pour l'embrasser.

Mais la veuve se retira d'un air sévère, et lui dit seulement:
— Adieu, mon fils.

Jean sortit avec le docteur.

On était dans les premiers jours de janvier. L'air était froid et vif, le ciel bleu, le temps sec.

— Qu'est-ce qu'elle a donc, ta mère? — dit Gédéon.

— Ah! bah! — reprit Jean, — toujours la même chose, son engouement pour ce qui est noble ou prêtre.

— Quelle bêtise, mon cher! au lieu de mettre ces gens-là sous nos pieds, comme je le fais.

— Mais, dis-moi, Jean, veux-tu venir te promener sur la route de Paris?

— Soit, — dit Jean, qui paraissait rêveur. Et ils se dirigèrent vers les portes de Brest.

Le docteur Gédéon était une plate parodie du malheureux caractère de Jean Thomas, qui avait au moins, lui, une rudesse et une franchise d'envie originale et amère contre tout ce qui était au-dessus de lui.

Mais le docteur Gédéon était un de ces êtres petits et vulgaires qui nourrissent d'instinct, contre tout ce qui leur est supérieur, cette rancune hargneuse et lâche qui caractérise la variété de l'espèce canine qu'on nomme communément *roquet*.

Je demande pardon de cette trivialité; mais cette comparaison peut seule rendre l'espèce d'aboiement continuel du docteur après tout ce qui le dépassait.

Le temps était beau, et nos deux promeneurs, une fois arrivés sur les boulevards extérieurs, rencontrèrent une assez grande quantité de monde, surtout des matelots et des soldats.

Jean Thomas, qui était revêtu des insignes de son grade, plongeait de tous côtés son coup d'œil d'aigle, afin de voir si chaque soldat, chaque matelot lui rendait le salut militaire qu'il lui devait, et dont le docteur Gédéon s'appropriait la moitié, se faisant illusion sur ces marques de subordination, qui, de fait, ne s'adressaient qu'à son compagnon.

Jean Thomas, inflexible sur cet article de la discipline, tenait plus que personne aux honneurs et aux prérogatives dus à son grade.

Deux matelots assez ivres, se tenant, comme d'habitude, par la dernière phalange du petit doigt, et se balançant les bras, s'en venaient chantant à pleine voix, et s'avançant en sens inverse de nos deux promeneurs.

C'était plaisir que de voir ces deux bonnes figures, toutes rouges, toutes bouffies de vin et de gaieté, ces larges épaules qui se trémoussaient aux cadences d'une naïve chanson bretonne.

Jean Thomas fut insensible à ce touchant spectacle, et du plus loin qu'il les aperçut et qu'il les entendit : — Voilà des drôles qui chantent bien haut, — dit-il à Gédéon ; — est-ce qu'ils ne nous voient pas ?

— J'espère bien que si, — dit le docteur en se carrant, — et qu'ils vont se taire et *nous* saluer.

— Vous voulez dire *me* saluer, docteur ; le salut militaire ne vous est pas dû... Cela se tolère... voilà tout.

— Par exemple ! — dit Gédéon, — nous avons rang d'officier.

Il n'en put dire plus long, car à ce moment les matelots étaient assez près d'eux, et leur voix tonnante vibrait de toute la force de leurs larges poumons.

Jean Thomas s'arrêta court, pinça ses lèvres, et attachant sur les chanteurs un regard furieux, il les attendit au passage.

Mais les chanteurs avaient bien trop de joie et de gaieté dans le cœur, pour s'apercevoir de l'air furibond de l'officier, et ils passèrent en détonnant et sans se découvrir, les malheureux !

— Vous ne me voyez donc pas, canailles ! — dit Jean Thomas avec violence, en abattant le bonnet d'un des dilettanti d'un revers de sa main.

— Vous ne *nous* voyez pas, canailles ! — ajouta le docteur en imitant Jean Thomas.

— Pardon, excuse, mon lieutenant, — dit un des matelots en ramassant son bonnet, — nous ne vous avions pas vu ; mais c'est tout de même un drôle de vent qui vient d'abattre mon bonnet.

— Ah, oui, elle est drôle la brise! encore d'un chef ça irait, — dit l'autre; — mais v'là un *carabin*, un *je n'te guéris guère* qui s'est aussi permis sur moi la brise à coups de poing... faut pas qu'il la ressouffle, d'abord, ou je lui fais un tremblement d'ouragan qui...

— Que dis-tu, gredin?... — s'écria Jean Thomas en se précipitant sur le matelot pour le frapper.

— Je dis que je lui...

Jean Thomas l'interrompit par un vigoureux soufflet.

Aux premiers mots de cette querelle, on avait fait cercle autour des deux matelots; le tumulte s'accrut davantage, la foule se forma, et deux ou trois âmes charitables allèrent chercher le sergent du poste d'artillerie de marine.

A ce moment un courrier vêtu de vert et galonné d'argent sur toutes les tailles parut au haut de la route, qui, ayant à cet endroit une pente assez rapide, empêchait qu'on ne la pût voir dans toute son étendue.

Le courrier modéra le galop de son cheval, et le mit au pas pour traverser cette cohue.

— Ho, hé! ho, hé! — cria-t-il, — place... place aux équipages de M. le comte de Vaudrey, capitaine de frégate!...

Peu de temps après on entendit le claquement des fouets des postillons qui conduisaient une grande berline à six chevaux, suivie de fourgons et de deux chaises de poste contenant les gens d'Henri et ses bagages.

A peine cette file d'équipages était-elle au milieu de la foule pressée, que le sergent d'artillerie s'en vint avec quatre soldats pour arrêter les délinquants.

Jean Thomas était plus furieux que jamais, et le docteur plus colère encore, s'il est possible.

En voyant ce tumulte, le comte de Vaudrey fit arrêter sa voiture, et s'avançant à la portière : — Sergent, qu'est-ce que cela? — demanda-t-il.

— Mon officier, — dit le sergent, qui porta la main à son chapeau en voyant la croix de Saint-Louis d'Henri, — ce sont deux matelots ivres qui ont insulté leur supérieur.

— Et cela ne regarde que leur supérieur, monsieur, — dit arrogamment Thomas en se retournant vers le comte, — et ce supérieur est moi, lieutenant en premier de la frégate *la Sylphide*, monsieur; ainsi, passez votre chemin.

— Alors, monsieur, — dit Henri en souriant, — vous me

permettrez de rendre grâce à cette rencontre, puisqu'elle me met à même de faire connaissance avec mon lieutenant, qui, je le vois, entend parfaitement la discipline. Monsieur, je suis le commandant de *la Sylphide*, le comte Henri de Vaudrey.

Jean Thomas fit une grimace énergique, salua Henri, et dit sèchement au sergent : — Qu'on mène ces hommes aux fers...

— Lieutenant, — dit Henri avec bonté, — veuillez pardonner à ces pauvres diables ; quand un condamné rencontre la voiture du roi, il est gracié. Moi qui suis, je vous l'avoue, toujours un peu roi à mon bord, je voudrais en ce moment jouir d'une de mes plus précieuses prérogatives, de celle de faire grâce.

— Si c'est parce que ces hommes m'ont insulté, commandant, que vous voulez les gracier, vous le pouvez ; mais il me faut un ordre par écrit, — dit Thomas avec aigreur.

— Je ne donne pas d'ordre, monsieur ; je vous demandais une faveur, qu'il n'en soit plus question. Marche, postillon, — dit Henri en se rejetant dans le fond de sa voiture. Et les carrosses eurent bientôt disparu.

Dix minutes après que le dernier fourgon des équipages du comte eut passé, une chaise de poste parut au haut de la montée, suivant la même route.

Dans cette chaise étaient Perez et Rita.

XXVI

EGMONT. Eh bien ?
RICHARD. Je suis prêt, et il y a trois messagers qui attendent.
EGMONT. Tu trouves peut-être que je suis resté trop longtemps ? Tu fais une mine d'une aune.
RICHARD. Pour me conformer à vos ordres, il y a fort longtemps que j'attends.

GŒTHE, *Egmont*, acte II.

RÉCEPTION

C'était le lendemain du jour de l'arrivée du comte à Brest ; la cloche de l'arsenal du port sonnait onze heures et trois quarts, lorsque le lieutenant Jean Thomas, suivi du docteur

Gédéon, heurta légèrement à la porte d'une des plus belles maisons de la place d'Armes.

Le lieutenant était revêtu du grand uniforme de la marine royale, uniforme bleu bordé d'un galon d'or double sur les manches, veste, culotte et bas écarlates et boucles d'or.

L'uniforme du docteur était plus modeste, il consistait en un habit gris de fer foncé à revers et parements de velours cramoisi galonné seulement aux boutonnières; veste et culotte cramoisies et bas bleus.

— Ces canailles de valets qu'il traîne à sa suite ne nous auront pas entendus, — dit le lieutenant Thomas avec colère en frappant une seconde fois.

— Ils font les sourds pour les petites gens comme nous, — ajouta Gédéon avec un sourire malin en frappant de nouveau.

La porte s'ouvrit, et le lieutenant fit une grimace dédaigneuse à la vue de quatre ou cinq valets en grande livrée rangés dans une antichambre de la maison qu'occupait d'habitude le comte de Vaudrey lorsqu'il était à Brest, sa fortune lui permettant d'avoir une habitation à lui dans chacun des trois ports militaires où son service pouvait l'appeler.

Un des laquais ouvrit la porte d'un premier petit salon où se trouvaient deux valets de chambre vêtus de noir, qui demandèrent à Jean Thomas s'il n'était pas le lieutenant de M. le comte de Vaudrey.

— Je suis le lieutenant de la frégate *la Sylphide*, —répondit aigrement Thomas.

Sur cette réponse, le laquais le fit entrer, avec le docteur, dans un assez grand salon, en leur annonçant que M. le comte, occupé pour le moment, ne se ferait pas attendre.

— C'est pis qu'un ministre, ma parole d'honneur, — dit le lieutenant avec mépris.

— Et voilà les gens qui grugent la sueur du peuple, comme s'ils ne pouvaient pas venir ouvrir leurs portes eux-mêmes, — ajouta stoïquement Gédéon.

— Mais voyez donc, docteur, — reprit Thomas en montrant à son ami un ameublement d'une richesse inouïe pour la province, — voyez donc quel luxe!... et tout cela, pour passe quinze jours ou trois semaines dans un port : c'est bien ridicule!

— C'est infâme, c'est atroce! — reprit Gédéon, — sans compter qu'il y a là sept ou huit gredins de fainéants de laquais qu'il nourrit audacieusement, au lieu d'en faire des membres de la société. Oui, si j'étais le roi, moi, j'obligerais les grands seigneurs de donner un état à leurs valets; d'en faire d'estimables serruriers, de dignes maçons, de vertueux cordonniers, qui travailleraient gratis pour le peuple, et trouveraient encore le moyen de servir leurs maîtres à leurs moments perdus : j'aimerais mieux la livrée de l'artisan que la livrée du courtisan ! — s'écria le docteur dans un élan de philanthropie.

Le lieutenant paraissait ne pas faire la moindre attention aux systèmes économiques et philosophiques du docteur, car il regardait sa montre avec une expression de joie maligne.

— Bon !... midi, — s'écria-t-il, — midi... et j'avais donné l'ordre à l'état-major d'être chez le commandant à midi précis : les officiers ne s'y trouvent pas; aux arrêts... Ah! messieurs les gentilshommes, vous payerez cher votre insolente soumission.

— Est-ce que vous avez aussi prévenu l'aumônier, lieutenant? — demanda le docteur.

— L'abbé de Cilly? sans doute.

— Est-ce qu'il sera aux arrêts aussi, lui?

— Eh! mon Dieu! comme partout, ne sont-ils pas hors de notre atteinte?

— Laissez-moi faire, lieutenant, je vous vengerai, — dit gravement le docteur, — vous verrez, nous rirons; je l'embarrasserai joliment, moi qui suis athée de droit, puisque j'ai étudié l'anatomie : oui, qu'il vienne me parler de ses bêtises de religion, et je lui dirai : L'abbé, trouvez-moi donc dans le corps quelque chose qui s'appelle l'espérance ou la charité... Oh! un bon mot, lieutenant !... je lui dirai : Je trouve bien le *foie*, mais la *foi!*... Allez, laissez faire ! nous rirons. A propos, le connaissez-vous, le brigand de tartufe?

— Pas du tout, je ne l'ai jamais vu; il est arrivé depuis peu de temps, et il ne sort jamais, m'a-t-on dit.

— Encore un podagre comme l'autre, — reprit le docteur, — une vieille bête de *Deo gratias*. Oh! il peut bien s'attendre à mener une vie dure, le calottin qu'il est, parce que avant tout les hommes sont libres, et ne doivent pas se laisser abrutir par les préjugés.

A ce moment le valet de chambre annonça : — Monsieur l'abbé de Cilly.

— Voilà le tartufe, — dit Gédéon d'un air narquois en poussant le lieutenant du coude.

Mais quand les deux compagnons virent l'homme qui entrait, leur figure perdit son expression de gaieté méprisante pour celle d'un étonnement profond.

L'abbé de Cilly était un homme de trente ans environ, de haute et noble taille; sa figure pâle était d'une beauté sévère, et son costume ecclésiastique tout noir paraissait d'une recherche élégante.

Mais ce qui surtout distinguait cet homme, c'était un regard perçant, d'une fixité embarrassante, qui jaillissait parfois comme un éclair de ses deux grands yeux à demi voilés par de longues paupières.

A la démarche facile et assurée de cet abbé, à la façon libre et fière dont il portait sa tête, on devinait au premier abord qu'il avait vécu ailleurs qu'au séminaire, car on ne retrouvait pas dans son maintien cette timidité naïve, cette pieuse et touchante gaucherie de jeunes prêtres qui ont toujours vécu dans une sainte et chaste retraite.

Ce qui prédominait aussi dans l'ensemble de la figure de l'abbé, c'était l'expression d'une gravité austère, mais surtout dédaigneuse; c'était encore un air de consciencieuse supériorité qui s'imposait de lui-même à ceux qui le voyaient.

Cet extérieur, si opposé à celui dont le docteur Gédéon avait gratifié le futur abbé, produisit une singulière stupéfaction sur les deux marins.

Le prêtre s'assit sans paraître les apercevoir; une fois assis, il appuya son front sur sa main et se mit à réfléchir profondément.

Le docteur poussa le lieutenant du coude, comme pour lui dire : Vous qui êtes hardi, parlez-lui donc.

Alors le lieutenant, surmontant l'espèce de trouble où l'avait jeté cette apparition imprévue, dit d'une voix brève et dure :
— L'abbé, mes ordres portaient qu'on se réunirait ici avant midi, et il est midi vingt minutes; soyez plus exact à l'avenir, entendez-vous, l'abbé?

L'abbé ne bougea, il tenait toujours son front dans sa main.
— L'abbé, le lieutenant vous parle, — dit le docteur, enhardi par un coup d'œil de Thomas, en touchant le bras de l'abbé.

Celui-ci leva lentement la tête et attacha sur le docteur un de ces longs regards qui paraissaient vouloir traverser l'âme de celui sur lequel ils tombaient, et dit d'une voix calme : — Que voulez-vous, monsieur ?

— Monsieur veut vous faire observer que je vous ai adressé la parole pour vous dire qu'ayant donné l'ordre de se trouver ici à midi, je suis étonné... que vous n'y soyez qu'à... midi... vingt minutes... — dit Thomas.

Le commencement de la phrase de Thomas avait été prononcé d'une voix nette et brève ; mais, en terminant, le regard fixe de l'abbé produisit son effet accoutumé, et malgré son dépit et son assurance, le lieutenant fut obligé de baisser les yeux en balbutiant ses derniers mots.

— Eh bien, monsieur ? — dit l'abbé.

— Eh bien, l'abbé, — dit le lieutenant en reprenant de nouvelles forces, j'entends que cela n'arrive plus à l'avenir...

L'abbé lui répondit avec douceur : — Je fermais les yeux d'un mourant, monsieur.

Puis, appuyant de nouveau sa tête sur sa main, il parut retomber dans ses rêveries.

A ce moment un bruit confus de pas retentit derrière la porte, et le valet de chambre annonça successivement : — M. le marquis de Miran, — M. le chevalier de Monval, — M. le baron de Saint-Sauveur.

— Ma foi, excusez-nous, lieutenant, — dit le marquis de Miran, — nous sortons du cabaret, où nous venons de faire nos adieux aux officiers du *Brillant*, qui appareille avec le jusant.

— Vous garderez les arrêts vingt-quatre heures, monsieur, — dit Thomas ; — j'avais donné l'ordre pour midi.

Le marquis de Miran fit un signe à ses camarades, et tous trois saluèrent le lieutenant, sans lui dire un mot de plus, et se mirent à causer gaiement entre eux.

En entendant sonner la demie, le lieutenant ne put retenir un mouvement d'impatience, et entr'ouvrit la porte du premier salon : — Le commandant ne sera donc pas visible aujourd'hui ? — demanda-t-il avec hauteur au valet.

— Monsieur le comte est occupé, — dit le laquais.

Le lieutenant referma la porte avec violence, en disant : — Il est là, renfermé avec quelque fille, ou avec son tailleur, ou son cuisinier, pendant que de braves et francs marins font antichambre comme des laquais ! voilà où mène l'insolence du titre et du rang !

10.

Ces furibondes déclamations furent interrompues par l'arrivée du comte.

Dès qu'Henri fut entré, tous les officiers se levèrent, et l'on vit alors deux nouveaux personnages qui s'étaient joints à l'état-major de la frégate : c'était Rumphius et son frère Sulpice.

Rumphius, enseveli comme d'habitude dans ses calculs à perte de vue, était cloué dans un fauteuil; le pauvre Sulpice, tout honteux, tout confus de se trouver en pareille société, et de voir la distraction de son frère, le tirait en vain par la manche, en lui disant à voix basse : — Mon frère, voici M. le comte de Vaudrey; mon frère... levez-vous donc!... — Peines et paroles perdues. Sulpice prit alors le parti de rester près de Rumphius, pendant que les officiers se formaient en cercle autour d'Henri.

— Messieurs, — dit le comte avec une gracieuse affabilité, — mille pardons de vous avoir fait attendre, mais j'avais quelques affaires à terminer, et vous jugez de leur importance, puisqu'elles m'ont empêché d'avoir l'honneur de vous recevoir plus tôt.

— En effet, commandant, nous attendons ici depuis une demi-heure, — dit Thomas d'un ton sec.

— Ah! monsieur, — dit Henri en souriant, — il faut, je vous assure, plutôt plaindre ceux qui font attendre que ceux qui attendent; n'est-ce pas, monsieur? — ajouta-t-il gaiement.

— Je le crois parbleu bien, commandant, — dit étourdiment Saint-Sauveur; — vous prêchez des convertis, puisque nous-mêmes venons d'être mis aux arrêts pour nous être fait attendre.

— Ah! monsieur, — dit Henri au lieutenant d'un air d'amical reproche, — j'espère être plus heureux cette fois-ci que la première, et que vous ne me refuserez pas la grâce de ces messieurs?

— Tous les hommes sont égaux, commandant; je ne vois pas pourquoi l'on aurait plus d'indulgence pour un officier noble que pour un pauvre matelot.

— Il les traite joliment, les pauvres matelots, — dit tout bas Saint-Sauveur.

— Cela suffit, monsieur, — reprit Henri d'un air froid et poli. — Veuillez me présenter nominativement ces messieurs.

Le lieutenant salua, et commença :

— M. de Miran, enseigne de vaisseau. — De Miran salua.

— C'est un heureux présage pour moi, monsieur de Miran, — dit Henri, — que d'avoir à mon bord un des officiers qui ont si bravement commencé la guerre par l'immortel combat de *la Belle-Poule*; et je suis maintenant sûr, monsieur de Miran, que *la Sylphide* n'aura rien à envier à sa glorieuse rivale, et qu'elle finira la guerre comme *la Belle-Poule* l'a commencée.

Miran salua, et passa.

— M. de Monval, enseigne de vaisseau.

— Nous sommes de vieilles connaissances, quoique nous ne nous soyons jamais vus, monsieur de Monval, — dit Henri; — et pourtant je vous reconnaîtrais à bord de quelque navire que ce fût, par le feu de votre batterie; car lors du combat du 17 avril, M. l'amiral de Guichen, dont j'étais aide de camp, me dit en me montrant le feu de la batterie basse du *Robuste*, qui était si nourri et si pressé qu'il ressemblait à une raie de flamme: « Vous voyez bien cette batterie-là, Vaudrey; je parie que c'est le chevalier de Monval qui la commande. Il n'y a que lui pour faire manœuvrer ainsi l'artillerie; » c'était vous, n'est-ce pas?

— Oui, commandant.

— J'en étais sûr; aussi, en vous possédant à mon bord, monsieur de Monval, je vais faire bien des envieux; mais je n'ai pas la force de vous cacher que j'en serai ravi; car vous me faites comprendre l'égoïsme, monsieur.

Monval salua, et passa.

— M. de Saint-Sauveur, garde du pavillon.

— J'ai eu l'honneur de voir, à Versailles, M. le vicomte de Saint-Sauveur, votre père, monsieur, qui a bien voulu vous recommander à moi; mais je vous avoue que malheureusement ses recommandations ont été inutiles... car la brillante part que vous avez prise au combat de *l'Aigle* contre le *Sandwick* vous avait déjà placé à mes yeux comme un des jeunes officiers de la marine du roi qui ont le plus d'avenir.

Saint-Sauveur salua, et passa.

— M. le docteur Gédéon, chirurgien-major, — dit le lieutenant.

— Monsieur le docteur, — dit Vaudrey, — je compte beaucoup sur vous en temps de paix, et de guerre surtout; vous êtes notre providence: disposez toujours de moi, je vous prie, pour tout ce qui pourra être utile au bien-être des matelots.

Le docteur Gédéon salua gauchement et alla s'empêtrer lui et son épée dans les jambes des officiers.

— M. l'abbé de Cilly, aumônier, — dit enfin le lieutenant.

A la vue de l'abbé, Henri ne put retenir un mouvement d'étonnement; car d'habitude les fonctions d'aumônier étaient remplies par des membres du bas clergé dont la tenue et la conduite n'étaient quelquefois pas en harmonie avec les augustes fonctions qu'ils remplissaient à bord.

Avec son habitude du monde, Henri pouvait classer sur-le-champ un homme d'après sa manière de saluer, de marcher et de se présenter. Aussi, en voyant cet aumônier d'une espèce si nouvelle, Henri fut frappé de surprise; et quand il lui adressa la parole, sa voix eut un accent de considération respectueuse qu'elle n'avait pas eu encore jusque-là.

— Monsieur l'abbé, — dit Henri en le saluant, — j'ai toujours admiré profondément la sublime abnégation des ministres qui daignent partager nos dangers, affronter les mêmes périls que nous, dans l'admirable but d'adoucir nos derniers moments. Permettez-moi de vous assurer de tout mon respect et de mon dévouement pour la sainte mission dont vous êtes chargé.

L'abbé salua légèrement, et dit à Henri : — Mon temps ne m'appartient pas, monsieur le comte, excusez-moi si je me retire.

— Une fois pour toutes, monsieur l'abbé, — dit Henri, — sachez bien que je veux qu'à mon bord personne au monde n'ait le droit de vous demander compte d'un seul des moments d'une vie si noblement employée.

Et le comte conduisit respectueusement l'aumônier jusqu'à la porte de l'antichambre.

Quand Henri rentra dans le salon il vit ses officiers former un cercle autour du malheureux Sulpice, qui devenait pâle, rouge, vert, de toutes les couleurs, suait à grosses gouttes, ne sachant quelle contenance prendre en se voyant le but des regards de tant de monde.

— Comment, c'est vous, Sulpice! — lui dit Henri avec bonté; — mon Dieu, je ne vous avais pas vu! et c'est vous aussi, Rumphius... Rumphius!

Ces mots étant prononcés par une autre voix que celle de Sulpice, qui paraissait ne plus faire d'impression sur le tympan de l'astronome; ces mots, dis-je, le rappelèrent à lui; il se leva, et regarda tout ce monde avec un sang-froid extraordinaire.

— Ah! bonjour, monsieur le comte; j'étais occupé à supputer approximativement la courbe de la petite Ourse, que les Hindous appellent la perle de Maniwah.

Puis, se tournant vers son frère : — Il faut, Sulpice, que vous soyez bien butor pour ne m'avoir pas prévenu de la présence de M. le comte!

— Il vous prévenait, — dit Henri, — il vous prévenait, mon vieil et digne ami, mais l'approximation vous absorbait.

— Il est pourtant vrai que cela m'arrive quelquefois, — dit Rumphius; — je suis ici seul au milieu des hommes comme le brahme Kidday.

— Messieurs, — dit Henri, — je vous présente M. Bernard Rumphius, un de nos plus savants astronomes, qui fera la campagne avec nous. Maintenant, messieurs, nous nous connaissons tous. Vous avez pour lieutenant un des plus braves officiers de notre marine. Oui, monsieur Thomas, je sais tous vos combats, depuis celui du lougre *le Cerf*, par lequel vous avez commencé votre belle carrière maritime, jusqu'à celui que vous avez soutenu contre le brick *Alacrity*, et qui vous a si justement valu le grade de capitaine de brûlot. Je suis sûr maintenant, messieurs, que le nom de notre frégate va devenir un des fastes de notre marine, et que le pavillon de France ne pouvait être confié à de plus braves officiers. Cette conviction me rend aussi joyeux que fier; car avoir le droit de vous commander, c'est plus qu'un grade, messieurs... c'est un honneur.

— Nous ferons tous notre devoir, commandant; car la loi, les récompenses et les promotions sont ou doivent être égales pour tous : punition ou récompense à chacun selon son mérite, — dit sèchement Thomas.

— C'est bien ainsi que je l'entends, monsieur, — dit le comte en souriant; — et pour vous le prouver, je vous demanderai encore la grâce de ces messieurs; car, moi aussi, je vous ai fait attendre, et pourtant je ne suis pas puni; or, je demande l'égalité pour tous, comme vous le dites.

— Monsieur le commandant sait bien que je n'aurais aucun droit de le punir lorsqu'il me ferait attendre pendant six heures à sa porte; je suis sous ses ordres, comme ces messieurs sont sous les miens : la punition que je leur ai infligée est juste, et ils la subiront; à moins que monsieur le commandant ne me donne formellement l'ordre de lever leurs arrêts; alors j'exécuterai cet ordre.

— Eh bien, monsieur, — dit Henri avec impatience, — puisqu'à toutes forces vous voulez un ordre, je vous le donne. — Puis, s'adressant aux jeunes gens : — Puis-je espérer, messieurs, que vous me ferez l'honneur de venir ce soir souper avec moi, puisque vos arrêts sont levés?

Les jeunes gens s'inclinèrent.

— Je compte toujours sur vous, monsieur, — dit Henri à Thomas, qu'il avait précédemment invité.

— Je ne pourrai avoir cet honneur, commandant : je soupe tous les jours avec ma mère.

— Tant mieux, — dirent tout bas les officiers.

— C'est un motif bien respectable et que j'apprécie, tout en regrettant qu'il me prive du plaisir de vous voir réuni à nous.

— Et vous, docteur?

— Je ne pourrai avoir cet honneur, commandant, — répéta l'écho de Jean Thomas, — je soupe tous les jours chez... chez... chez mon maître de clarinette, — dit ingénieusement le docteur Gédéon, après avoir longtemps cherché une excuse vraisemblable.

— Ah! mon Dieu! — dit Henri d'un air terrifié, — est-ce que vous joueriez de la clarinette, docteur?

— Il est, je crois, *loisible* à tout humain, vu l'égalité des hommes, de...

— De jouer de la clarinette... C'est une vérité incontestable, docteur; mais malheureusement il n'est pas *loisible* à tout humain de ne pas en entendre jouer : c'est en cela que la nature est injuste. Je vous regrette beaucoup, docteur.

— A ce soir, messieurs.

Et Henri, ayant congédié son état-major, rentra dans son appartement.

XXVII

— Vous vous êtes retiré bien subitement, dit l'aubergiste à son hôte.
— Il était bien temps, lorsque le diable est venu s'asseoir au milieu de nous.

WALTER SCOTT, *Kenilworth*.

LE CABARET

Six jours après l'arrivée du comte de Vaudrey à Brest, deux compagnons devisaient tranquillement dans un modeste cabaret de la rue de la Souris à Recouvrance.

C'était une assez vaste salle, remplie de longues tables et de bancs de chêne, éclairée par des lampes de fer accrochées au mur, et chauffée par une immense cheminée qui jetait presque au fond de cette pièce sa chaleur vivifiante et ses reflets rougeâtres.

Nos deux hommes avaient complaisamment approché leur petite table du manteau de la cheminée, et là, les pieds sur les chenets, les coudes sur la table, ayant pour tiers un vaste pot d'étain rempli de je ne sais quelle liqueur fumante, ils paraissaient causer d'une façon fort amicale.

Le plus âgé des deux paraissait avoir cinquante ans; mais sa stature vigoureuse, ses traits décidés, son air de joyeuse et pleine santé, annonçaient une verte vieillesse, encore pleine de sève et de force.

Ce personnage était soigneusement poudré, et ses cheveux, sans bourse, se rattachaient par derrière au moyen d'un petit cercle de cuir sur lequel on voyait, incrustés en cuivre, deux canons et une ancre surmontés de la couronne royale.

Hormis ce léger insigne militaire, son costume était fort simple et fort bourgeois : un habit de drap marron, une veste chamois, des culottes et des bas gris; joignez à cela une haute cravate blanche dans laquelle il ensouissait parfois son visage jusqu'au nez inclusivement, de façon qu'on ne voyait plus alors que ses deux petits yeux noirs et son front rude et bourgeonné, dont la poudre faisait resplendir la teinte vermeille.

Au moral, notre homme avait l'air du monde le plus doctoral; sa façon de parler était prétentieuse et souvent incompréhensible : car d'habitude il bariolait sa conversation d'une foule de mots dont il ignorait la signification, et qui, par cela même, lui paraissaient le sublime du beau langage; ce monsieur, avant tout, ayant une peur effroyable de ressembler à un matelot par son dire, son costume ou ses manières.

Ce personnage était Ivon Kergouët, natif de Ploërmel, maître des canonniers bourgeois[1] embarqués à bord de *la Sylphide*.

Son compagnon était Perez.

Perez était simplement vêtu de gris; mais sa figure maigre et brune paraissait encore creusée par ses derniers chagrins et les cruelles émotions qui l'avaient agité.

Maître Kergouët, qui fumait dans une longue pipe, s'était entouré des tourbillons d'une vapeur si compacte, qu'il avait disparu tout entier derrière ce large rideau, et que la présence du canonnier bourgeois ne se révélait que par des mots sentencieusement prononcés, qui sortaient de ce nuage comme la voix d'un oracle invisible.

— Vous vous prodiguez les torts de ne pas fumer, monsieur Charles (Perez avait dû changer de nom); c'est une fausse délicatesse, trop scrupuleuse, car, dans la nature, tout a reçu le don de fumer, depuis les volcans jusqu'à la neige, comme j'en ai été minutieusement frappé dans ma dernière campagne au pôle nord, en 1768, à bord de *la Folle*, sous les ordres de M. le capitaine de Kerguelen. Ainsi, monsieur Charles, puisque la neige fume, elle qui le devrait moins que tout autre, il me paraît que nous ne commettons pas d'indécence en l'imitant.

Un accès de toux épouvantable, qui faillit étouffer Perez, interrompit l'apologie du canonnier.

— Vous avez raison, monsieur Kergouët, — dit Perez... —

---

[1] Ces canonniers bourgeois étaient formés en une corporation qui avait ses franchises et ses règlements intérieurs. Ils servaient dans ce corps de père en fils, et quoique soumis à la discipline du bord, les officiers avaient l'habitude de ne les pas punir, mais d'en charger le maître qui les commandait. Or le maître avait souvent sur ces hommes une telle influence morale, que la punition d'une faute légère consistait, par exemple, à ne pas parler au maître pendant huit jours. Et avec cette discipline en apparence si débonnaire, le service se faisait avec un zèle et une exactitude inconcevables.

mais si je tousse, c'est que je n'ai pas encore l'habitude du tabac; je m'y ferai avec vous autres militaires.

— J'ai déjà eu l'avantage de vous dire, monsieur Charles, — dit Kergouët, sortant courroucé de son nuage, — que je n'étais pas militaire, mais *canonnier bourgeois*, entendez-vous? *bourgeois, bourgeois*, étonnamment *bourgeois*, diamétralement *bourgeois*.

On concevra l'apostrophe du maître Kergouët quand on saura qu'il était le véritable type de sa corporation; et avant tout, cette corporation avait horreur de passer pour militaire; elle ne s'en battait pas moins bien pour cela, mais tenait prodigieusement à ses franchises de bourgeoisie.

— Je l'avais oublié, monsieur Kergouët.

— C'est effectif. Mais, voyez-vous, il ne faut pas traiter les gens de militaires quand ils ne le sont pas; il n'y a rien de moins militaire que notre état! Qu'est-ce que nous faisons? nous nettoyons nos pièces à bord; et j'espère que c'est très bourgeois, cela; car, nettoyer un canon ou un comptoir, c'est la même chose. S'il y a un combat? eh bien!... parce que nous mettons haut de ça de poudre dans nos canons avec un boulet par-dessus, comme un épicier mettrait une muscade et du poivre dans un cornet, et que nous y mettons le feu... comme on allume une lanterne... on nous invectivera de militaire! C'est un faux, nous sommes bourgeois; car ce que nous nous permettons dans un combat n'a encore rien que de très bourgeois.

— Mais quand vous vous battez à l'abordage, monsieur Kergouët?

— A l'abordage... à l'abordage! — dit le canonnier en enfonçant la moitié de sa figure dans sa cravate, comme pour y chercher un argument qu'il trouva sans doute, car il reprit, plus animé que jamais de ses prétentions à une position *civile :* — à l'abordage! qu'est-ce que cela prouve? Tenez, un exemple dominant. Vous êtes tranquillement dans votre maison, je suppose; eh bien, tout à coup des scélérats viennent pour vous en chasser abusivement: alors vous prenez un sabre, une pique, une hache d'abordage, enfin la première chose venue que vous trouvez sous votre main, et vous tombez sur mes scélérats. Eh bien, l'abordage, c'est la même chose; le navire, c'est la maison dont nous sommes bourgeois: on veut nous en chasser, nous ne le voulons pas; il n'y a rien du tout de militaire là dedans. C'est au contraire extrêmement bourgeois; parce que je mets en pratique qu'il n'y a pas un bourgeois qui ne défende sa maison : d'ailleurs, vous le verrez, une fois embarqué.

— Sans nul doute, monsieur Kergouët, — reprit Perez. — Mais, dites-moi, votre commandant, M. le comte de Vaudrey, est-ce là... un bon homme... un brave officier?...

— Autant qu'un bourgeois comme moi peut juger cela, monsieur Charles, bon homme, non; brave officier, oui; ah dame! il est dur à bord. Est-ce qu'une fois, à ce qu'on m'a dit, car je ne l'ai pas ponctuellement vu, il n'a pas fait battre au cabestan un canonnier bourgeois, vous m'appréciez, un canonnier bourgeois... au mépris de nos droits et de nos franchises!... Aussi cela fit une terrible émeute parmi les canonniers, monsieur, et, comme les révoltés s'avançaient sur le commandant, il en tua un de sa main, et en blessa deux autres.

— Et l'équipage resta neutre, monsieur Kergouët?

— Oh! sans doute; car, quoique le commandant soit dur comme un boulet, qu'il les fasse battre ou mettre aux fers à la journée, son équipage lui est dévoué : par peur ou affection, je n'en sais vraiment rien ; toujours est-il que cette fois il se rangea du côté du commandant, et l'aida à contenir les canonniers bourgeois.

— Et comment vous décidez-vous à servir là, monsieur Kergouët?

— Eh! monsieur, servir là ou ailleurs... et puis la frégate est bonne, le commandant brave, après tout, et en guerre il y a des parts de prise.

— Comment! vous avez droit aux parts de prise?

— Tiens, êtes-vous facétieux! sans doute, et vous aussi, comme commis du munitionnaire, vous avez droit à un *trois cent quatre-vingt-dix-septième de part;* mais ce n'est pas seulement sur ces parts-là que vous vous attribuez des douceurs abondantes, c'est sur nos vivres !

— Je vous jure, monsieur Kergouët, que je ne chercherai pas à gagner.

— Mais c'est tout simple, ça, mon cher! Vous voilà, vous, vous avez été trouver le munitionnaire général, vous lui avez dit : « Munitionnaire général, je voudrais prendre un intérêt dans les vivres, à condition que j'aurai une place de commis à bord de *la Sylphide.* » Le munitionnaire vous aura dit :

« Prenez un intérêt de dix mille livres, et vous aurez la place.

— Tope, munitionnaire, » avez-vous dit, et voilà comme vous vous êtes élancé commis aux vivres à bord de notre frégate; jolie place, logé à la cambuse, et rang d'officier marinier. Quand on n'est pas bourgeois, c'est encore ce qu'il y a de mieux; car il y a des gens qui sont superstitieux pour le militaire!...

— A propos de superstitieux, monsieur Kergouët, est-ce qu'il est vrai que les matelots soient encore plongés dans cette erreur grossière et stupide qui les fait croire à la fatalité, aux présages?...

A ces mots, le canonnier bourgeois abaissa si brusquement sa figure dans sa cravate, que c'est à peine si l'on voyait ses yeux, qui, nous devons le dire, paraissaient lancer des éclairs.

— Qu'avez-vous donc, monsieur Kergouët?

Des sons caverneux et inarticulés, mais dont l'expression paraissait colère et menaçante, sortirent seuls de la cravate où était engouffré le visage du respectable canonnier.

— Mais, encore une fois, vous aurais-je offensé, monsieur Kergouët?

— Eh bien, oui! — dit le canonnier en abaissant brusquement sa cravate et laissant voir sa figure empourprée de colère, — oui, offensé; car, ce que vous appelez des erreurs grossières, je les coopère, moi! et je les coopère parce que j'ai des faits, des exemples... et quand j'entends un homme à barbe grise, qui devrait pourtant avoir plus d'astuce qu'un enfant, faire de pareilles questions, je suis excité, je me trouve excité!

— Mais, monsieur Kergouët, calmez-vous!

— Que je me calme... quand j'entends traiter d'erreurs des choses respectables que j'ai absorbées! C'est une erreur que le mauvais présage du départ un vendredi? C'est une erreur que le présage du feu Saint-Elme? C'est une erreur que la malédiction de Dieu attachée à un homme, qui suffit pour faire périr tout un équipage si l'homme ne paye pas sa faute par un châtiment exemplaire?

— Monsieur Kergouët!...

— Il n'y a pas de M. Kergouët! — s'écria le canonnier exaspéré. — Des erreurs... Eh bien, je vais, moi, monsieur, vous raconter ce que vous appelez une *erreur*, une erreur que j'ai appesantie; entendez-vous, appesantie... Écoutez-moi, et ne m'obsédez pas par votre contradiction obstinée.

« C'était pendant cette campagne au pôle nord, sur *la Folle*, dans une belle soirée d'août, par environ 77° de latitude : nous nous trouvons pris, mais supérieurement pris, de calmes au milieu d'une espèce de bassin entouré par une chaîne de montagnes de glaces ; tout ce que le naturel de mon œil pouvait découvrir au loin était rempli de montagnes de glaces qui nous disaient, c'est-à-dire qui avaient l'air de nous crier :
— Malheureux nautoniers que vous êtes !... l'Océan est bouché dans cette partie, et depuis longtemps.

» Comme il n'y avait pas de brise à remuer les papillons de la coiffure d'une belle dame, le commandant s'approprie le parti de passer la nuit par ce calme : c'est tolérable ; mais voilà que, vers minuit, la brise se fait, se carabine, qu'il neige à faire trembler, et qu'un bruit de craquement, six fois plus fort que celui de la foudre, vient nous étonner bien extrêmement. Car ça annonçait que les glaces étaient en mouvement, et que ces énormes montagnes, chassées par le vent, commençaient à charrier, comme on dit dans vos rivières. Il faisait une brume enragée, impossible d'improviser le moyen de sortir de cet entonnoir ; et à chaque moment nous risquions d'être écrasés entre deux montagnes de glace, comme une puce entre deux ongles.

» Toute la nuit, ce furent des transes épouvantables ; à chaque secousse, nous nous promettions d'être engloutis : heureusement le vent cessa sur le matin ; et, au lever du soleil, nous signalons ces montagnes, qui se tenaient d'abord serrées les unes contre les autres, comme des novices le jour de leur premier combat. Ces montagnes, désunies par le vent, formaient comme un archipel, au milieu duquel il y avait un canal libre et à peu près dégagé de glaçons qui se prolongeait très loin.

» Le capitaine nous fait pagayer à travers ce chenal, et nous avions fait à peu près trois milles, lorsqu'au-dessus d'un des énormes glaçons qui bordaient le canal nous apercevons le bout des mâts d'un navire qui filait... qui filait... »

Ici la voix du canonnier commença à baisser, ses traits à prendre une expression de frayeur ; et ses paroles devinrent moins prétentieuses.

« — Mais, hélas ! monsieur, jamais navire n'avait eu des mâts et un gréement semblables ; jamais voilure n'avait été orientée de la sorte. Pendant quelques minutes, nous vîmes ce navire fuir devant la brise qui était fraîche; puis tout à coup il toucha sur un banc de glace et s'arrêta court.

» Notre capitaine n'eut-il pas, monsieur, la damnée curiosité d'aller voir ce navire de plus près? Il met en travers dans le chenal, fait armer la yole, me désigne pour l'accompagner, et nous partons.

» En l'abordant, cet étrange navire, je n'avais pas une goutte de sang dans les veines. Figurez-vous que sa coque était comme rongée par le temps ou les glaces qui l'avaient endommagée; personne ne paraissait sur le pont, qui était couvert de neige à une hauteur prodigieuse.

» Le capitaine héla plusieurs fois l'équipage. Personne ne répondit. »

Et Kergouët se tut, comme pour rendre son récit plus solennel.

Perez était singulièrement intéressé par ce récit fait naïvement; et puis cette histoire mystérieuse gagnait à être racontée au milieu d'une salle vaste et sombre, éclairée faiblement par la lueur mourante du feu des lampes.

Les ombres des deux causeurs se projetaient colossales sur le plancher. Perez, impressionnable comme un Espagnol, ne put s'empêcher de partager l'espèce de terreur qui semblait saisir Kergouët à mesure qu'il avançait dans son récit.

« — Personne ne répondit... — reprit Kergouët après un assez long silence. — Le capitaine allait monter sur le pont, lorsque je m'avise de regarder par un sabord de la chambre, et je vois, je vois... »

Ici Kergouët passa la main sur son front pâle, et essuya quelques gouttes de sueur.

— Eh bien! que voyez-vous? — s'écria Perez, dont le cœur battait malgré lui.

« — Eh bien, je vois, comme je vous vois, un homme assis devant une petite table sur laquelle on voyait un registre et des plumes.

» Je le hêlai : *Oh! du navire...*

» Rien. Il ne répond pas et reste immobile...

» Le capitaine, n'y tenant plus, monta sur le pont : nous dégageons la neige qui cachait l'entrée de la chambre où était **cet homme immobile qui ne répondait pas.**

» Nous entrons dans sa cabine... il ne bouge pas. Enfin je m'approche... il était mort, monsieur, il était mort; une moisissure toute verdâtre couvrait ses joues, son front, et voilait ses yeux. Le malheureux était mort gelé par l'épouvantable froid de ces latitudes; il tenait encore une plume, et son journal était ouvert devant lui. Je me rappelle toujours la dernière phrase qui y était écrite : « 11 novembre... Il y a au-
» jourd'hui soixante-dix jours que nous sommes enfermés au
» milieu des glaces; le feu s'est éteint hier, et notre capitaine,
» qui a causé tous nos malheurs parce qu'il était maudit de
» Dieu, a en vain essayé de rallumer ce feu : sa femme est
» morte ce matin... plus d'esp... »

» Puis plus rien, monsieur, — dit Kergouët avec un sentiment de frayeur indéfinissable; — le froid avait saisi ce malheureux. Dans l'entre-pont nous vîmes les corps des matelots roides et inanimés, mais non défigurés par la mort; car ce froid si vif les avait conservés. Enfin, à côté du cadavre d'une femme, était le capitaine assis par terre : il tenait encore d'une main une pierre à feu, de l'autre un briquet; à côté de lui était du linge brûlé.

» Comme bien vous pensez, ça n'a été qu'un cri pour supplier le capitaine de ne pas rester dans ce navire damné, et nous avons rallié *la Folle*. Eh bien, vous le voyez, monsieur, ce que c'est que la malédiction divine sur un homme... jusqu'au dernier moyen de succès qui se perd entre ses mains : avec du fer, une pierre et de l'amadou, ce maudit ne peut tirer une étincelle de feu... Maudit... maudit... Oh! que ne savait-on cette malédiction avant de partir!... »

— Comment! et qu'aurait-on fait alors? — dit Perez.

— Ce que l'on a fait, il y a vingt ans, dans l'escadre de M. le maréchal de Conflans. Il y avait un capitaine *à sort*, comme on dit; personne n'a voulu naviguer avec lui, les équipages se soulevaient : il a été obligé de quitter la marine; il s'appelait M. le marquis de Verriac. Bien bon officier, sauf cela.

— C'est singulier, — dit Perez pensif, et il resta muet quelque temps.

— Mes bourgeois, — dit le maître du cabaret, — voilà le couvre-feu qui sonne, et il me faut fermer mon cabaret.

— C'est juste, — dit Kergouët en payant son pot de genièvre. — Allons, allons, monsieur Charles, — dit-il en secouant Perez par le bras.

— Je vous suis, monsieur Kergouët.
— Et je vous accompagnerai jusqu'à chez vous.
— Allons, bonsoir ; n'allez pas rêver à l'homme à la figure verte ! Mais c'est bien terrible, cette histoire, n'est-ce pas ?
— Oh ! terrible ! — dit Perez.

Puis il serra cordialement la main de son nouvel ami, qui lui dit en s'éloignant : — Demain je viendrai vous faire faire connaissance avec *la Sylphide*.

Et Perez alla retrouver Rita, qui l'attendait avec impatience.

XXVIII

> . . . . Ho ! c'est honte et pitié ;
> Va, tu n'es qu'une brute, et tu n'as qu'une joie
> Insensée, en pensant que je lâche ma proie !
> Quand je devrais aller nu-pieds t'attendre au coin
> Des bornes ; si caché que tu sois, et si loin,
> J'irai ; crains mon amour, Garuc, il est immense
> Comme la mer. . . . .
>
> ALFRED DE MUSSET, *les Marrons du feu.*
> (Contes d'Espagne et d'Italie.)

LA FEMME SANS NOM

Dans un modeste logement de la rue de l'Arsenal, Rita, habillée en homme, attendait son écuyer.

Perez arriva bientôt ; il venait de quitter le canonnier bourgeois, et raconta toute sa conversation à la duchesse sans rien omettre, pas même l'histoire du navire enfermé dans les glaces, et victime du courroux du ciel.

Cette narration frappa surtout la duchesse, qui, se levant brusquement, alla chercher le livre de José Ortès sur les poisons, et le feuilleta avec avidité.

Après quelques minutes de recherches, elle fit signe à Perez de lire un passage qu'elle lui indiquait du bout du doigt.

Ce passage était ainsi conçu :

« . . . . et leurs visages devenaient livides, et leur sommeil était agité par d'horribles songes, et ils perdaient la force et la gaieté, et de braves ils devenaient lâches, et leurs mains de jeunes gens tremblaient comme des mains de vieillards, et ils maigrissaient et devenaient comme des spectres, et leurs yeux égarés roulaient dans leurs orbites, et bientôt ils mouraient au milieu d'un horrible délire.

» Oui, par Habb'ay, cela était vrai, frère, car Lhop'ays avait secoué la poussière du *tshettik*[1] de Java sur leur festin, et la poussière mortelle avait changé, en y tombant, le festin joyeux en repas funèbre. »

Puis, regardant Perez, Rita lui dit : — La place que tu as à bord n'est-elle pas la charge de distribuer les vivres à l'équipage, Perez?

— Oui, madame.

— Eh bien, me comprends-tu? ne peux-tu pas aussi, Perez, changer les festins joyeux en repas funèbres, et rendre cet équipage, qui est si brave, si fort et si jeune, le rendre lâche, faible et craintif; afin que, s'il rencontre l'ennemi, il refuse le combat, et ainsi le déshonore, *lui;* afin que, voyant leur capitaine à l'abri de cette mortalité qui les décime, ces matelots superstitieux le prennent pour le maudit qui attire sur eux la vengeance du ciel? Car, d'après ce que tu m'as dit, *lui* ne partage pas les vivres de son équipage. Conçois-tu alors, Perez, cette révolte affreuse que nous excitons encore en racontant ses duels meurtriers, ses infâmes séductions? Le vois-tu déjà déshonoré par une fuite honteuse, exposé à la rage de ses matelots?... Enfin je ne sais, moi, je ne puis prévoir tout, mais je pressens pour lui une horrible et longue agonie, Perez...

— Ce projet est insensé, madame, — dit sévèrement Perez.

— Insensé, Perez!

— Oui, madame, insensé, car ce projet ressemble à celui que vous aviez formé à Paris, et qu'une fatalité désespérante a si cruellement déjoué... Insensé, comme tout projet conçu dans le délire d'une haine qui serait terrible, si elle se contentait du possible, et qui devient impuissante parce qu'elle veut trop. Pardonnez, pardonnez ma franchise, madame; mais, vous le savez, je me suis voué corps et âme à vous et à votre

---

[1] L'*Upas tinti*, appelé à Java le tshettik, se trouve dans l'archipel Indien. Ce poison a la consistance d'extrait gommeux; ainsi que l'acide hydrocyanique, il occasionne dans le système animal les phénomènes que nous venons de décrire. (Voir le *Dictionnaire des sciences médicales* et le *Traité des poisons*, traduit de l'arabe par José Ortès.)

vengeance, madame, parce que ma famille s'est vouée à la vôtre depuis trois siècles ; parce que c'est une hérédité de dévouement dont j'avais l'instinct avant d'en avoir la pensée ; parce qu'il m'est impossible de m'isoler de vos chagrins ou de vos joies ; parce que vous frapper, c'est me frapper ; parce que vous insulter, c'est m'insulter, car ceux qui se résignent à servir n'ont plus d'autre honneur que celui de leur maître, madame... Et c'est parce que je regarde votre vengeance comme la mienne que je vous dis, moi, que vous ménagez étrangement cet homme ; car enfin, songez-vous qu'à force de vouloir rendre votre vengeance complète elle vous échappera peut-être? Voyez maintenant : ce sont les hasards et les dangers de la guerre qui peuvent la devancer, cette vengeance ; et si les Anglais vous le tuaient, madame ! et s'il trouvait une mort glorieuse dans un combat honorable, avant que vous ayez pu exécuter votre projet ! Ne vous reprocheriez-vous pas alors d'avoir tout sacrifié pour obtenir si peu? et encore vous ne seriez pour rien dans sa mort ; ne regretteriez-vous pas amèrement de ne l'avoir pas frappé vous-même, et plus tôt? car la vie est tout pour cet homme, madame, croyez-le bien, il est heureux !...

— Mais tu ne comprends donc pas, Perez, que c'est parce que je sais qu'il sera malheureux que je lui laisse cette vie? et dans le malheur, est-ce un bien que la vie, Perez? Que je le tue aujourd'hui, il souffrira une seconde à peine, et puis ce sera tout ; que je rende au contraire son existence entière malheureuse, et cette vie que je lui laisse sera le plus cruel instrument de son supplice.

— Mais, par l'enfer ! madame, s'il est tué dans un combat?... Nous sommes en guerre, enfin.

— Cela est impossible, Perez ; j'ai là une voix, une conscience, une conviction qui me dit qu'il ne mourra pas, qui me dit que je serai vengée comme je veux être vengée...

— Damnation, madame ! c'est à se briser la tête sur le pavé ; et c'est sur une base aussi fragile que vous osez asseoir votre vengeance? quand vous n'avez qu'à dire un mot pour voir cet homme mort demain... mort dans une heure... mort à l'instant !...

— Cet homme mort ! cet homme mort ! Belle vengeance ! par Satan ! Mais, cet homme une fois mort... que ferais-je de la vie, moi, malheureux? Ah ! tu as cru que je m'effaçais du monde, que je descendais dans la tombe avant que d'être morte, que j'éprouvais à vif tout ce qu'il y a d'ignominie, d'abjection dans la vie des plus infâmes, et cela pour voir souffrir cet homme pendant le temps que je mettrais à lui enfoncer un poignard dans le cœur?... En vérité, ta tête s'égare ; Perez, tu me fais pitié...

— Oh! malédiction sur le jour où j'ai écouté vos prières, madame! madame! sur le jour où vous vous êtes précipitée pour jamais dans un abîme de regrets et de désespoir... Malheur sur moi, qui n'ai pas été tuer cet homme! malheur à moi, qui n'ai pu vous dire : Vous êtes vengée, madame la duchesse! Malheur, malheur sur moi! car votre haine ne s'assouvira pas, madame, et aucun retour vers le passé n'est possible.

— Et c'est ce que j'ai voulu, moi ! homme faible et timide, c'est ce que j'ai voulu, que tout retour vers le passé fût impossible! Et aussi cela est, cela ne peut être autrement, et j'en bénis Satan ; car je sens en moi une croyance qui me soutient, et un espoir qui me guide. Après cela, Perez, si cette vengeance vous paraît folle, ne vous y associez pas, et que la duchesse d'Alméda soit morte pour vous comme pour tous. Retournez en Espagne, et vous pourrez vivre heureux dans notre duché, Perez ; car vous verrez dans mes dernières volontés que je n'ai pas oublié vos bons et fidèles services... Allez, Perez, allez, je vous quitterai sans amertume, car vous avez beaucoup souffert pour moi, et cela est noble et beau, Perez...

— Oh! madame, madame! — dit l'Espagnol avec une émotion déchirante, en sentant ses yeux se baigner de larmes...

— Eh bien, non. Pardon, Perez, pardon, mon brave écuyer. Non, je te fais injure, tu ne me quitteras pas, je le sais; tu mourras aux pieds de ta maîtresse, je le sais : ta mort complétera une vie de dévouement et de sacrifices. Et d'ailleurs, je ne saurais blâmer tes craintes ; car je ne puis t'exprimer, te faire comprendre ce que je sens intérieurement, tout ce qu'il y a de force et de puissance dans cette révélation dont je ne me rends pas compte, mais qui m'exalte, qui m'inspire, et me donne la certitude que j'ai de réussir. Cela est fou, surhumain, si tu veux, mais cela est. Et puis encore le passé me donne le droit de me confier à l'avenir... Car enfin tout ne m'a-t-il pas secondé, Perez? Vois, il a deux duels, dont un à mort : il échappe à tous deux. Vois encore... on nous arrête, on nous prend notre or, mais je peux cacher mes diamants et te les donner; on nous emprisonne, tu viens rompre mes fers; nous pouvons quitter Paris, et venir ici sans être inquiétés. Tout cela, Perez, ne tient-il pas du prodige? tout cela ne te dit-il pas que la fatalité me le garde, me le protége? Enfin cette foi que j'ai en moi, dis-moi, n'est-ce pas cette foi qui fait les grands hommes ou les grandes choses? n'est-ce pas cette foi qui fait entreprendre et réussir les projets les plus gigantesques? et tandis qu'une foule stupide raille et se moque, Perez, ceux que cette foi inspire suivent le signe mystérieux qui les guide, ce signe invisible à tous, et flamboyant pour eux seuls : c'est cette foi, Perez, qui rendait Colomb si fort, lorsqu'au milieu des cris de ses matelots furieux, calme et serein, il leur disait : — L'Amérique est là... Qui lui avait révélé cela, Perez... qui lui donnait cette confiance incroyable, si ce n'est cette voix intérieure, profonde, inexplicable, je le sais... mais pas plus inexplicable que les autres mystères de notre nature? Non, crois-moi, Perez, mon projet est bon, et ma vengeance sûre; mais il faut que tu me jures, par la vie de ta mère, de m'accorder ce que je vais te demander.

— Madame, j'ai dit tout ce qu'un loyal serviteur pouvait dire; maintenant votre foi est telle, suivez-la. J'obéirai à vos ordres, je le jure.

— Eh bien, Perez, promets-moi de ne pas attenter à *ses* jours, à *lui*, sans que je dise : Frappe-le! Promets-moi d'exécuter en tout mes ordres, quels qu'ils soient.

— Je le jure, madame.

— Sur la vie de ta mère?

— Sur la vie de ma mère, madame.

— Je te retrouve, mon loyal écuyer, — dit Rita.

Et ils se séparèrent.

XXIX

Je retrouvais là cette fatalité de l'ordre social qui me poursuivait partout.

Madame la duchesse DE DURAS, *Édouard.*

JEAN THOMAS

Le coche de Lambescleq allait partir de Brest, lorsqu'un grand homme enveloppé dans un long caban de marin, et accompagné de Jean Thomas, mit la main à la portière, en s'écriant : — Un moment donc... tu es bien pressé de pousser au large... cocher du diable!...

— Ah! foi de Dieu! on allait partir, car on ne comptait plus sur vous, monsieur le capitaine, — dit l'automédon en soulevant son bonnet de poil de renard.

— Eh bien, me voici... attends donc un peu, — reprit le capitaine. — Puis se tournant vers Thomas : — Ainsi, Thomas, c'est convenu... fais bien attention à mon épouse, et veille au grain.

— Je ne te promets pas de rien empêcher, car je ne suis pas de force à faire assaut de ruse et de fausseté avec une femme; mais ce que je saurai, tu le sauras; ce que j'aurai vu, tu le sauras : en mal comme en bien, foi de Thomas, je ne te cacherai rien.

— C'est convenu, Thomas. Si c'est en bien, je serai bon prince pour elle; si c'est en mal... *je m'appelle Jacques Lerouge*, c'est tout dire : ainsi donc, adieu Thomas, — reprit le capitaine en se jetant dans le coche, qui s'éloigna lourdement.

Jean Thomas, après avoir vu partir cette lourde voiture, se dirigea vers les remparts.

Comme il passait sur le Cours, il rencontra le docteur Gédéon.

— Ah, parbleu! Thomas, je te cherchais, — dit le docteur.

— Et pourquoi?

— Pour te prier de me rendre un service.

— Parle.

— Oh! c'est une misère, Thomas; le *monstre* m'avait ordonné...

— Quoi?... quel monstre?...

— Mais... le commandant!

— Continue.

— Eh bien, donc, le monstre m'avait ordonné de faire chaque jour une visite à bord pour constater l'état sanitaire de l'équipage; ce qui est une bêtise de la part de ce vil courtisan, aussi je n'ai pas...

— C'est son ordre, il faut l'exécuter; il est commandant, tu dois obéir, — dit sévèrement Thomas en interrompant le docteur.

— Sans doute, aussi j'obéis... Mais par hasard... hier... figure-toi que... mais je ne sais trop comment te dire cela, à toi qui est si bégueule pour l'amour.

— Voyons, parle.

— Eh bien, hier j'avais rendez-vous avec une petite *mouthe* de Recouvrance qui m'adore...

— Toi, vieux, sot et laid... elle t'adore! tu déraisonnes... ou tu la payes bien cher... Continue.

— Gouailleur de Thomas! — dit le docteur en cachant son dépit sous une apparence de raillerie, — toujours... le mot pour rire... mais ce n'est pas ça... Pour ne pas manquer mon rendez-vous d'hier, j'ai négligé mes deux visites à bord... Or, le *monstre* est si sévère pour la discipline, qu'il va peut-être me mettre aux arrêts, et me faire manquer ainsi mon autre rendez-vous demain, tandis que si tu voulais seulement dire au commandant... que tu m'as ordonné d'aller à trois lieues d'ici, à l'hospice Kerlo, visiter les marins qu'on devait nous envoyer pour renforcer l'équipage, je ne serais pas puni. Et... alors...

— C'est un mensonge que tu me demandes là, n'est-ce pas?...

— Ce n'est pas mentir, Thomas, c'est pour obliger un ami...

— Un mensonge, n'est-ce pas, qui fasse excuser une turpitude et te donner le moyen d'en faire d'autres?... Jamais.

— Pourtant, Thomas...

— Jamais... Tu as mérité ta punition, tu la subiras...

— Mais l'amitié...

— Je ne sais pas ce que c'est que l'amitié dans le service.

— Mais...

— Adieu.

Et Jean Thomas laissa le docteur désappointé, mais peu

étonné; car il connaissait depuis longtemps le caractère intraitable et inflexible du lieutenant.

En effet, Jean Thomas était un homme d'une vertu sévère, d'une austérité de mœurs *fabuleuse*, d'une probité irréprochable, d'une valeur à toute épreuve; mais si son âme était pure comme l'acier, elle en avait aussi la froideur et la dureté.

Incapable d'aucune faiblesse, il dévoilait, il attaquait sans pitié les faiblesses des autres; aucune considération humaine n'était capable de l'empêcher de faire son *devoir*, comme il le disait, et de remplir la mission qu'il s'était donnée de poursuivre le mal et le vice en tout et partout.

Ne devant qu'à son mérite un grade assez éminent pour un homme de sa classe, le seul défaut de Jean Thomas était une envie enracinée, une haine détestable contre tout ce qui lui était supérieur par la naissance. Et pourtant Jean Thomas, noble, eût été d'une hauteur aristocratique impitoyable. Il le prouvait, d'ailleurs, par la brutalité avec laquelle il commandait à ses subordonnés.

Mais, après tout, ce défaut ne nuisait pour ainsi dire qu'à lui-même; c'était son ver rongeur : cette envie concentrée le dévorait. Mais jamais elle ne se trahissait dans ses relations de service; car, quoique grossier avec les matelots et les officiers qui se trouvaient sous ses ordres, il était incapable de commettre envers eux la plus légère injustice; mais aussi ils ne devaient point attendre de lui la moindre grâce quand ils avaient failli.

Hors le service, sa vertu rigide et impérieuse ne savait non plus se plier à rien. Ni les convenances, ni les usages reçus, ni les exigences d'une société vieillie, ne pouvaient passer à ses yeux pour des excuses.

Irréprochable dans ses mœurs, il voulait les autres ainsi. Traitant l'indulgence de lâcheté, il regardait les gens tolérants comme les complices du crime qu'ils palliaient, et ne faisait aucune différence entre le meurtrier et celui qui ne livrait pas le meurtrier au bourreau.

Somme toute, Jean Thomas était le prototype de l'homme rigoureusement *vertueux*, vertueux sans concession, vertueux sans pitié, vertueux *au pied de la lettre*, si l'on veut me permettre cette vulgarité, qui, seule, peut peindre l'exactitude algébrique de l'intraitable vertu du lieutenant.

Jean Thomas n'avait non plus aucune foi, aucune croyance

religieuse.— La religion,— disait-il, — est un moyen bon pour
tenir en bride ceux qui, sans cet attirail de peines et de récompenses éternelles, seraient de misérables gueux. Mais j'ai
la conscience assez pure, l'âme assez fortement trempée pour
faire le bien pour le bien, sans frayeur comme sans espoir de
l'avenir.

La religion, — disait-il encore, — est bonne pour les faibles
qui, dans le chagrin de quitter ce monde, ou dans l'espérance
d'en trouver un meilleur, ont inventé cette seconde vie éternelle. Quant à moi, — disait-il enfin, — je ne suis ici-bas ni
assez heureux ni assez malheureux pour regretter l'existence
ou craindre la mort, et je retournerai au néant, d'où je suis
sorti, ayant eu sur la terre ma conscience pour religion, et la
vertu pour dieu.

Inutile de dire que les rêveries philosophiques de l'Encyclopédie, que les théories d'égalité et de régénération sociale,
paraissant à Jean Thomas les plus sublimes des systèmes, il
se montrait un des plus fervents séides des idées nouvelles.
Or, avec ses principes arrêtés, sa fermeté inébranlable et sa
vertu farouche, Thomas ne comptait nécessairement pas un
ami, si l'on en excepte le capitaine Jacques Lerouge, car une
sorte de conformité de caractère les avait rapprochés.

Jacques Lerouge, capitaine de corsaire, avait commencé sa
carrière maritime en naviguant au commerce; c'est là qu'il
s'était lié avec Jean Thomas depuis longues années; or, sans
égaler le lieutenant en rigorisme, le capitaine Lerouge était
ce qu'on appelle un loyal marin, faisant son métier de corsaire en temps de guerre et d'officier marchand en temps de
paix avec la même probité scrupuleuse.

En voici un trait. Dans la dernière guerre, Lerouge commandait un beau brick-corsaire de vingt canons; il donne
chasse à un superbe trois-mâts anglais chargé d'épiceries, venant des Indes, et le joint. Se voyant pris, ce bâtiment hisse
un pavillon parlementaire, et envoie à bord du brick un officier pour annoncer au capitaine Lerouge qu'un navire neutre,
venant d'Espagne, lui avait annoncé que la paix venait d'être
signée. Pour toute preuve de la vérité de cette assertion, le
capitaine Lerouge se contente de la parole d'honneur de l'officier, et permet au trois-mâts de continuer sa route. Le trois-mâts ainsi chargé valait plus d'un million, et fut pris par un
confrère moins scrupuleux que Jacques Lerouge.

Tel était le seul ami que possédât Jean Thomas, car dans la marine militaire il n'en comptait pas. Ses mœurs étaient si austères, son esprit si taciturne, son caractère si ombrageux, son langage si rude, qu'au bout de huit jours il était, selon l'expression consacrée, *en quarantaine;* c'est-à-dire que personne ne lui adressait la parole.

Ses rapports avec les matelots étaient plus pénibles encore: d'une sévérité excessive, ne leur passant rien, les traitant avec hauteur et brutalité, il en était souverainement exécré; mais l'influence de sa bravoure et sa fermeté étaient telles, qu'elles lui suffisaient pour les contenir dans les bornes du respect et de la soumission la plus entière.

C'est donc à ce Jean Thomas que le capitaine Lerouge avait confié la surveillance de sa femme.

XXX

VALÉRIE. Oh! sur ma parole, il est en tout le fils
de son père; je jure que c'est un joli enfant.
SHÁKSPEARE, *Coriolan*, acte I, sc. III.

QUE LE COMMERCE EST LE LIEN DES HOMMES

C'était peu de temps après l'arrivée du comte à Brest. Il habitait, comme on sait, sa maison de la place d'Armes. Ce jour-là Henri s'entretenait avec le tapissier chargé de décorer la galerie de *la Sylphide*.

Cet *artiste*, maître juré de sa corporation, était M. Doquin; tout respirait en lui la bonhomie, l'intelligence et la probité: seulement ses yeux semblaient rougis de larmes récentes. Il pouvait avoir environ cinquante ans, et se tenait respectueusement debout devant le comte en recevant ses dernières instructions.

— Quant aux stores chinois, — disait Henri, — vous devez les recevoir de Paris demain au plus tard, ainsi que les étoffes des Indes pour les rideaux de fenêtres; je vous recommande encore la plus grande promptitude, car nous pouvons appareiller d'un moment à l'autre...

— Monsieur le comte peut compter sur mon zèle.

— A propos... il faudra aussi une chaîne à roulis pour suspendre une cassolette à parfums dans la petite salle de bains que j'ai à bord, et ne pas oublier non plus de poser les caisses à fleurs entre les croisées.

— J'aurai l'honneur d'*observer* à monsieur le comte que les caisses sont posées depuis ce matin.

— C'est parfait, monsieur Doquin; mais avez-vous là ce mémoire que je vous ai si souvent demandé?

— Puisque monsieur le comte est assez bon pour daigner m'en parler, le voici : il se monte à trois mille deux cents livres; mais, si j'osais me le permettre, je ferais une supplication à monsieur le comte...

— Faites, monsieur Doquin.

— Je suis à la veille d'être ruiné, monsieur le comte; je suis victime d'une affreuse banqueroute; et si je ne trouve, d'ici à demain, dix mille livres, je suis déshonoré, et qui pis est, monsieur le comte, je mets vingt ouvriers sur le pavé; et par la misère et le froid qu'il fait... monsieur le comte, c'est bien affreux à penser !

Il y avait dans l'accent de ce pauvre homme une si poignante expression d'amertume, que le comte en fut touché; car on sentait que c'était là une infortune vraie, une infortune d'honnête homme qui ne crie pitié qu'au moment de périr.

Henri écrivit quelques mots sur un papier, le plia et le remit à M. Doquin en lui disant : — Voilà un bon de cinq cents louis sur M. Gérard, mon banquier à Brest; vous les tiendrez en compte sur les fournitures à venir. Je suis trop heureux d'obliger un galant homme tel que vous, monsieur Doquin.

— On ne m'avait pas trompé en me parlant de votre générosité, monsieur le comte; mon pauvre petit enfant vous devra plus que la vie, il vous devra l'honneur, et mes ouvriers du pain, monsieur le comte ! — dit le tapissier les larmes aux yeux, d'un air pénétré, en se jetant aux genoux d'Henri, qui réprimait à peine une forte envie de rire.

Le tapissier à peine sorti, le comte n'y tint plus.

— Ah! c'est à en mourir, — disait Henri en éclatant. — Son enfant qui me doit la vie !... il ne croit pas dire si vrai... Mais après tout... — ajouta le comte d'un air plus sérieux, — ce drôle sait peut-être ce qui en est... Sa ruine, sa banqueroute... tout cela est peut-être une ruse pour me soutirer cinq cents louis... Diable! c'est qu'en définitive madame Doquin me coûterait fort cher... et, en vérité, la femme de ce polisson-là lui rapporterait plus qu'une ferme en Beauce, car pour le prix de madame Doquin j'aurais deux filles d'Opéra ou une demoiselle des Italiens... Après ça, je sais bien que madame Doquin est une *femme honnête*... et que son mari ne manque pas de goût; tout bien considéré, ça n'est pas trop cher... car après tout ma galerie sera charmante, et ce drôle a eu une fort bonne idée d'en faire doubler les volets en glaces, de façon que fermés ils reflèteront toute la pièce... Car, enfin, il faut au moins tâcher de rendre sa prison le plus agréable possible... Ce n'est pas que je m'ennuie à bord pendant un grain ou un combat... mais s'il fait calme, ça devient diabolique... c'est à périr de monotonie... Heureusement que j'aurai quelque ressource, je crois, dans mon état-major... Ces jeunes gens me paraissent bien... Il y a encore cet abbé qui a fort bon air, pardieu!... très-bon air : les façons de la meilleure compagnie; seulement il me semble assez dédaigneux, c'est à peine s'il a répondu à mes avances; et puis il a encore en lui quelque chose qui m'intrigue beaucoup, c'est une blessure d'arme à feu au poignet gauche; c'est bien une blessure d'arme à feu, je m'y connais... j'ai pour moi l'expérience... Mais pourquoi diable un abbé a-t-il une blessure d'arme à feu au poignet gauche? Peut-être aussi n'a-t-il pas toujours été abbé; je le croirais assez à ses manières, à sa démarche : d'un autre côté, c'est à peine s'il paraît avoir trente ans, et à cet âge une telle vocation, si elle est sincère, paraît bizarre... Car il est fort bien, cet abbé; par exemple, je ne sais pas pourquoi il ne porte pas de poudre : cela lui donne un air singulier... Mais de quoi vais-je m'occuper! j'aurai, pardieu! bien le temps de chercher le mot de ce logogriphe vivant, une fois que je serai à bord...

A ce moment le fidèle Germeau parut à une petite porte masquée dans l'alcôve de la chambre à coucher, et dit mystérieusement à Henri : — Monsieur le comte, *peut-on* entrer?

— Ah! vive Dieu! — s'écria Henri, — elle ne pouvait mieux arriver, certainement... qu'elle entre.

A peine le comte avait-il parlé, que la petite porte se referma, et que Germeau disparut, laissant à sa place une femme bien enveloppée dans ses coiffes et dont on ne voyait que les deux grands yeux noirs, vifs et brillants.

— Ote donc tout cela, Georgette, — dit le comte en écartant la mante de cette femme ; — tiens, justement ton mari sort d'ici.

Et attirant Georgette sur ses genoux, il la débarrassa de tout ce qui cachait sa jolie figure ronde, fraîche, mais trop pleine et trop colorée.

— Comment, il sort d'ici ! — dit madame Doquin. — Ah ! monsieur Henri ! il ne vous a pas dit le malheur qui...

— Si, il m'a tout dit, je sais tout ! j'y ai remédié aussi ; ne parlons plus de cela, c'est fini, dit le comte en réchauffant dans les siennes les deux mains de Georgette... soignées, grasses, mais trop *roses*, irrécusable preuve du manque de race.

— Oh ! quant à cela, je sais bien que Doquin n'est pas contrariant, monsieur Henri... et c'est un bonheur, car tous les hommes ne sont pas aussi doux que lui. Ah ! tenez... si vous saviez ce qui vient d'arriver à Recouvrance ! c'est à se tourner le sang... quand on pense qu'il y a des êtres aussi méchants...

— Eh ! bon Dieu !... explique-moi ça, ma chère, — dit Henri en entourant, hélas ! avec trop de familiarité, la taille rebondie de madame Doquin.

— Voilà ce qui en est, monsieur Henri... vous ne connaissez peut-être pas Jacques Lerouge ? Mais écoutez donc, Henri !

— Mais j'écoute, ma chère amie.

— Eh bien donc, Jacques Lerouge est un capitaine-corsaire qui a gagné à la course beaucoup d'argent dans l'autre guerre ; il s'est marié depuis deux ans à la fille de madame Binan, la modiste... une charmante petite femme que je connais, blonde et jolie comme un cœur... Mais hélas ! aujourd'hui...

— Eh bien, — dit Henri en l'interrompant, — est-ce que Jacques Lerouge s'appellerait Jacques le Jaune, Jacques le Doquin, Jacques le...

— Taisez-vous donc, monsieur Henri ; comme c'est mal, ce que vous dites là pour ce pauvre Doquin, qui vous aime tant...

— Et moi donc ! — dit le comte en éclatant de rire. — Mais, voyons... ta jolie blonde... ton Jacques Lerouge... qu'ont-ils fait ?

— Eh bien donc, madame Lerouge, qui avait été mille fois trop bonne de se marier à un monstre comme ce capitaine, un vrai brutal, quarante ans, laid, avare et des manières... Ah !...

— Voyons... au fait...

— Eh bien, monsieur Henri, ce vilain Jacques Lerouge a tant tourmenté sa pauvre petite femme, que la malheureuse...

— En est morte? — dit Henri.

— Non, monsieur Henri, elle n'en est pas morte, mais elle a été assez infortunée pour se voir contrainte, par les atroces procédés de ce tigre... contrainte, dis-je, à prendre un amant... Hein!... Est-ce ça un homme affreux!...

— Un monstre à expulser de la société, — dit Henri avec un admirable sérieux. — Ah çà, et l'infortunée madame Lerouge... a-t-elle au moins trouvé les consolations qu'elle cherchait?...

— Pendant deux mois ça a été très bien, monsieur Henri; mais hier, à ce qu'il paraît, tout a été découvert... L'amant est clerc de procureur, un très joli garçon... toujours si bien attifé qu'on le prendrait pour un commis; avec ça, il s'appelle Boniface Jablot, et son père est fermier de la gabelle!

— Diable! madame Doquin... voilà bien des circonstances... bien des détails sur M. Boniface... Jalot... Cablot!... Comment dis-tu ça?

— Oh! monsieur Henri, je vous jure... oh! plutôt cent fois mourir que de vous être infidèle... Ne vous faites pas ce chagrin-là...

— Ah çà, ma chère, — dit Henri d'un air dédaigneux et presque piqué, — j'espère bien que vous n'avez pas la prétention de me croire jaloux de vous! Enlevez M. Cablot à madame Lerouge, si bon vous semble, je vous permets de ces petites bonnes gens-là... tant que vous en voudrez. *Aimez-moi* seulement lorsque nous sommes tête à tête... c'est tout ce que j'exige. — Puis, voyant des larmes, il reprit : — Allons, Georgette, ne pleure pas; mais pourquoi viens-tu me dire que tu me seras fidèle?... Qui diable te parle de ces billevesées?... Voyons, continue ton histoire... Jacques Lerouge a donc tout découvert?

— Oui, monsieur Henri, — dit Georgette en essuyant ses yeux. — C'est-à-dire pas lui; mais un de ses amis... quelqu'un que vous connaissez bien... M. Jean Thomas...

— Mon digne lieutenant?

— Oui, monsieur Henri. Et comme il est très ami avec le capitaine, on tremble qu'il ne lui dise à son retour...

— Le capitaine n'est donc pas ici?

— Non, monsieur Henri, il est allé passer cinq jours à Lambeseleq, et c'est pendant ce temps-là que sa pauvre femme et son amant ont été vus hors de la ville. C'est votre M. Jean

Thomas qui a fait ce beau coup-là... Aussi il crie comme un sourd, dans tout Recouvrance, qu'il le dira au capitaine Lerouge, qu'on attend d'un moment à l'autre; et vous jugez comme c'est agréable... Mariez-vous donc, après cela, pauvres femmes!

A ce moment on entendit légèrement gratter à la porte de l'alcôve.

— Qu'est-ce? — cria Henri.

— Une lettre très pressée pour monsieur le comte, — dit la voix de Germeau.

— Pousse-la sous la porte...

Et une lettre glissa sur le tapis; Henri l'ouvrit et lut ce qui suit:

« Monsieur le comte,

» C'est une ancienne domestique d'un ami de feu M. le comte votre père, qui vous supplie, au nom de ce que vous avez de sacré, de vous rendre chez elle pour prévenir un affreux malheur. Il s'agit de vie ou de mort. Monsieur le comte, la personne qui se permet de vous faire cette prière est en outre la mère de votre lieutenant, la veuve Thomas. Au nom du ciel, venez, monsieur le comte... venez... Chaque minute de retard peut amener un épouvantable événement.

» Veuve Thomas,

» Rue des Poutres, n° 7. Recouvrance. »

— Que diable veut dire cela? — s'écria Henri. — Certainement j'irai, et à l'instant... Adieu, Georgette... Reviens ce soir... Vite ta mante, et passe par le petit escalier...

— Ah! mon Dieu!... c'est peut-être pour cette pauvre madame Lerouge, — dit Georgette effrayée, en s'enveloppant à la hâte dans ses coiffes.

— C'est pour cela, mon enfant, qu'il faut me laisser... Adieu.

Puis, sonnant Germeau, qui parut: — Reconduis madame, fais préparer une chaise, et donne-moi ma toilette. Il faut que je sorte à l'instant.

XXXI

> La vérité ne change point : qui a changé, de vous ou de nous ?...
>
> L'abbé de LAMENNAIS, *Mélanges. De l'opposition.*

VERTU

Le lecteur n'a sans doute pas oublié la description du modeste logement de la veuve Thomas ; c'est dans cet appartement que la scène que nous allons décrire se passait.

La figure de la veuve, ordinairement si douce et si calme, trahissait un état d'agitation extraordinaire ; des larmes séchées sillonnaient les rides de ses joues, ses mains tremblaient, et à ses côtés son rouet renversé témoignait de la violence de l'explication qui venait d'avoir lieu.

A genoux devant elle, l'embrassant de ses deux bras et cachant sa tête dans le sein de la veuve, se courbait une jeune femme échevelée qui poussait des sanglots inarticulés.

C'était Pauline, la femme du capitaine Lerouge.

A l'autre bout de la chambre, assis sur une chaise, Jean Thomas, les bras croisés, affectait un grand sang-froid que démentait sa pâleur.

— Calmez-vous, — disait la veuve à la femme éplorée, — calmez-vous, ma chère enfant ; mon fils ne sera pas assez cruel pour cela, croyez-moi... et puis d'ailleurs, — ajouta-t-elle tout bas, — j'ai écrit à son commandant, il va venir, et il l'empêchera bien de commettre cette atrocité, lui !

— Oh ! madame, — dit la malheureuse femme en relevant son beau visage inondé de larmes, — oh ! madame, c'est que mon mari me tuerait... Vous ne connaissez pas sa violence ; il me tuerait, bien sûr...

— L'adultère serait donc puni comme il doit l'être, — dit Thomas d'une voix creuse.

— Mon Dieu !... mon Dieu !... Monsieur Thomas, pourquoi m'en voulez-vous donc autant ?... Je ne vous ai jamais rien fait de mal, moi ! — dit Pauline suppliante.

— Je ne vous en veux pas. Je sais que vous avez commis

un crime, je dois le dire à mon ami; c'est mon devoir, et je le ferai.

La pauvre femme retomba sur les genoux de la veuve, et éclata de nouveau en murmures déchirants.

— Mais vous êtes donc impitoyable, Thomas? — s'écria la veuve. — Vous n'avez donc pas d'entrailles, puisque la vue de tant de douleur ne vous touche pas, puisque vous êtes assez cruel pour vouloir livrer cette pauvre victime à son bourreau?...

— Courage, ma mère, courage... cela est beau, — dit Jean Thomas; — allons, vous qui avez toujours le nom du bon Dieu à la bouche, défendez l'adultère, et attaquez un homme vertueux qui fait son devoir.

— Votre devoir, Thomas... votre devoir!... mais... n'y a-t-il donc pas un milieu entre l'intolérance farouche que vous affichez et une complicité criminelle? Qui vous conteste le droit de tâcher de ramener la femme de votre ami à de meilleurs sentiments? essayez-le, monsieur; mais ne faites pas assassiner cette malheureuse enfant, sans lui donner au moins le temps de se repentir... Si vous aviez un cœur dans la poitrine, monsieur, cette considération vous toucherait.

— Je ne transige jamais avec mon devoir, ma mère.

— Votre mère!... oui, votre mère; mais qui rougit en pensant qu'elle a donné le jour à un être aussi dénaturé que vous...

— Rougissez donc de ce que votre fils est honnête homme, rougissez de ce qu'il est d'une vertu sévère et inébranlable... Je suis petit-fils d'un vendeur de poissons sur le port, n'est-ce pas, ma mère!... — dit Thomas avec un rire plein de rage et d'amertume. — Eh bien! pour un vilain, pour un indigne roturier, vertu est noblesse... et, par le ciel! je puis me dire, de cette façon, aussi noble qu'un Montmorency... Si on ne dit pas Thomas le gentilhomme, Thomas le seigneur, Thomas le roué, Thomas l'impudent, on dit Thomas l'honnête homme. C'est un malheur pour vous, ma mère, mais c'est comme cela.

— Et je vous dis, moi, que ce n'est pas l'amour de la vertu qui vous fait agir, mais une épouvantable haine que vous nourrissez contre tout, parce que vous enviez tout. Oui, il faut une victime à votre rage : parce que l'orgueil vous torture, il faut que quelqu'un supporte la réaction de ce que vous souffrez; et la *vertu* vous sert de prétexte. Oui, je vous dis, moi,

que vous profanez ce mot, et que, si vous aviez le moindre principe religieux, que si vous aviez ouvert ce livre divin, — ajouta-t-elle en montrant l'*Imitation de Jésus-Christ*, — vous y auriez, au contraire, puisé des sentiments de commisération et de tolérance... Tenez, monsieur, lisez ce que prescrit celui qui mourut pour notre salut... lisez : « Vous n'avez pas à ré-
» pondre des autres, mais vous répondrez pour vous-même...
» De quoi donc vous inquiétez-vous[1]? »

— C'est ma conscience qui me dicte mon devoir, ma mère, et non ces rébus écrits par je ne sais qui, — répondit Thomas avec dédain; — une faute a été commise, le coupable sera dévoilé : c'est justice... L'honneur et le bonheur de mon ami avant tout, ma mère.

— Mais, malheureux ! — s'écria la veuve, — vous ne pensez pas au bonheur de votre ami en agissant ainsi; car s'il ignore tout, s'il a confiance en sa femme... pourquoi lui révéler cet affreux secret? Allez, monsieur, croyez que, suffisamment punie par cette effroyable leçon, la pauvre enfant reviendra à ses devoirs, à son intérieur; je vous le promets, moi... ainsi, ne dites rien, et la paix de ce ménage ne sera pas troublée. Thomas... mon fils... votre mère vous en prie : épargnez à cette malheureuse la mort, à son mari un crime, et à vous d'affreux remords.

— Vous plaisantez, ma mère, des remords!... quand je défie qui que ce soit de me prouver que ma conduite n'est pas, en tout point, celle d'un homme rigide, mais droit...

— O monsieur Thomas ! — dit Pauline en se traînant encore aux genoux du marin, — monsieur Thomas, j'ai eu tort, je le sais... bien tort... ma faute est inexcusable : oui, je suis une misérable, je mérite le mépris... mais pas la mort ! Un peu de pitié... monsieur Thomas... ne le dites pas... je vous jure sur Dieu, sur votre mère... que je passerai ma vie... toute ma vie... à me repentir, à rendre mon mari le plus heureux que je pourrai... je supporterai tout de lui sans me plaindre... O monsieur Thomas! pitié!

— Pas de pitié pour le crime!... il fallait rester pure... vous n'auriez pas ces transes... Il est trop tard ! — dit rudement Thomas.

— Mais, monsieur Thomas, il n'est jamais trop tard pour

---

[1] *Imitation*, liv. III, chap. XXIV.

arracher une pauvre femme à la mort! — s'écria Pauline avec un accent déchirant, en joignant ses deux mains; — car enfin, vous savez bien qu'il me tuera, s'il le sait...

— Vous avez été adultère, mon ami en sera instruit. Le reste ne me regarde pas... ainsi, plus de prières... Encore une fois, je ferai mon devoir.

— O mon Dieu, je n'ai donc plus qu'à mourir! — dit la femme du capitaine en tombant roide sur le plancher.

Alors la veuve, se dressant malgré son grand âge pour aller secourir cette infortunée, s'écria, en levant les mains et les yeux au ciel : — O mon Dieu, pardonnez à cet insensé tout le mal qu'il fait!

— Insensé l'homme vertueux, c'est vrai... Ainsi pense le monde. Mais je ne suis pas *du monde*, moi! — dit amèrement Thomas.

— Sortez, sortez d'ici, entendez-vous!... sortez de chez moi, monsieur, — s'écria la veuve en montrant du geste la porte à Thomas.

— Je suis ici dans la maison de mon père, — dit le lieutenant.

— Si vous ne sortez pas à l'instant, j'appelle au secours, fils indigne!

— Indigne! fils indigne pour avoir dit au crime : Tu es le crime! Indigne, pour avoir fait mon devoir d'honnête homme... Mais en vérité, ma mère, le grand âge vous fait...

— Le grand âge me fait déraisonner, le grand âge me rend folle, n'est-ce pas? — s'écria la veuve en l'interrompant. — Ah! tu injuries ta mère. Eh bien! sois maudit, malheureux!... sois maudit!

Mais à ce moment la porte s'ouvrit et le comte parut.

XXXII

Mais c'est un sacrilége...
Musique de Meyerbeer.

SACRILÉGE

Le bruit que fit la porte en s'ouvrant, lorsque le comte parut, rappela Pauline à elle-même; car la malheureuse femme, croyant entendre son mari, s'était jetée aux genoux de la veuve en s'écriant : — Il va me tuer... madame, défendez-moi...

Mais s'apercevant bientôt de son erreur... toujours agenouillée, elle écarta ses cheveux de son front, regarda fixement l'étranger qui entrait, et, comme par instinct, devina que c'était le comte.

Alors lui prenant les mains qu'elle baisait en pleurant, elle lui dit : — Sauvez-moi, monsieur le comte ; au nom du ciel, sauvez-moi... je n'ai plus d'espoir qu'en vous...

Et puis elle retomba dans une espèce de spasme convulsif qui agitait ses pauvres membres.

Jean Thomas, au comble de l'étonnement, regardait son supérieur avec stupéfaction.

— Monsieur le comte n'a donc pas dédaigné la prière d'une pauvre veuve ? — dit la mère de Thomas en saluant respectueusement Henri.

— Non, madame... et je serais trop heureux de vous être utile... Mais veuillez m'expliquer ce que cela signifie, et en quoi je puis sauver madame...

— En empêchant mon fils de trahir le secret de cette malheureuse enfant, qui est bien coupable, car elle a oublié un moment ses devoirs, monsieur le comte ; mais elle se repent ; voyez ses pleurs... c'est à fendre l'âme... Eh bien ! croiriez-vous que mon fils veut tout dire à son mari ? Et s'il le dit, c'en est fait d'elle. Ainsi, monsieur le comte, je vous en supplie, ordonnez à mon fils de n'en rien faire, vous qui êtes son chef, monsieur le comte, et nous vous bénirons toutes deux.

— Oh ! oui, monsieur le comte, ma vie ne sera pas assez longue pour vous prouver ma reconnaissance, — dit Pauline.

— C'est qu'elle est faite à ravir, — pensait le comte en contemplant la taille de madame Lerouge agenouillée à ses pieds. Puis s'adressant à Jean Thomas : — J'espère, monsieur, que...

— J'espère, monsieur, — dit Thomas en interrompant le comte, — j'espère que vous vous respecterez assez pour ne pas vous mêler d'une chose qui n'intéresse en rien le service...

— Je suis ici chez madame Thomas, monsieur, — dit Henri en saluant la veuve, — et je ne dois compte de mes intentions à personne.

— Eh bien, moi, monsieur, — dit arrogamment Thomas, — moi, qui suis ici chez moi, je vous dirai les miennes... Mon intention est de tout dévoiler à mon ami, M. le capitaine

Lerouge, et cela, je le ferai tout à l'heure. Je sais monsieur, qu'à ma place un homme de cour serait plus tolérant, ou plus lâche... mais je ne suis pas un homme de cour, moi, monsieur, je suis d'une autre classe... je suis du peuple... Je suis honnête homme...

— Tu es un misérable d'oser parler de la sorte à un gentilhomme, à un seigneur qui honore la maison de ton père en daignant y venir!... — s'écria la veuve, qui ainsi redoublait imprudemment la colère de Thomas; — demande-lui excuse... à l'instant même... — ajouta-t-elle.

— Ma mère! — s'écria Thomas avec emportement.

— Je vous en supplie, madame, — dit le comte avec son calme habituel, — oubliez comme moi tout ce que monsieur vient de dire. — Et se tournant vers Thomas: — Vous traitez bien sévèrement les gens de *ma classe*, monsieur; moi j'ai meilleure opinion de ceux de la vôtre... puisque vous-même avez établi cette distinction, que je n'ai jamais songé à faire; c'est parce que je vous sais loyal et honnête homme, que je me permettrai de me joindre à madame votre mère pour obtenir de vous de garder le silence sur cette fâcheuse aventure. Vous sentez bien, monsieur, qu'il y aurait sottise de ma part à penser que mon influence de commandant pût vous déterminer en quoi que ce soit: aussi vous prié-je d'oublier nos grades, et de ne me considérer que comme un galant homme qui demande une grâce à un galant homme... Je vous en supplie, monsieur Thomas, ne donnez pas suite à votre projet; en vérité, il dépasserait le but que vous vous proposez, j'en suis sûr...

Thomas ne répondit pas un mot, regarda le comte d'un air sardonique, puis, tirant sa montre, il dit: — Voilà midi, c'est l'heure à laquelle arrive le coche de Lambeseleq. Mon ami doit y être; et je vais à sa rencontre.

Et il disparut.

— Mon fils! mon fils! — dit la veuve suppliante.

— Oh! monsieur, — s'écria Pauline, — c'est mon bourreau que vous allez chercher...

— Par le ciel! monsieur Thomas, vous ne ferez pas cela! — dit Henri en courant après son lieutenant.

Il était trop tard...

Les trois acteurs de cette scène étrange se regardèrent stupéfaits.

— O mon Dieu! c'est donc fini de moi! — s'écria Pauline, — je vais mourir... mourir...

— Que faire, monsieur le comte? — dit la veuve dans un état d'affreuse anxiété.

Henri réfléchit un moment, ne put cacher un sourire, et dit résolûment à madame Lerouge : — Hormis ce qui s'est passé dans la journée d'hier, mon diable de lieutenant n'a aucune autre preuve contre vous?

— Non, monsieur le comte, je vous le jure.

— Eh bien, donc, si votre mari vient, niez tout avec assurance; et vous, madame Thomas, puisque votre fils ne peut parler que d'une chose qui s'est passée dans la journée d'hier, soutenez qu'hier, depuis le point du jour jusqu'au soir, madame ne vous a point quittée un seul instant; tenez bon, pas de faiblesse. Dans ce cas, voyez-vous, ma chère dame, — dit le comte en souriant encore, — dans ce cas assez fréquent, le mari croit plutôt le bien que le mal; et, j'en suis sûr, votre témoignage détruira l'effet de celui du lieutenant.

— Mais c'est mentir, monsieur le comte, — dit gravement la veuve.

— Mais c'est aussi sauver la vie de votre prochain, madame, — dit le comte.

— Mentir! — répéta la veuve avec une expression de douleur et d'incertitude. Puis ses yeux baignés de larmes tombant sur l'*Imitation* restée ouverte sur sa table, elle lut :

« Tout n'est pas perdu, quoique vous soyez dans le trouble et violemment tenté.

» Vous êtes un homme et non pas un dieu; vous êtes de chair et non pas un ange.

» Comment pourrez-vous toujours vous maintenir dans un égal degré de vertu, lorsque cette persévérance a manqué à l'ange dans le ciel et au premier homme dans le paradis?

» C'est moi, le Christ, qui soutiens et qui délivre ceux qui gémissent, et j'élève jusqu'à moi ceux qui reconnaissent leur infirmité.

» Le témoignage des hommes trompe souvent; mais mon jugement est seul vrai, il ne sera pas ébranlé, et la miséricorde de Dieu est infinie [1]. »

---

[1] *Imitation de Jésus-Christ*, liv. III, chap. LVII.

— Que la volonté de Dieu soit donc faite, — dit la veuve en fermant le livre. — Ses vues sont impénétrables, et lui seul voit le fond des cœurs...

A ce moment on entendit parler derrière la porte... on distingua la voix du lieutenant, et une autre voix encore...

— C'est mon mari ! — murmura Pauline. — Je me sens mourir... je suis perdue...

— Diable ! ah çà ! pas de faiblesse, — dit Henri, dont le cœur battait très fort.

La porte s'ouvrit.

C'étaient en effet le capitaine et Thomas.

Le capitaine avait quarante ans, paraissait d'une constitution athlétique ; son visage brun, vigoureusement dessiné, était blême et contracté ; il avait les lèvres blanches et serrées, l'œil vitreux, et l'apparence d'un calme plus effrayant que les transports de la colère.

Il s'avança d'un pas ferme vers Pauline, qui s'était réfugiée dans les bras de la veuve.

Et touchant l'épaule de sa femme, Jacques Lerouge lui dit tranquillement : — Que faites-vous ici, madame ?

— Monsieur le capitaine, — dit Henri, qui possédait seul son sang-froid, — je suis le comte de Vaudrey, et madame Thomas m'a chargé de vous expliquer pourquoi madame (il montrait Pauline) est ici. M. Jean Thomas, abusé par de faux rapports qui ont surpris sa religion, vous a peut-être dit qu'hier, sur les deux heures, votre femme avait été vue hors de la ville, en tête à tête...

— Oui, je l'ai dit, et cela est vrai ; qui oserait me démentir ? — s'écria Thomas.

— Moi, mon fils, — articula la veuve avec un soupir ; — car madame a passé la journée d'hier chez moi... depuis huit heures du matin jusqu'à neuf heures du soir.

— Par le ciel ! voilà qui est bien infâme !... — s'écria Thomas hors de lui.

Le capitaine regarda fixement Thomas sans mot dire, puis : — Thomas, est-ce bien possible ? Toi... mon ami... toi, du moins, que je croyais tel... tu m'aurais trompé ?... — Et frappant violemment du pied, il ajouta : Oui, misérable, tu calomnies ma femme ; car jamais, jamais ta mère ne mentirait...

Et cette figure sauvage semblait combattue tour à tour par le doute, la colère et l'espérance...

12.

Mais c'est l'enfer que cela! — s'écria Jean Thomas exaspéré.

— Je n'ai pas bougé d'ici hier... et je ne sais pourquoi M. Thomas a cru aux accusations dirigées contre moi, — dit Pauline, qui, sentant une lueur d'espoir renaître en son cœur, reprenait un peu de courage.

— Oh! les femmes!... les femmes!... — pensait Henri en souriant intérieurement.

Il y eut alors un moment de silence impossible à décrire.

Puis enfin le capitaine dit d'une voix brève, en contenant avec peine son effroyable agitation : — Écoute, Thomas... moi, je t'ai toujours connu loyal et rigide; je ne puis donc pas en une minute changer comme cela envers toi... et te regarder comme un infâme, comme un menteur; non, cela est impossible; encore une fois, cela est impossible... Dis-moi... la vérité, Thomas. On t'a fait ce rapport... n'est-ce pas?... alors toi, en fidèle ami, tu m'as raconté cela; mais tu n'as rien vu par toi-même, n'est-ce pas, Thomas, rien vu?... Tu as cru me rendre service en me rapportant cet *on dit;* mais enfin, tu n'as rien vu par toi-même?

— Hier, à deux heures de l'après-midi... moi, Thomas, j'ai *vu* ta femme sur le rempart, donnant le bras à un jeune homme vêtu de bleu... J'ai vu qu'ils se tenaient tous deux les mains... tout en se donnant le bras... J'ai vu qu'à un détour du rempart, ne se croyant pas surveillés, ils se sont embrassés.

— Thomas! — dit le capitaine en rugissant.

— Je les ai vus! — reprit impitoyablement Thomas. — Je les ai vus; et c'est ma mère qui ment! oui, par le ciel, elle ment!

— Tu les as vus... bien vus? — dit Lerouge en balbutiant.

— Je les ai vus...

— Ah! — dit le capitaine en passant la main sur ses yeux; puis faisant comme un dernier effort, car on l'entendait à peine parler : — Écoute, Thomas, — murmura-t-il, — jure-moi, mais jure-moi par ton honneur de marin, par ta foi d'honnête homme, par la mémoire de ton père, que tu les as vus... jure-le-moi, et je te croirai...

Puis, au moment où Thomas allait parler, le capitaine lui prit la main avec force, en lui disant d'un air imposant : — Tu me connais, Thomas... ainsi, c'est un arrêt... que tu vas prononcer... songes-y bien, un arrêt de mort... De mort, entends-tu bien?... — répéta de nouveau le capitaine avec un tremblement convulsif dans la voix, en serrant encore le bras du lieutenant.

— Monsieur!!! — s'écrièrent à la fois Henri, la veuve et Pauline, en tendant les bras vers Jean Thomas, qui dit à voix haute :

— Je jure donc par ma foi d'honnête homme, par la mémoire de mon père, par mon honneur de marin, je jure que je les ai vus.

— C'est fini, malheureuse! — dit sourdement le capitaine en tirant un large poignard qu'il avait tenu caché sous son caban, et, avant que le comte eût pu s'opposer à sa rage, il s'élança comme un tigre sur sa femme, et la prit par les cheveux.

La lame effleurait le sein de Pauline, aucune puissance humaine ne pouvait l'arracher à une épouvantable mort...

— Arrêtez, monsieur ! — s'écria la veuve avec un tel accent d'autorité... que le bras du capitaine, déjà levé sur sa femme, retomba aussitôt.

Puis, se levant droite, calme, imposante, la veuve étendit sa main sur un crucifix qu'elle portait à son cou, et dit, d'une voix haute et ferme : — Je vous jure, moi... par l'image du Rédempteur des hommes, que votre femme est innocente, et qu'elle ne m'a pas quittée un instant dans la journée d'hier... Que je sois à jamais vouée aux peines éternelles, si je mens!...

— O ma mère !... ô ma mère !... — s'écria Thomas en levant les mains au ciel...

— Misérable! — dit Lerouge en menaçant Thomas de son poignard... Car le capitaine croyait la veuve; la piété profonde de cette sainte femme était tellement connue dans Recouvrance, que personne au monde ne pouvait penser qu'elle commît un aussi épouvantable sacrilége...

— Pauvre dupe !... — répondit froidement Thomas en regardant, sans pâlir, le poignard levé sur lui...

Mais Lerouge, jetant cette arme par terre, dit à Thomas :
— Le sang d'une aussi vile canaille que toi souillerait ce poignard... Va... je te méprise, menteur!

Puis, se précipitant aux pieds de sa femme : — Pauline !... pardon, oh! pardon !... mon Dieu! moi, je t'aimais tant, que... et puis... Mais non, je suis hors de moi, c'est un rêve... un affreux rêve; mais tu es innocente... cet infâme a menti... pardon...

Et la sauvage figure de ce rude corsaire avait une admirable expression de douleur et de bonté. Il pleurait comme un enfant... il embrassait sa femme, baisait les mains de la veuve, riait, sautait, remerciait le comte. C'étaient des mots sans suite, des soupirs, des éclats de joie. Puis enfin, comme si les paroles lui eussent manqué pour exprimer ce qu'il ressentait, avant que les acteurs de cette scène étrange eussent pu dire un seul mot, il prit sa femme dans ses bras, et se sauva en l'emportant, comme s'il n'eût tenu qu'un enfant.

Thomas était resté pétrifié : il ne voyait rien, n'entendait rien; la conduite inouïe de sa mère paralysait toutes ses facultés; pour lui, tout cela était un songe.

Enfin, passant ses mains sur son front et le serrant avec force, il ne put crier que : — Oh! mais je deviendrai fou!

Et il sortit précipitamment sans chapeau et sans épée...

La veuve, ne pouvant résister à une aussi violente secousse, ferma les yeux et s'évanouit.

Le comte appela du secours, laissa la veuve Thomas aux mains des voisines, et sortit en disant : — Foi de gentilhomme, tout ceci est fort curieux : voilà une dévote qui commet un sacrilége, un honnête homme traité d'infâme, un autre honnête homme berné comme un sot, et tout cela pour sauver la vie d'une catin, toute prête à recommencer. Mon Dieu! que l'existence humaine est donc une drôle de chose!... Il faudra que je m'informe si on peut *m'avoir* cette Pauline... elle a une délicieuse taille... Ah! l'excellent M. Lerouge! . . . . . .
. . . .
. . . .

Huit jours après cette scène, la veuve Thomas n'était plus.

Le surlendemain de la mort de sa mère, Jean Thomas reçut les mots suivants du capitaine Lerouge :

« J'ai appris que votre mère était morte; ce nouveau malheur vous rend digne de quelque pitié. Je vous ai dit MENTEUR; je veux bien regarder ce mot comme une insulte de ma part, et je consens à vous en rendre raison. Choisissez le lieu, les armes et le jour.

» LEROUGE. »

Jean Thomas répondit ce qui suit :

« Je ne suis pas un *menteur,* mais je refuse la satisfaction que vous m'offrez, parce que j'ai juré à ma mère de ne jamais *mettre l'épée à la main dans un duel...* Enfin je l'ai juré, et ce serment, je le lui ai encore répété avant sa mort. Vous me connaissez ; vous savez si c'est par peur que je refuse, et si j'ai jamais manqué de ma vie à une parole jurée.

» Thomas. »

— Non, mille dieux ! ce n'est pas par peur qu'il refuse ! — s'écria le capitaine Lerouge en lisant ces mots. — Ce n'est pas par peur, je l'ai vu au feu ; mais il a décidément du malheur.

Madame Lerouge, pour fuir la *médisance,* obtint de son excellent capitaine de mari d'aller habiter Rennes, au lieu de Brest. Le capitaine y consentit, et s'y établit avec sa *vertueuse épouse,* comme il disait.

Par une espèce de convention tacite, le comte et le lieutenant ne se dirent, par la suite, pas un mot de cette scène bizarre. Seulement, Henri, pour mettre Jean Thomas plus à son aise, lui proposa un autre embarquement. Le lieutenant lui demanda s'il avait *démérité* de ses supérieurs.

Jean Thomas resta donc à bord, ainsi que par le passé.

A peu près à la même époque, Perez s'embarqua à bord de *la Sylphide,* comme délégué du munitionnaire général.

Rita, vêtue en homme, le suivit, et passa pour son commis.

Mais peu de matelots s'aperçurent de sa présence à bord, car elle s'était embarquée un soir...

Un soir, au moment où le comte rentrait aussi à bord, mais un peu bruyamment, car il sortait de je ne sais quel joyeux souper, de sorte qu'Henri, en voyant dans l'ombre des passavants Rita avec Perez, demanda *ce que c'était que ça.*

On lui dit : — Commandant, c'est le commis du munitionnaire et son aide.

Et le comte, faisant un geste de dédaigneuse insouciance, descendit nonchalamment dans sa somptueuse galerie dorée.

Perez et Rita gagnèrent, dans la cale, le sombre et humide réduit qui leur était destiné.

LIVRE V

XXXIII

> Non... ce n'est qu'à l'homme dont le cœur a palpité de joie sur les flots bondissants qu'il appartient de décrire les ravissements de ceux qui errent sur ces immenses plaines sans sentiers...
>
> Lord BYRON, *le Corsaire*, ch. I, V.

MARINE

—1781—

A toi les femmes, à toi les chiens et les chevaux, à toi l'épée de guerre, étincelante et verte jeunesse! bel âge, tout d'insouciance, de force et d'audace! Heureux temps, où la vie paraît si longue qu'on la jette à qui veut, et qu'il en reste assez pour mettre l'orgie sous la table et la débauche sur les dents!

L'amour! la chasse! la guerre! nobles jeux sans merci: fille éplorée, daim qu'on égorge, ennemi mort. L'hallali sonne; un œil de poudre, un cheval frais, une épée neuve; et recommence, mon gentilhomme!

Heureux Henri, c'était là ta vie! Oublie Versailles et ses femmes, tes bois, ta meute, et tes piqueurs. Maintenant, c'est la guerre, Henri! c'est la guerre! L'étoile américaine se lève! Les deux mondes sont en feu; du nord au sud la mer mugit, le canon tonne; écoute... C'est encore ce vieux pavillon de France qui passe sur les Océans, avec son panache de flammes et ses fanfares d'artillerie...

Et ceux qui le tiennent, ce blanc pavillon, ont la main rude et ferme. C'est d'Estaing, c'est la Mothe-Piquet, c'est de Grasse, c'est Suffren, c'est Destouches, c'est Descars; haut flottant ou coulé bas, c'est comme cela qu'ils le veulent. Tu les connais d'ailleurs, Henri; ce sont tes maîtres.

Nobles maîtres dont tu vas te montrer le digne élève, car au bout d'un certain temps la terre ennuie, n'est-ce pas... alors qu'elle s'est usée par ses excès, cette activité dévorante, fébrile, qui te faisait entasser fêtes sur fêtes, amours sur amours, et te permettait de tout savourer, de tout étreindre?

Oh! n'est-ce pas que cette vie dorée, libertine et sensuelle, qui se passe aux bougies, sur la soie et dans les parfums, devient étouffante à la longue? N'est-ce pas qu'on sent l'impérieux besoin de venir aspirer ce bon air marin, âpre et vif, qui dilate les veines et fait circuler le sang? N'est-ce pas qu'il est doux d'offrir son front brûlé par les excès aux fraîches brises de l'Océan?...

N'est-ce pas qu'on peut venir, en toute sûreté d'émotions, se retremper un peu aux poignants spectacles d'un combat ou d'une tempête?

N'est-ce pas que le cœur se hausse lorsque, mettant le pied sur sa frégate, on se dit : « Ici ma loi, ici ma volonté libre et souveraine; ici d'un mot, ici d'un signe, je fais obéir trois cents hommes comme un seul homme; car, sûrs de moi, ils m'ont tacitement abandonné leur vie, et m'ont dit : — Prends-la, et sers-t'en pour la gloire du roi de France! »

N'est-ce pas que cela te paraît bien beau, de songer que toi aussi tu réponds de la gloire du roi et de la France? N'est-ce pas que cette imposante tâche t'inquiète peu, Henri, puisque tu as des voiles, de la poudre et du fer; puisque, si le nombre t'écrase, tu sais que ce loyal Océan ne refuse jamais une glorieuse retraite dans les profondeurs de ses abîmes à ceux qui n'aiment pas que leur pavillon serve de trophée à l'ennemi vainqueur?

N'est-ce pas, enfin, que tu éprouvas une bien vive émotion de vague inquiétude, d'ardente curiosité, lorsque, arrivant à Brest, impatient, tu courus au port pour voir ta frégate, ta SYLPHIDE!...

Et la voir de cette façon... encore qu'était-ce? Je sais que de ton coup d'œil rapide, pénétrant et exercé, tu pouvais pénétrer ses qualités et ses défauts. Mais, hélas! hélas! voir une frégate dans le port, c'est voir un cheval de chasse dans sa box.

Voyez-y ce noble cheval; qui reconnaîtrait en lui le digne fils d'*Old-Port*, de *Champagne*, ou de *Cadlan*? Voyez... comme il est triste, et morne, et sombre; ses oreilles penchent, son œil est terne, ses jarrets ploient, sa croupe s'affaisse, car l'air, la lumière, l'espace lui manquent... l'espace surtout! car l'espace, c'est son courage, sa force, son ardeur; l'espace, c'est sa beauté, sa grâce et sa puissance.

Mais sortez-le de cette *box* obscure, que la lumière l'inonde, qu'il voie le ciel, des bois, des ruisseaux, des barrières, des plaines sans fin, qu'il sente l'air soulever sa crinière luisante et dérouler l'ondoyant panache de sa queue... voyez alors... voyez... comme son poil brille des reflets dorés d'un sang pur et généreux! Voyez... son col s'arrondit, ses veines se gonflent, son œil s'allume, ses naseaux s'enflent, son oreille pointe, sa croupe se hausse, ses jarrets se détendent; impatient, il hennit, il se cabre, fouille le sol, mâche son mors, et le blanchit d'une écume argentée...

Et puis, donnez carrière à cette action dévorante qui le soulève... Il court... il court... c'est avec une ardeur croissante, furieuse, qu'il poursuit l'horizon insaisissable, qui semble fuir devant chaque effort du vaillant coursier. Il vole, il nage dans l'espace... Mais qu'il entende la voix de son maître, il s'arrête, il se calme, il se rassemble. Alors ce n'est plus cette allure impétueuse, enivrante, rapide comme l'élan d'une flèche lancée par un bras vigoureux... c'est le doux mouvement du berceau canadien qui se balance aux branches fleuries de l'apios...

Ainsi, de même, lorsque Henri vit sa frégate dans le port, sa frégate à moitié cachée par les grands murs de l'arsenal, seule dans l'ombre, touchant de tous côtés au bois ou à la pierre, à demi couverte de lourdes tentes qui voilaient ses riches peintures, immobile sur une eau sale et dormante, sans un souffle d'air pour dérouler le noble pavillon qui pendait à son mât, Henri ne put juger combien elle, aussi, était belle et vive et fière, *la Sylphide*.

Mais lorsque plus tard, par un beau jour de janvier, par une brise fraîche et sifflante, il l'eut conduite au milieu de l'immense rade de Brest, comme tout changea! Comme l'espace lui allait bien aussi à la frégate! comme son gréement noir se dessinait, gracieux et léger, sur ce ciel d'un gris d'argent! comme elle paraissait libre, alerte, impatiente, au milieu de cette nappe d'eau verte qui jetait sur le cuivre de sa carène des reflets marbrés, couleur d'émeraude!

Et quand, déployant ses belles voiles blanches, lui donnant carrière dans cette grande rade de Brest, le comte, en marin consommé, essaya les allures de sa frégate, comme on essaye avant le combat les allures de son cheval de guerre, combien il était sérieux, pensif, inquiet, en les étudiant, en calculant leur vitesse et leur précision; et puis, comme il bondit de joie, comme il fut fier des soins minutieux qu'il avait mis à l'arrimage de *la Sylphide*, quand il la trouva souple et liante dans sa membrure, bien battante, portant intrépidement la voile, vite, leste et ardente... ardente surtout... s'élançant dans le vent comme un coursier qui se cabre!... C'est presque un défaut, suivant les uns, je le sais; mais Henri aimait les défauts de ce genre.

Et comme il la fit louvoyer, virer, lofer, sous tous ses jeux de voiles; comme il observait leur effet sur sa marche et sa tenue, afin de deviner quelle serait sa meilleure allure pour le combat, la chasse ou la retraite!

Tantôt accélérant la vitesse de sa frégate par tous les moyens connus, regardant avec fierté son rapide sillage, il courait sur la terre; et là, faisant presque pâlir les plus vieux matelots, au moment où son beaupré allait toucher les roches, grâce à l'ardeur de cet excellent navire et à l'étonnante précision de manœuvre de son équipage, il virait fièrement de bord, et la frégate se relevait majestueusement de la côte, comme en se jouant de l'effrayant péril qu'elle avait bravé...

Alors, carguant ses basses voiles et neutralisant l'effet de ses huniers en les masquant, Henri arrêtait l'essor de *la Sylphide*, et la laissait voluptueusement se bercer aux caprices des vagues caressantes, comme pour la reposer de cette course rapide.

Ainsi, quelquefois l'Arabe du désert lance audacieusement son cheval vers le bord d'un précipice; en le voyant arriver à toute bride au milieu d'un nuage de poussière... on frémit... lui, se jouant, arrête son coursier tout au bord de l'affreux abîme, fait une volte légère et regagne doucement la plaine en piaffant avec grâce.

Telle était *la Sylphide*.

Aussi, lorsque le soir Henri, ramenant sa frégate au mouillage, eut apprécié tout ce que valaient cet excellent navire et son équipage, il sentit je ne sais quelle prévision instinctive d'un glorieux avenir, de nobles combats, qui lui fit désirer, avec une terrible impatience, le moment de sortir du port et de tenter une fortune qu'il rêvait si favorable à ses armes...

En attendant ce jour si désiré, il passait tous ses instants à exercer son équipage par des simulacres de combat, à terminer l'armement de son navire avec une attention minutieuse, et aussi, selon la mode du temps, à le couvrir des plus riches ornements.

Car ce qui donnait à cette frégate son cachet particulier, le cachet de l'époque, c'était *sa mise*, si cela peut se dire ; car *la Sylphide* ne ressemblait pas plus à une frégate d'aujourd'hui, que le costume des femmes de nos jours ne ressemble à celui de nos grand'mères.

La Sylphide, au lieu d'être bourgeoisement peinte en noir, avec sa batterie blanche, et sa poupe ronde et épaisse, sans ornement ni dorure, ainsi que l'est et doit l'être toute brave et modeste frégate nationale de notre époque constitutionnelle et économique ; — *la Sylphide*, dis-je, sentait fort son gentilhomme et son royal patronage ; rococo en diable, elle avait enfin un certain air Louis XV, qui, à mon avis, lui seyait à merveille.

Il fallait la voir avec les magnifiques ornements de sa poupe éblouissante, toute dorée sur un fond blanc, qui, se reflétant dans une eau limpide et azurée, semblait se dérouler au loin, comme un manteau d'or sur un tapis bleu.

C'était encore son couronnement sculpté avec une délicatesse exquise ; il représentait deux naïades en corset, couchées sur des chevaux marins ; ces divinités tenaient d'une main un trident, et de l'autre soutenaient le royal écusson de France ; tout cela doré et encadré par une frise élégamment enroulée de feuilles d'acanthe.

Puis, c'étaient cinq sirènes d'or aussi, grandes et sveltes cariatides, qui, se donnant la main en élevant les bras, formaient ainsi les voûtes et les supports des quatre fenêtres de la galerie de la frégate, galerie supportée par un soubassement toujours doré et sculpté, où l'on voyait bon nombre de tritons en hauts-de-chausses lutiner des naïades en paniers, au milieu d'une foule de dauphins et d'autres monstres qui bondissaient *parmi* l'écume.

Que dire encore de ces splendides *bouteilles*, avec leurs culs-de-lampe, appuyées sur des aigles aux ailes ouvertes, tenant la foudre, et couronnées par deux renommées aux longues trompettes !

Et cette éblouissante lisse d'appui, si merveilleusement ciselée, qui ceignait le navire comme d'une écharpe d'or, dont les extrémités, se courbant avec grâce, se rejoignaient à l'avant pour supporter une élégante sylphide, aussi dorée, qu'on eût dit échappée au ciseau de Lemoine !

Je sais bien que tout ce luxe, que toutes ces sculptures n'avaient pas un air sévère et guerrier, comme on dit; mais c'était pourtant quelque chose de bien ravissant à voir, que cette splendide frégate ainsi faite blanche et or, fière et superbe comme une duchesse, avec son fanal étincelant pour diadème.

Je sais bien encore qu'il n'y avait rien de bien effrayant dans son aspect; je sais bien qu'on l'aurait plutôt prise pour une coquette et voluptueuse gondole, qui aime à se mirer dans un lac aux rives fleuries, que pour une rude machine de guerre destinée à braver la tempête.

Car, en vérité, au milieu de ces ornements, de ces nymphes, de ces sirènes d'or qui se croisent, jouent et s'enlacent, comment seulement penser à la gueule d'un canon !

Et il y en avait cependant, des canons, à bord de *la Sylphide*, et beaucoup; mais comment croire que de leurs astragales de bronze, ouvragés avec tant de goût et de richesse, que de leurs bouches de Gorgones, si grotesquement ouvertes, il va sortir du fer et de la flamme !... du fer qui tue, de la flamme qui incendie !

Et cela était pourtant ! *La Sylphide* faisait feu quand il le fallait, et quelquefois même plus qu'il ne fallait; elle faisait un feu d'enfer, feu aussi bien que le ferait la plus sombre et la plus grave frégate d'aujourd'hui.

Et ses officiers donc ! eux si délicats, si voluptueux, si pailletés, combien de fois, du bout de leurs mains blanches à moitié cachées par les diamants et la dentelle, n'avaient-ils pas donné le signal d'un combat acharné, d'un combat à mort, et n'avaient eu peur que d'une chose : de déranger leur coiffure ! car ces gentilshommes allaient au feu comme ils seraient allés au bal, ils faisaient toilette pour cela; ils mitraillaient l'ennemi avec tout plein de coquetterie, et l'abordaient, l'épée à la main, avec un savoir-vivre rempli d'élégance et de bon goût.

Et au fait, quand ils tiraient leur lame bleue et or de son brillant étui de velours brodé, l'Anglais sentait pardieu bien qu'elle était d'aussi bonne trempe que si elle fût sortie toute rouillée d'un vilain fourreau de fer. Allez, croyez-moi, dans un jour de bataille ou dans une nuit de tempête, les talons rouges se tenaient aussi fermes sur le couronnement splendide du *Sceptre* ou du *Royal-Louis*, que se tinrent plus tard les sabots sur la dunette fangeuse du *Ça-Ira* ou du *Sans-Culotte* [1].

Ainsi était *la Sylphide* au *physique*; quant à son *moral*, on connaît son état-major.

Ses matelots, eux, étaient à peu près les mêmes que les matelots d'aujourd'hui; car là, comme ailleurs, plus l'échelle sociale s'élève, plus les formes saillantes s'effacent. Les officiers de marine du dix-huitième siècle, vivant en partie à terre, apportaient à leur bord les habitudes, les mœurs, le caractère de leur époque; il en est de même des officiers de nos jours.

Mais quant au marin peuple, au matelot type, qui connaît à peine la terre, il est resté à peu près le même, au dix-huitième siècle comme au seizième, au dix-neuvième comme au dix-huitième; car les profondes secousses qui ont bouleversé la forme des nations et des sociétés sont toujours venues mourir au bord de l'Océan...

Oh! c'est que sur la terre l'oisiveté, l'envie, la richesse, la misère et le savoir abâtardissent si vite une espèce; c'est que les traditions se perdent, les temples s'écroulent, le sol prend tour à tour mille aspects; c'est que la civilisation est là, qui jette sans cesse au vent les croyances et les débris de chaque vieux siècle, pour poser à leur place le germe vivace d'une société nouvelle, qui grandit pour mourir à son tour; la civilisation, cette ardente et implacable ennemie de la nationalité et de la poésie de l'avenir et du passé.

Ainsi les siècles ont dû façonner les hommes à leur allure, et imprimer un nouveau cachet au front de chaque génération; mais cette fraction d'hommes qui vit sur l'Océan, elle restera bien longtemps encore libre et indépendante de ce stigmate de chaque âge. Les lueurs de cette dévorante civilisation se refléteront bien quelque peu sur l'écorce épaisse et rude de ces hommes naïfs, mais ne pourront jamais la pénétrer.

C'est qu'aussi l'Océan est resté l'Océan de la création.

C'est toujours lui avec son horizon sans bornes, ses vagues solitaires et son religieux silence qui fait rêver.

---

[1] Le *Royal-Louis*, le *Sceptre*, le *Ça-Ira* et le *Sans-Culotte*, noms de vaisseaux de guerre d'avant et pendant la révolution de 89.

Aussi les hommes de cet élément conserveront-ils toujours leur physionomie typique, les parties saillantes de leur caractère, effets de la contemplation continue de cette nature primitive, et des luttes effrayantes qu'ils soutiennent chaque jour avec elle.

XXXIV

Alphonse. Sois le bienvenu, toi qui nous apportes à la fois ta présence et une bonne nouvelle.
Schiller, *le Tasse*, acte I, sc. v.

LA RADE

C'était un spectacle imposant que celui de la rade de Brest pendant les premiers jours du mois de janvier 1781, car on comptait au mouillage vingt vaisseaux de ligne, neuf frégates et un grand nombre de bâtiments légers.

Non! il n'y avait en vérité rien de plus magnifique que ces bâtiments de haut bord, que ces lourdes masses de bois et de fer, si pesamment assises sur l'eau avec leur épaisse et large poupe, leur mâture énorme et leurs trois rangs de grosse artillerie.

Et le matin, quand ces grands navires mettaient leurs voiles au sec, il fallait les voir dérouler majestueusement ces toiles immenses, et les déployer comme un goëland qui étend ses ailes humides de rosée aux premiers rayons du soleil.

Et puis, quel contraste entre ces vaisseaux gigantesques et ces frégates si alertes, ces corvettes si élancées, ces bricks si fins; ces lougres, ces cutters, ces dogres qui se berçaient doucement à l'ombre de ces citadelles flottantes, ainsi que de jeunes alcyons se jouent autour du nid paternel!

Et puis, quelle innombrable quantité d'embarcations de toutes sortes, qui vont, viennent, s'accostent ou se croisent!

Voici venir une yole merveilleusement dorée, avec le pavillon royal à sa poupe, et ses riches tapis brodés de fleurs de lis. Elle vole sur les eaux, conduite par douze rameurs à larges ceintures écarlates; le patron est décoré d'une brillante chaîne d'argent : c'est la yole d'un amiral.

Là, s'avance lentement une longue chaloupe si encombrée de fruits et de verdure, qu'on dirait une de ces îles flottantes des rivières de l'Amérique qui voguent couvertes de lianes et de fleurs. Cette chaloupe, précieuse ménagère, retourne à son bord, avec les provisions du jour et son équipage *culinaire* de maîtres d'hôtel et de cuisiniers.

Tantôt c'est un bateau de Plougastel à grand'voile carrément étarquée, manœuvrée par ses marins à longs cheveux, dont le costume pittoresque rappelle celui des Grecs de l'Archipel. Cette barque contient une vingtaine de femmes de Chateaulin ou de Plouinek, qui reviennent de la ville; fraîches et riantes figures, encore avivées par un froid piquant, qui, bien encapuchonnées dans leurs mantes brunes, échangent dans leur patois quelques mots joyeux avec les marins des vaisseaux de guerre que leur bateau prolonge.

Plus loin, le cliquetis des chaînes, se mêlant au battement cadencé des rames, annonce une chiourne et ses galériens vêtus de rouge; ils remorquent à grand'peine un navire sortant du port; les uns chantent d'ignobles chansons, les autres blasphèment ou se tordent sous le bâton des argousins. A voir ces figures infâmes, hâlées, sordides, à entendre ces cris de rage ou de joie féroce, on frémit comme à l'aspect d'une barque de damnés de l'enfer du Dante...

Enfin, pour compléter ce spectacle si varié, il y a encore une myriade de canots qui se croisent en tous sens, les uns chargés de nobles officiers du roi, les autres de femmes élégamment parées; il y a encore le roulement des tambours; les éclats de la fusillade, le cri des sifflets, le grincement des manœuvres, l'harmonie vibrante des fanfares de guerre; il y à l'émail de ces mille pavillons blancs, verts, jaunes, rouges, qui se découpent sur le bleu du ciel, comme autant de prismes aériens.

Il y a enfin le murmure imposant et grandiose de la mer qui mugit derrière la côte, et dont le retentissement sonore et prolongé domine ces bruits divers et les fond en un seul, grand comme elle, imposant comme elle...

C'est donc au milieu de cette forêt de mâts, de ces nuées de voiles, qu'il faut chercher *la Sylphide*.

Mais la voici toujours gracieuse, étincelante; la voici qui se balance auprès de deux grands vaisseaux de 74, tout noirs, à batterie blanche. La voici qui se balance... comme une petite dorade écaillée d'or et d'azur, entre deux immenses baleines au dos brun.

Ce jour-là, le 6 janvier 1781, le comte de Vaudrey s'était rendu à terre pour prendre les ordres de M. le maréchal de Castries, qui venait d'arriver tout récemment à Brest.

Le lieutenant Jean Thomas commandait la frégate en l'absence d'Henri, et se promenait à l'arrière avec son intime ami le docteur Gédéon, en fulminant comme d'habitude contre tout ce qui était noble, prêtre ou privilégié. Le baron de Saint-Sauveur avait accompagné Henri à terre, Monval était de quart, et de Miran dormait dans sa chambre.

Sur l'avant du navire quelques maîtres et matelots causaient à voix basse, mais d'un air animé, car on s'attendait à appareiller d'un jour à l'autre.

Maître Kergouët (le canonnier bourgeois qu'on n'a peut-être pas oublié), assis sur la drôme, s'entretenait avec le maître d'équipage, nommé Frank, petit homme, vif, trapu, coloré, vêtu d'une veste bleue à collet galonné d'or, poudré légèrement, et portant d'énormes boucles d'oreilles.

Devant maître Frank se tenait debout, immobile, l'air contrit et les yeux timidement baissés, un grand garçon de dix-huit ans, carré, robuste, mais blond et frais comme une fille. Malgré le froid, ce matelot était seulement couvert d'un pantalon et d'une chemise de laine à larges raies bleues, qui dessinaient ses formes athlétiques ; il tenait son bonnet dans ses mains, et le chiffonnait avec un mouvement de rotation continu qui annonçait le trouble et l'embarras ; ce marin était Daniel, un neveu de maître Frank, vrai Breton s'il en fut ; pour tout dire, un *gars* de l'Abrevrak.

— Mais, réponds donc ! parle donc ! démarre donc ! tu restes là coi et bête comme une manœuvre en bande !... — disait maître Frank avec sa vivacité ordinaire, en secouant son neveu par une des manches de sa chemise.

— Mais vous l'abrutissez par votre vivacité, maître Frank, — objectait le canonnier bourgeois, — laissez-lui donc son calme.

— Pourquoi donc encore cette nouvelle querelle? — disait l'oncle à son neveu, dont l'air doux, placide et craintif, semblait pourtant protester contre cette accusation.

— Voyons, épanche-toi, mon enfant, — dit le canonnier.
— Le fait est que tu as chagriné le Losophe d'une multiplicité de coups de poing ; pourquoi cela, Daniel? pourquoi cela?...

— Maître Kerg...

— Je ne suis pas maître... je vous l'ai déjà réitéré, Daniel, je suis bourgeoisement M. Kergouët, — dit le canonnier, qui prétendait plus que jamais à une position civile.

— Eh bien, monsieur Kergouët, — répondit le marin d'une voix basse et tremblante, — c'est que le Losophe m'avait pris mon rosaire, et l'avait souqué à la queue de son chien, que, sauf votre respect, il a eu l'horreur de baptiser Saint-Médard.

Et Daniel se signa au seul souvenir de cette profanation.

— Baptiser un chien Saint-Médard!... en effet, ça n'est guère propre, — dit M. Kergouët d'un ton improbatif.

— Si c'est comme cela, — ajouta maître Frank, — il y a du largue... car ce Losophe est une carogne qui fait la misère à tous ceux qu'il peut. Or, comme d'après Notre-Seigneur, *Il faut faire aux autres ce que vous ne voudriez pas qu'on vous fasse*, t'as bien fait de l'éreinter, Daniel!... car, dès qu'il y a une religion, faut l'exécuter, mon enfant.

— Mais vous n'y êtes pas, vous transvasez l'Écriture, mon cher Frank, — dit le canonnier en souriant d'un air de suffisance; — mais enfin si cela s'est passé comme tu le dis, Daniel, tes coups de poing sont supportables, mon garçon.

— Quant à cela, vous savez que je ne mens jamais, monsieur Kergouët, — dit Daniel. — Par Notre-Dame de Recouvrance... ce rosaire-là était celui de défunte ma pauvre mère; et il était si fameusement bénit, qu'il m'a paré de dessus la poitrine la moitié d'un coup de hache, quand nous avons été à l'abordage du cutter noir; vous savez bien, mon oncle!... Pour lors, quand j'ai vu mon rosaire bénit amarré de la sorte à la queue d'un animal de chien, j'ai dit au Losophe que je tenais coincé sous mes genoux : « Vois-tu, Losophe, il y aura autant de calottes pour toi qu'il y a de grains à mon rosaire.» Et voilà comment j'ai dit mes *Pater* et mes *Ave* à grands coups de poing sur le Losophe; mais voilà tout, mon oncle, — ajouta modestement Daniel, en devenant rouge comme une belle cerise.

— A la bonne heure, — dit Frank; — dès que c'est pour 'effet de la religion et du rosaire de ma sœur (et Frank ôta son chapeau ciré), c'est le droit; mais ne recommence pas; ou, si tu recommences, que ce soit peu et souvent, car tu as manqué le déralinguer.

— Le fait est, — dit M. Kergouët, — que le Losophe peut

se vanter d'être, pour le quart d'heure, dans la peau de quelqu'un qui a reçu une fameuse danse; et c'est trop, car...

Mais un air de violon horriblement raclé, qui sans doute prétendait exécuter

> Dans les gardes-françaises
> J'avais un amoureux...

interrompit le canonnier bourgeois, qui s'écria : — Étais-je abusif de le plaindre, cet animal de Losophe!... tenez... le voilà qui se permet encore des inconséquences sur son violon, malgré votre défense, mon cher Frank...

— Te tairas-tu! ou je descends; et... gare à ton échine, si tu recommences, sauvage de Losophe! — cria maître Frank en se penchant à l'entrée du petit panneau percé au pied du mât de misaine.

Mais le damné violon, comme pour ne pas céder sans avoir au moins opposé une résistance honorable à cet ordre brutal; le violon, dis-je, rejoua, en sourdine il est vrai, à peu près la moitié de l'air, puis il se tut heureusement... car un jurement énergique annonçait que maître Frank, pour cette fois, allait descendre.

Mais alors ce fut l'aboiement d'un chien qui, se faisant entendre du même côté que le violon, sembla protester, d'une autre façon, contre la tyrannie de ce nouvel ordre.

— Ils ne céderont pas, les scélérats, ni lui ni son caniche, — s'écria Frank; — on les couperait par quartiers, qu'ils ne *l'auraient pas les derniers*, les vermines qu'ils sont! — ajouta le maître, en paraissant s'adresser indistinctement au bipède et au quadrupède, au philosophe et au caniche.

Or, ce philosophe, par abréviation maritime ou plutôt marinière, ce Losophe qui taquinait si bien sur le violon, et dont le chien protestait si énergiquement contre les ordres despotiques du maître, — ce Losophe était né à Paris et se nommait Pierre Landry; il avait été perruquier, laquais, imprimeur, soldat, cordonnier et tisserand; et comme, entre autres talents, son habileté à manier l'aiguille dans le cuir, la toile ou le drap, était fort remarquable, on l'employait à bord, depuis deux ans qu'il s'y était engagé, comme matelot aide-voilier.

Dans ses moments perdus, le Losophe coiffait, rasait, pommadait, et donnait des leçons de danse, de chant, de belles manières, de philosophie... de magie ou d'athéisme, au goût des personnes.

L'indépendance effrénée de ses opinions politiques et religieuses était les titres auxquels il devait la dénomination si grotesquement abrégée qu'on lui donnait à bord de *la Sylphide*, où il était assez aimé des matelots, pour ses talents, son babil, ses mensonges et ses histoires bouffonnes. Mais, par compensation, le Losophe était généralement exécré de la maistrance (des maîtres), à cause de son insolence, de son insubordination, de son violon et de son caniche.

Ce chien et son violon paraîtront d'abord assez incompréhensibles sur un bâtiment aussi bien tenu que l'était alors une frégate du roi ; mais, quant au caniche, voici le fait : comme ces gens qui achètent pour l'avenir l'impunité d'une foule de méfaits par une bonne action souvent due au hasard, le chien avait une fois repêché un enfant qui était tombé d'un canot dans la mer. De ce jour, Saint-Médard avait eu droit de cité à bord de *la Sylphide*, et, malgré son excessive sévérité, Jean Thomas lui-même avait cédé aux supplications de l'équipage, qui demandait l'admission du chien philanthrope et canonisé.

Quant à l'existence du violon, voici comment nous l'expliquerons : le Losophe, nous l'avons dit, quoique magicien, athée, philosophe et perruquier, était encore maître de danse. Aussi la *pochette*, instrument de cette dernière profession, ne pouvait lui être retirée ; car alors, comme aujourd'hui, on encourageait toutes les distractions qui pouvaient égayer les matelots dans de longues et périlleuses croisières. Mais, excepté pendant l'heure qu'on lui avait désignée pour son *école*, l'harmonie était sévèrement défendue au professeur.

Voici donc l'historique du chien et du violon du Losophe.

Quant au Losophe lui-même, s'il est permis de l'abstraire de son violon et de son chien, il entrait dans son vingt-cinquième printemps, avait une figure de fouine et de petits yeux fauves pétillants de ruse et de malice ; il était mince, frêle et nerveux, mais leste et souple, moqueur, impertinent et assez courageux ; somme toute, il contrastait singulièrement, par son agilité, avec ces bons et naïfs matelots bretons, bien carrés, bien vigoureux, bien plantés, bien assis : on eût dit un renard au milieu des bouledogues.

Cette digression nous a fait un peu oublier les autres personnages qui se promenaient sur l'arrière de la frégate, c'est-à-dire le lieutenant et le docteur. Las de s'élever aux plus hautes spéculations morales et politiques, nos deux amis considéraient avec attention une correspondance par signaux qui avait lieu depuis quelque temps entre le télégraphe maritime de la tour de Brest et une vigie placée sur la côte qui forme la partie nord-ouest de Bertheaume.

— C'est quelque bâtiment de guerre que l'on signale au large, — dit le lieutenant; — mais écoutez... écoutez, docteur... le canon... c'est le canon...

En effet, un roulement sourd et lointain fut répété successivement par les échos de la rade.

— Je parie que c'est *la Minerve* qui revient de sa croisière, — s'écria Jean Thomas en prêtant une oreille attentive.

— *La Minerve*... cette frégate commandée par le chevalier de Grimouard? — demanda le docteur.

— Oui... oui... mais écoutez... Silence à l'avant! — cria Thomas d'une voix retentissante.

Et l'on fit un silence profond à l'avant.

Quoique ces incidents fussent assez fréquents depuis le commencement de la guerre, et que bon nombre de combats eussent eu lieu presque à la vue du port, tout l'équipage de *la Sylphide* partagea bien vite l'attention de ses officiers, et ce ne fut plus qu'à voix basse que les matelots se communiquèrent leurs observations, leurs craintes ou leurs espérances.

Maître Kergouët et maître Frank, profitant de la prérogative de leur rang, s'approchèrent le plus près possible de l'arrière, où se tenaient le lieutenant, Monval et le docteur.

La canonnade continuait toujours, et paraissait devenir plus vive et plus nourrie en se rapprochant de la côte.

— Si nous avions appareillé aujourd'hui comme nous le pouvions, — dit Monval, — nous aurions eu pourtant cette bonne fortune, nous aurions trouvé un combat tout de suite, au sortir du port, sans nous déranger; voilà qui est commode!...

— S'il est commode d'avoir à combattre un ennemi trop supérieur, — dit le lieutenant d'un air grave; — car, selon toute apparence, c'est *la Minerve* qui se bat maintenant contre des forces imposantes.

— C'est différent, — répondit Monval d'un air méprisant;

— si ce n'est pas commode, alors c'est glorieux... et je m'en arrangerais fort, moi...

Jean Thomas réprima un mouvement de colère, et répondit avec ironie : — Cette ambition est de votre âge, monsieur, et elle vous honore ; mais cette belle ardeur ne sert ordinairement qu'à se faire prendre, et à sacrifier inutilement des hommes et des vaisseaux. Or, à mon avis, c'est mal servir son pays, c'est agir en enfant ou en insensé, et non en homme. Excusez-moi, monsieur, si je vous parle aussi franc, mais c'est mon habitude. Je suis brutal, comme on dit.

Monval avait une repartie piquante sur les lèvres, lorsque le lieutenant l'interrompit en s'écriant : — Écoutez... écoutez... le bâtiment chassé se rapproche de la côte, et, si je ne me trompe, le combat se livre au vent d'Ouessant.

— C'est probable, — dit Monval, oubliant l'aigreur de la discussion qu'il venait d'avoir avec le lieutenant pour consulter les girouettes, qui désignaient une assez forte brise du nord-ouest. — La canonnade nous arrive comme si nous y étions, — ajouta-t-il.

En effet, on entendait alors fort distinctement le bruit de l'artillerie.

— Que dites-vous de cela, maître Kergouët ? — demanda Monval au canonnier bourgeois, qui, ne pouvant exiger de ses supérieurs la dénomination civile qu'il exigeait impitoyablement de ses inférieurs, répondit d'un air contrarié, en ôtant son chapeau : — Mais je pense, monsieur, que c'est une pauvre frégate qui fuit de fameuses forces : car tenez... tenez... voilà sa bordée à elle, l'entendez-vous ?... et puis tenez... une... deux autres bordées plus éloignées, mais plus prolongées ; ce sont celles de l'ennemi, qui a le vent : c'est ce qui fait que le bruit nous arrive si bien. Oh ! si je ne me trompe, la frégate se bat contre deux navires.

— Pauvre frégate ! — s'écria maître Frank, — si elle pouvait seulement pincer le vent, et courir dans le nord-est d'Ouessant, doubler la pointe aux *Corbeaux*, et donner dans le passage du *Four* pour y louvoyer sous ses huniers, elle serait sauvée ; car, si c'est *la Minerve*, elle a pour pilote le vieux Karadek, et celui-là naviguerait les yeux fermés sur les *Glenans*, ou dans la baie des *Trépassés*.

— Vous avez raison, maître Frank, — reprit Monval, — mais c'est incommode en diable de sonder des brisants en faisant feu de sa batterie... j'aime mieux, moi, avoir affaire à quatre-vingts canons bien élongés hors de l'eau, qu'à ces lâches têtes noires de rochers qui se cachent traîtreusement sous les vagues pour attendre leur proie comme des requins : aussi ce n'est toujours qu'à la dernière extrémité que je tenterais un si dangereux passage...

— Pourtant, monsieur, — dit maître Kergouët, — si vous me le facilitiez, je fortifierais l'avis de mon collègue maître Frank.

— Fortifiez, maître Kergouët, fortifiez, — dit Monval en souriant.

— Eh bien! donc, monsieur, quoique je ne sois pas pilote juré (ici le maître ôta son chapeau), j'ai, dans la guerre de 71, mouillé le brick *le Rubis* sous Belle-Ile, en passant dans le chenal des îles d'Houac et d'Hédic ; nous pouvions nous glorifier d'avoir les reins extrêmement accélérés de vitesse par le vaisseau de 74 *le Charlestown*, qui faisait sur nous un feu d'enfer; mais, quand il nous vit donner dans cette passe couverte de brisants, il s'arrêta... mais bête... mais bête comme un chat qui voit plonger un halbran : alors il revira de bord, après nous avoir envoyé sa volée par manière d'adieu, une mollasserie de volée qui ricocha à peine dans notre sillage, et voilà tout... Aussi, monsieur, depuis ce temps-là, je ne me suis jamais permis un propos désobligeant sur les rochers à fleur d'eau.

— Mais voyez donc le télégraphe qui va toujours, — dit le docteur en interrompant l'apologie de maître Kergouët; — probablement que de là on voit au loin dans la mer, et qu'on signale au port les chances du combat.

A ce moment le factionnaire s'écria : — Le canot du commandant!

En effet, occupé qu'on était du télégraphe et des signaux, on n'aperçut l'embarcation qu'alors qu'elle ne se trouvait plus qu'à deux encâblures du bâtiment.

— Diable! il y a du nouveau, — dit Monval; — le commandant est pressé, car jamais ses canotiers n'ont nagé de cette sorte; eux qui, à chaque coup de rame, restaient toujours gracieusement sur leur air... les avirons levés, ils nagent main sur main, comme des matelots marchands.

— Et nous sommes au complet, — dit le docteur, — car le commandant ramène avec lui M. de Saint-Sauveur, l'abbé, l'astronome et son ombre, autrement dit, son frère.

Le canot du commandant accosta à tribord... et, avant qu'on eût eu le temps de lui jeter les tire-veilles, Henri monta lestement le long du bord du bâtiment, en s'écriant : — Dehors, messieurs, dehors!... on signale une frégate française combattant deux frégates anglaises; dehors, messieurs! M. le maréchal vient aussi de donner l'ordre d'appareiller au *Vengeur* et au *Tonnant*. Vive Dieu! dépêchons-nous, ou nous n'arriverons plus à temps; tenez... tenez, voilà déjà le commandant du *Tonnant* qui rallie son bord!

Ceci fut dit en montant l'échelle, avec énergie et exaltation; mais, en mettant le pied sur sa frégate, Henri retrouva tout le sang-froid qui convenait à cette position.

— Mon porte-voix? — dit-il à un timonier, qui descendit le chercher.

Puis s'adressant au lieutenant : — La brise est bonne et nous avons jusant, monsieur; vous allez faire faire une embossure sur le câble, en passant une haussière par l'avant-dernier sabord de tribord... et nous couperons nos câbles, le temps presse...

— Couper nos câbles? — dit le lieutenant, — et où en trouverons-nous de rechange, commandant?

— Les Anglais en ont toujours en profusion, — dit gaiement Henri, — sinon leur première frégate nous servira de corps-mort.

Jean Thomas alla faire exécuter ces ordres.

Henri, ayant reçu son porte-voix, monta sur le banc de quart. M. de Miran était son officier de manœuvre.

Au sifflet du maître d'équipage, chacun prit son poste, et on n'entendit pas un mot.

— Commandant, le grelin est passé et roidi au cabestan, — vint dire Saint-Sauveur à Henri.

— Range à hisser les focs, à déferler et border le petit hunier! — cria Henri d'une voix forte, — et virez ferme et fort sur l'embossure.

Puis voyant la frégate assez abattue : — Range à hisser le perroquet de fougue, et coupe le câble, coupe!

Un coup de hache retentit sourdement.

— Coupe le grelin, coupe! — cria enfin Henri d'une voix sonore et vibrante qui disait assez avec quelle joie il donnait cet ordre.

Un second coup de hache résonna.

Alors *la Sylphide,* ne tenant plus à rien, s'inclina légèrement sous la brise, serra le vent, et courut une bordée jusqu'à la roche Mingan pour sortir de la rade.

Cette manœuvre avait été si bien et si vite exécutée, que *le Tonnant* virait encore sur ses ancres lorsque *la Sylphide* approchait de la passe.

Aussi le vaisseau, comme piqué de la promptitude avec laquelle la frégate avait exécuté les ordres du maréchal, lui fit il signal de mettre en panne et de l'attendre, car le commandant de ce vaisseau, étant le plus ancien capitaine des trois navires, avait cette petite division sous ses ordres et portait la cornette.

— *Le Tonnant* signale de mettre en panne, — dit Miran à Henri, qui, le dos tourné, semblait ne pas vouloir apercevoir ce signal.

Il fallut pourtant bien le voir et s'y soumettre en murmurant.

— Est-il donc besoin de l'aide de ces deux pesants navires? — disait le comte. — En vérité, deux vaisseaux de ligne et une frégate pour *égaliser la partie,* comme dit le maréchal, c'est un peu fort!

Pendant le temps que sa frégate resta stationnaire, Henri jeta un coup d'œil rapide sur la physionomie de son équipage, que ce brusque départ devait un peu étonner.

Il trouva ses matelots calmes et impassibles comme d'habitude. Seulement une nuance de curiosité se lisait sur leurs figures insouciantes.

Henri augura bien de cette abnégation; aussi cria-t-il avec une joie profonde, en voyant *le Tonnant,* qui avait appareillé, lui faire signal de chasser en avant : — Enfin... enfin, voilà l'ordre d'éclairer la marche de ces lourds vaisseaux : c'est heureux!...

Puis, faisant hisser le grand foc et brasser le grand hunier, il remit *la Sylphide* en route.

— Tout le monde à son poste de combat! — s'écria le comte; et s'adressant à l'équipage : — Allons, mes enfants, adieu à la France, courons sur l'Anglais, et vive le roi!

— Vive le roi! — cria l'équipage avec force.

— Sortez la frégate de la passe, monsieur, — dit Henri en remettant son porte-voix au lieutenant; — je vais faire mon inspection dans la batterie et sur les gaillards...

— Couper ses câbles!... tête folle... fanfaron! — dit le lieutenant en voyant le comte s'éloigner.

Puis il ajouta avec un dépit concentré, en se parlant à lui-même : — Et pourtant, il faut l'avouer, cet appareillage est bien fait; l'accent de commandement de ce fat annonce une grande habitude pratique... Enfer! malédiction! il a donc tout, lui!...

Et pourtant j'ai autant de bravoure et de science que lui... moi... et je reste obscur! Mais aussi, lui, il est *M. le comte* de Vaudrey... *M. le comte*... — répétait le lieutenant avec une ironie amère, — *M. le comte !* tandis que moi je suis Jean Thomas... l'officier bleu... Jean Thomas, le petit-fils du vendeur de poisson sur le port... On me méprise... mort-Dieu! si on me méprisait!... mais on est poli avec moi; mais aussi quelle politesse!... j'aimerais mieux l'insolence... pour l'insolence, l'on tue ou on est tué... Mort et furie!... je deviendrai fou à bord de ce damné navire... Oh! ce comte!... ce comte!... Enfin, je le verrai au feu... je n'espère plus qu'en cela...

Mais à quoi pensé-je?... il faudrait avoir du bonheur pour cela... et, est-ce que Jean Thomas a jamais eu du bonheur!... Si je fais une bonne action, elle tourne contre moi; si je dénonce un crime à un ami, si je lui dis : Ta femme te trompe, je l'ai vu; voilà ma mère qui fait pour me démentir le premier mensonge de sa vie peut-être, et moi je passe pour un parjure ou pour un fou, et moi je suis maudit par ma mère, qui meurt ensuite... et moi j'aimerais le monde... et moi je sourirais aux gentilshommes, et moi je fermerais les yeux sur les faiblesses des autres?... Non, non, chacun son droit, advienne que pourra; en agissant ainsi, j'ai d'ailleurs *ma conscience* pour moi, et, par le ciel! à quoi donc servirait la conscience, si ce n'est à pouvoir être implacable envers ceux qui faillissent!... aussi... que je donnerais de choses pour que ce commandant gentilhomme perdît la tête au feu!... Souvent ces officiers de manœuvres, calmes et tranquilles, pâlissent au bruit du canon; mais non, ce comte est brave peut-être... Eh bien, après tout, quand il serait brave, qu'est-ce que cela prouverait?... il ne ferait que son devoir. Oui, mais je n'aurais pas le droit de le mépriser... et j'aimerais tant à le mépriser... à lui rendre ce qu'il me fait; car je suis sûr qu'intérieurement il me méprise, non pas moi, mais ma naissance... Me mépriser! le fat! comme si tous les hommes ne se valaient pas, nobles ou roturiers!... comme si un homme avait le droit d'en mépriser un autre, parce qu'il a un écusson ou un grade de plus que lui, — disait Jean Thomas avec colère... Puis s'apercevant que les voiles fasiaient un peu... — Lofe, lofe donc, butor, canaille, gredin! — dit-il au timonier en le poussant avec sa brutalité ordinaire.

Le timonier exécuta vivement l'ordre qu'on lui donnait, en disant tout bas : — Bon, en voilà encore un *de* lieutenant qu'est éduqué dans le genre de défunt notre porc.

XXXV

— Voici l'heure décisive. —
SCHILLER, *Marie Stuart.*

L'INSPECTION

On sait que les deux vaisseaux qui sortaient du port de Brest pour aller au secours de *la Minerve* étaient *le Vengeur*, de soixante-quatorze canons, et *le Tonnant*, de soixante-quatre, qui portait la cornette, comme ayant à son bord le plus ancien des deux capitaines de vaisseau.

La Sylphide avait reçu l'ordre de chasser en avant et d'éclairer la marche de cette petite division, car la canonnade était toujours aussi vive sous la côte.

Pendant que Henri inspectait l'artillerie et les manœuvres des passavants, on s'attendait à le recevoir dans la batterie commandée par M. de Monval.

Le maître des canonniers bourgeois haranguait alors ses canonniers avec sa prétention habituelle.

— Ah çà, *messieurs*, — leur disait-il, fidèle à ses prétentions civiles, — il paraît que nous allons avoir de l'occupation dans notre *boutique*; car notre batterie, c'est notre boutique à nous, comme la boutique d'un drapier est sa boutique; c'est la même chose. Conduisons-nous donc en bons garçons que nous sommes. Vous, monsieur Rapin, — dit-il à son second, qui, ne partageant pas l'ambition bourgeoise de son supérieur, se croyait aussi militaire, aussi marin que qui que ce fût, — vous, monsieur Rapin, vous veillerez au passage des poudres, et vous visiterez soigneusement les gargoussiers, pour qu'il n'y reste pas de flammèche. Quant à vous autres, messieurs, — ajouta-t-il en s'adressant à la masse de ses canonniers, — je vous engage, dans l'intérêt de votre substance individuelle à chacun, de rafraîchir de temps à autre, avec un faubert mouillé, l'intérieur de vos canons; car le gosier du canon s'exaspère à la longue comme le gosier de l'homme; il se sèche à force de parler; mais ce qu'il y a d'inconsidéré dans le canon, c'est que, quand il a le gosier échauffé, il parle avant l'ordre, ce qui devient alors très indécent pour les bras de ceux qui tiennent le refouloir. Je n'ai pas besoin de vous dire que si le chef de pièce est tué, le premier servant de droite le remplace, et que lui-même est remplacé par le premier servant de gauche, ainsi de suite... mais tout cela bourgeoisement, tranquillement, comme cela se passerait dans une autre boutique, dans une boutique d'épicier, par exemple, car c'est tout de même : si le premier garçon sort du comptoir, je suppose, eh bien, le deuxième garçon prend sa place, et ainsi de suite; car, je vous le répète, c'est diamétralement la même chose. Par exemple, si, comme dans le combat du *Redoutable*, un farceur de coup de mitraille démolissait une pièce de tous ses servants, alors on prendrait un homme à chacune des pièces qui ne feraient pas feu, si on ne se battait que d'un bord, et on referait ainsi une garniture à la pièce démontée; mais tout cela tranquillement... car, avant tout, nous sommes bourgeois; vous ne sauriez trop vous infuser ce principe.

— Si bourgeois, — hasarda le contre-maître Rapin, — si bourgeois, que nous avons les pattes emportées par des boulets de canon... et les têtes cassées à coups de hache-d'arme; or, m'est avis que c'est des délassements b... pas bourgeois...

— Mon cher ami, — reprit maître Kergouët, — je vous dirai, moi, mais avec toute la politesse qu'on se doit entre canonniers bourgeois, que vous êtes un âne et une brute. Qu'est-ce que cela prouve, les pattes cassées et la tête brisée? Est-ce qu'un trafiquant, un membre de la corporation des tanneurs de Romorantin, je suppose, ne peut avoir une jambe fracturée par une chute?... la tête fendue par une tuile?... Sera-t-il donc militaire pour cela?... Encore une fois cessera-t-il donc d'être bourgeois, parce qu'il aura une jambe ou une tête de moins ?...

— Mais, — dit Rapin, — mais, monsieur Kergouët, vous

battez la breloque. Ce n'est sacredieu pas la même chose; car...

— Ah çà, vous allez m'obtempérer à l'instant la félicité de vous taire et d'aller veiller au passage des poudres sans me répondre un mot, comme le fait un ouvrier quand son syndic lui donne un ordre, — reprit sévèrement maître Kergouët.

A ce moment, un timonier vint annoncer que le commandant faisait son inspection de combat, et qu'il allait descendre dans la batterie.

En effet, Monval, qui commandait l'artillerie, parut aussitôt, et bientôt après Henri, suivi de Saint-Sauveur, de Miran et de l'écrivain.

Les hommes restèrent immobiles et silencieux à leurs pièces; Monval s'approcha de Henri le chapeau à la main, et parut attendre ses ordres.

La figure du comte était calme, mais ses yeux brillaient, et une légère rougeur animait ses joues ordinairement assez pâles; on remarquait enfin, dans toute sa personne, cette joie profonde, cette exaltation contrainte, qui se décèle malgré tout l'empire qu'on a sur soi-même.

Le comte s'avança, splendidement vêtu de son grand uniforme brodé, couvert de magnifiques dentelles, chaussé avec la plus élégante recherche de bas de soie blancs et de luisants souliers noirs à talons rouges et à boucles d'or, bien poudré de poudre odorante, son chapeau bordé sous le bras gauche, et la main droite dans la poche de sa veste écarlate et or, qui recouvrait en partie la riche dragonne de son épée à fourreau de velours bleu.

Il fit le tour de la batterie sans dire un mot; mais son coup d'œil pénétrant, après s'être arrêté sur chaque canon et l'avoir examiné en détail, se reportait sur la figure des canonniers, qu'il regardait avec la même attention fixe et pénétrante.

— Sarpejeu! — dit tout bas maître Rapin en ouvrant ses larges narines et aspirant les parfums que Henri laissait après lui, — sarpejeu! quelle crâne odeur! Si le commandant était assez bon enfant pour venir se mettre tous les jours seulement une heure dans la poulaine, ça y deviendrait un baume.

Henri continuait son inspection : — Pourquoi es-tu si pâle? — demanda-t-il brusquement au second chargeur de gauche de la troisième pièce de bâbord, qui s'appuyait un peu sur son canon.

— Mon commandant, — dit l'homme sans se déconcerter, — je *viens* de maladie.

— De quelle maladie?...

— De ça, mon commandant.

Et ouvrant sa veste et sa chemise, il fit voir à Henri une large et profonde cicatrice à peine fermée.

— Pourquoi n'es-tu pas resté à l'hôpital?

— Parce que le major m'a dit qu'il n'y avait que l'exercice pour me guérir, mon commandant; pour lors j'ai choisi *celle* du canon, parce que je *la* sais, et qu'elle procure la chose de se cogner avec l'Anglais.

— Tu n'en auras pas la force.

— Oh! que si, mon commandant, puisque le major m'a dit qu'il n'y avait que ça pour me guérir.

— Ton nom?

— Lucas, mon commandant.

Et Henri, après avoir longtemps examiné le canonnier, lui frappa légèrement sur l'épaule d'un air d'approbation, continua sa ronde, et, ayant terminé le tour de la batterie, il dit d'une voix haute et ferme : — Votre batterie est bien belle comme cela, mes enfants; mais en faisant feu sur l'Anglais, elle sera superbe, et j'espère bien que vous allez vous donner ce coup d'œil-là tout à l'heure. — Puis s'adressant à Monval : — Surtout, monsieur, ne faites pas faire feu avant l'ordre; faites viser à couler bas, ou à la roue du gouvernail, et si, comme je l'espère, j'engage le combat à portée de pistolet, faites saigner les gargousses, car alors le boulet porte plus lourd et fait plus d'éclat dans le plein bois. — S'adressant ensuite à maître Kergouët : — J'espère, maître, que tu n'as pas embarqué de cette indigne mitraille de clous et de morceaux de fer brisés, qui rend les plaies qu'elle fait incurables?

— Si, mon commandant, un quart de celle-là, — dit le maître.

— Eh bien, monsieur, — dit Henri à Monval, — je veux qu'à mon bord jamais on ne s'en serve qu'à la dernière extrémité; cette mitraille n'est pas meilleure que l'autre pour le combat, et elle laisse après d'horribles blessures; or, ce qu'il faut, c'est tuer le plus de monde possible pendant l'action, c'est très juste; mais calculer sur les suites des blessures qu'on fait et les rendre incurables à dessein, c'est une prévoyance ou une lâcheté que je n'ai jamais comprise : vous m'entendez, monsieur de Monval ?

— Vos ordres seront suivis, commandant.

A peine Henri avait-il dit ces mots, qu'on entendit un grand bruit dans le faux-pont. Le comte, qui devait finir son inspection par cette partie du navire, s'y rendit à la hâte; et, comme il s'approchait du grand panneau pour y descendre, il fut presque renversé par un homme qui fuyait en grimpant à l'échelle avec précipitation : c'était Rumphius.

— Que diable faites-vous là, mon gouverneur? — dit Henri d'un air moitié sévère, moitié riant. — Où courez-vous, au lieu de rester tranquillement blotti à fond de cale, ainsi que je l'avais recommandé à votre frère? Ce n'est pas votre place ici, mon digne savant; car il vous serait difficile de mesurer la courbe des planètes de fer qui vont pleuvoir dans cette batterie.

Rumphius avait le corps à moitié sorti du panneau, et derrière lui on voyait la figure du pauvre Sulpice, qui faisait tous ses efforts pour retenir l'astronome par le pan de sa houppelande.

— Je vais vous dire ce qu'il en est, monsieur le comte, — dit le savant avec son sang-froid ordinaire; — nous allons, à ce qu'il paraît, nous trouver à une bataille, pendant laquelle les hommes vont tomber dru comme les graines du maïs secoué par l'esprit de Naraca, ainsi que le dit Patala. Or, j'ai depuis longtemps l'idée de chercher les moyens de mesurer la vitesse du déplacement de l'air occasionné par la détonation de l'artillerie. Voici donc ce que je compte faire : je vais me placer bien tranquillement dans la grande hune, bien au milieu du feu, et là m'occuper sérieusement de mon observation.

Il fallut voir la figure de Sulpice pendant ce naïf aveu !

— Mais vous êtes fou, mon gouverneur, — dit Henri, ne pouvant retenir un éclat de rire; — et les boulets?

— Les boulets... les boulets... les boulets!... — répéta l'astronome sur trois tons différents avec l'air du plus profond étonnement.

— Oui, — dit Henri, — les boulets se détourneront-ils de leur chemin pour vous laisser observer à votre aise?

— Il est vrai que je n'avais pas du tout pensé aux boulets, — dit Rumphius avec son flegme. Puis il ajouta, en tentant un nouvel effort pour gravir l'escalier : — Bah! bah! Yama, l'esprit de la guerre, respectera un admirateur de Wishnou, et...

— Pas du tout, mon cher savant, celui que vous appelez Yama a, je crois, peu d'influence sur la direction des boulets de l'escadre de Sa Majesté Britannique. Ainsi, veuillez aller regagner là-bas votre poste.

Et, le poussant doucement, Henri fit descendre le savant à reculons jusque dans la cale, malgré les supplications que l'astronome renouvelait à chaque marche qu'il était obligé d'abandonner.

Le recommandant de nouveau à la surveillance de Sulpice, Henri s'avança du côté du poste du chirurgien pour s'assurer que tous les secours étaient préparés.

En effet, le docteur Gédéon, les manches retroussées jusqu'aux coudes, disposait ses effroyables outils avec le plus grand sang-froid du monde, et gourmandait ses aides, qui ne se dépêchaient pas assez vite.

— Eh bien, docteur, — dit le comte à Gédéon, — tout est-il en état? ne vous manque-t-il rien?

— Absolument rien, monsieur le commandant.

— Je n'ai pas besoin de vous recommander les plus grands soins pour les blessés; quant à ceux qui descendraient sans l'être, si le cas arrivait, ce que je ne crois pas, faites prévenir le capitaine d'armes : ils seront fusillés sur-le-champ.

— Tous les hommes étant égaux, monsieur le commandant, ont les mêmes droits à mes soins, et je couperai également les bras de...

— Monsieur, — dit Henri avec impatience, — une fois pour toutes, je vous fais grâce de vos réflexions; je donne des ordres, on les exécute et on se tait.

Puis se retournant vers l'aumônier, qui, debout, appuyé sur la muraille du navire, examinait ces effrayants apprêts avec un air de dédain mélancolique : — Mille pardons... je n'avais pas eu l'honneur de vous apercevoir, monsieur l'aumônier, — dit le comte à l'abbé de Cilly, dont la figure pâle, encadrée par son costume noir, se détachait à peine des ténèbres de la cale.

L'abbé s'inclina légèrement et ne répondit rien; Henri voulut parler; mais lui, toujours si à son aise, si bien disant, ne trouva pas un mot et malgré lui resta muet.

C'est qu'en effet, même pour Henri, qui était au-dessus de toute crainte, il y avait quelque chose de bizarre dans l'aspect de ce prêtre silencieux et sombre, dont la seule présence dans cet endroit était si éloquente; car, en le voyant si près de l'horrible attirail du docteur, ne pensait-on pas qu'il était là pour attendre ceux que les soins matériels ne pouvaient plus sauver?

Toujours est-il que Henri, presque piqué contre lui-même de n'avoir rien eu à dire à l'abbé, le salua sèchement et remonta, en recommandant encore à Sulpice de veiller sur Rumphius, qui s'écria, lorsque le comte passa : — Monsieur le comte, laissez-moi seulement sur le pont un quart d'heure, mais au plus fort de la détonation et de la vibration de l'air.

Mais Henri n'entendait pas, et était déjà remonté dans la batterie.

En arrivant dans la batterie, Henri donna ses dernières instructions à de Monval, et regagna le pont.

Au moment où il parut, *la Sylphide* doublait la pointe Saint-Matthieu; les deux vaisseaux louvoyaient encore dans l'Iroise.

— Eh bien! monsieur, — dit-il à Thomas, — que devient cette canonnade?

— On l'entend moins, commandant, et l'on ne signale rien; probablement que le combat continue au vent d'Ouessant, et que cette terre nous le cache.

— Faites courir cette bordée, monsieur, et puisque nous ne pouvons pas porter plus de toile, qu'on mouille nos voiles, cela nous donnera peut-être un ou deux nœuds de plus.

— La pompe à incendie n'est pas gréée, commandant.

— Pourquoi cela, monsieur? j'entends qu'à mon bord elle le soit toujours.

— Elle le sera, commandant.

Le lieutenant, réprimant un geste d'impatience, alla exécuter les ordres du commandant.

L'horizon commençait à se découvrir : à droite de *la Sylphide*, on voyait les hautes terres d'Ouessant et les côtes de l'Abrevrak hérissées de brisants; à gauche, l'Océan se développait au loin dans toute son immensité.

La Sylphide marchait à ravir, et, derrière elle, les deux vaisseaux, d'une allure moins rapide, étendaient leur masse de toiles et de bois,

— La pompe est parée, commandant.

— Faites-la jouer, — dit Henri.

Et au même instant on dirigea trois jets d'eau sur la surface que les voiles présentaient au vent, afin de resserrer les mailles de la toile et d'empêcher ainsi l'air de s'en échapper.

— Faites descendre les gabiers des hunes, monsieur, — dit le commandant; — il fait froid, et il est inutile d'exposer pour rien la santé des hommes.

— Il les mettra bientôt dans du coton, — murmura le lieutenant en faisant exécuter cet ordre.

— A bas le monde! — dit le maître d'équipage.

A peine cet ordre fut-il donné, que les matelots descendirent des hunes par les haubans.

— Il y a encore quelqu'un dans la hune de misaine, — dit Henri, à qui rien n'échappait.

— Maître Frank! — cria impatiemment le lieutenant, — quel est donc le gredin qui est resté dans la hune de misaine?

— Je parie, — dit le maître, — que c'est ce damné Losophe!

— Puis, sifflant légèrement, il s'écria : — Ho hé! de la hune de misaine?...

Au bruit du sifflet du maître, deux têtes s'avancèrent au-dessus des batayoles de la hune en s'y appuyant.

Ces deux têtes étaient : 1° celle du Losophe; 2° celle de son chien Saint-Médard.

— Pourquoi, — dit le maître, — restez-vous là *tous les deux*, quand j'ai dit : A bas le monde!

— Maître Frank, c'est que *nous faisons* un point à la ralingue d'une bonnette, — dit le Losophe; et, comme pour certifier cette assertion, le chien fit entendre un jappement.

— Qu'est-ce que cela? — dit Henri. — Il y a un chien ici?

— Commandant, c'est le chien dont je vous ai parlé; l'équipage y tient tant, — dit Thomas, — que j'ai cru...

— Allons... soit!... mais ces pompes, monsieur, ces pompes?...

— Faites jouer les pompes! — cria le lieutenant; et les pompes jouèrent, principalement dans la direction du mât de misaine, car les matelots étaient enchantés de faire cette niche au Losophe. A la tête des plus forcenés pompiers se trouvait Daniel.

Le Losophe reçut stoïquement cette aspersion, en disant à son chien qui la partageait : — Il ne te manquait plus que le baptême, Saint-Médard. Te voilà chrétien fini;... maintenant tu peux mordre des prêtres.

Ce à quoi Saint-Médard répondit en frétillant sa queue d'un air d'intelligence.

A peine les pompes avaient-elles cessé de jouer, que *la Sylphide* prit une nouvelle vitesse, s'éleva au vent et vira de bord assez juste pour doubler l'île.

Mais le théâtre du combat restait toujours caché à *la Sylphide* et aux deux vaisseaux qui la suivaient.

XXXVI

> JEANNE. Oui, tu as raison, cette blanche bannière est propice aux amis de la France et porte le trouble à ses ennemis.
>
> SCHILLER, *la Pucelle*, acte IV, sc. III.

RUSE DE GUERRE

Oh! si par un beau soir d'été, sous le ciel enchanteur de Zante ou de Céphalonie, alors qu'une folle brise ride à peine la surface de la mer en apportant le parfum des orangers du rivage, alors que l'ardent soleil jette, comme à regret, ses derniers rayons d'or, oh! si vous avez cherché une fraîcheur délicieuse dans les eaux calmes et limpides du Levant, n'y avez-vous pas vu étinceler, comme un rubis, un tout petit et tout gracieux poisson, empourpré d'un rouge violet dont le sombre éclat était rehaussé par de brillantes écailles d'argent et des nageoires frangées de nacre?

Admirant sa grâce et sa beauté, ne l'avez-vous pas pris pour quelque bon génie des eaux, pour quelque gentil Ariel qui a revêtu cette enveloppe afin de parcourir, inconnu, les profondeurs transparentes de la mer, et de se jouer parmi ces belles algues vertes qui s'enlacent en guirlandes d'émeraudes aux branches pétrifiées du corail rouge?...

Alors, épris de ce bijou des océans, vous avez nagé vers lui... pour le saisir... Mais lui, n'est-ce pas, joyeux et folâtre, tantôt se tenant immobile, se laissait approcher; tantôt plongeait en fuyant, puis il revenait, fuyait encore en traçant dans l'eau bleue mille cercles argentés, et vous entraînait ainsi à sa poursuite.

Mais lorsque, ravi, vous croyiez enfin vous en rendre maître, n'avez-vous pas vu tout à coup dans le sillage de ce charmant *pilote*, n'avez-vous pas vu luire les deux yeux jaunes et ronds d'un requin gigantesque, à peau rugueuse et noire, qui, battant l'eau de son énorme queue, ouvrant une gueule effroyable, s'avançait rapidement vers vous, guidé par cet attrayant *pilote* qui le précède toujours et lui amène ainsi charitablement sa proie?

Alors, n'est-ce pas? rassemblant vos forces pour fuir les dents aiguës de votre ennemi, vous avez gagné la côte hospitalière... si vous l'avez pu...

Eh bien, ainsi que ce dangereux et séduisant *pilote*, *la Sylphide*, aussi vive, aussi gracieuse, aussi dorée, aussi perfide, guidait et précédait les lourds et redoutables vaisseaux de guerre qui, cachés par les hautes terres du sud d'Ouessant, voguaient dans les eaux de la frégate.

A ce moment la canonnade, qu'on entendait toujours, diminua peu à peu, et bientôt cessa entièrement; d'après cela, on pouvait penser que le bâtiment attaqué avait été pris, ou qu'ayant intrépidement tenté le passage du Four, il avait ainsi échappé à l'ennemi.

Henri ne douta plus de cette dernière supposition, quand il aperçut la vigie d'Ouessant signaler au vaisseau *le Tonnant* — qu'on voyait, au vent de l'île, les deux frégates ennemies qui venaient de poursuivre et de combattre une frégate française maintenant réfugiée dans le passage du Four, où elles n'avaient pas osé la suivre.

Aussitôt le vaisseau fit signe à *la Sylphide* de doubler la pointe de *Porclas*, qui cachait les bâtiments français, de s'approcher seule de l'ennemi, en feignant de vouloir le reconnaître, puis de prendre chasse en manœuvrant de façon à attirer les frégates anglaises près de la pointe, et presque dans les eaux des deux vaisseaux, qui, paraissant alors, s'empareraient facilement de l'ennemi.

— Lâche besogne que celle-là! — dit Henri avec humeur; — servir d'appât à ces pauvres frégates, les conduire traîtreusement dans le piége, et les faire prendre sans tirer peut-être un coup de canon : vive Dieu! c'est l'affaire d'un ignoble vaisseau marchand, et non d'une noble frégate de guerre. Le marin qui commande ce vaisseau, — ajouta-t-il en désignant *le Tonnant*, — ne le sait-il pas? J'aimerais mieux cent fois prêter le travers, moi seul, à ces deux bâtiments que d'agir ainsi.

Mais comme, avant tout, Henri se soumettait aux ordres de ses supérieurs avec une obéissance passive, il fit forcer de voiles, et exécuta la manœuvre qu'on lui avait commandée, pendant que les deux vaisseaux, cachés par la terre, attendaient la facile proie que le comte devait leur amener.

Alors *la Sylphide*, belle et parée, doublant la pointe de *Porclas*, s'avança seule dans l'Océan, avec l'air honteux et timide d'une jeune mariée qui s'aventure en tremblant dans un salon, et cherche de tous côtés une figure amie...

Bientôt les bâtiments anglais aperçurent la française, et, confiants dans leur force, ils laissèrent arriver sur elle.

Et *la Sylphide*, serrant toujours le vent, s'approchait aussi de l'ennemi, et s'en trouva bientôt à un quart de mille.

Alors, comme indécise, elle diminua peu à peu de voiles.

Les Anglais, eux, en forcèrent, vinrent à portée, et, hissant le pavillon britannique, ils l'assurèrent de deux coups de canon, dont les boulets tombèrent à quelques toises de la frégate.

Alors, comme si elle venait seulement de s'apercevoir du danger qu'elle courait, *la Sylphide* vira tout à coup de bord, se couvrit de voiles et prit chasse, en se dirigeant vers cette fatale pointe à l'abri de laquelle étaient embusqués les deux vaisseaux *requins*.

Les frégates anglaises, imitant la manœuvre de *la Sylphide*, la poursuivirent de près, afin de la mettre entre deux feux et l'empêcher de regagner le port...

Mais hélas! hélas! à peine avaient-elles doublé cette maudite pointe de Porclas, les pauvres anglaises, que *la Sylphide*, virant de bord, leur passe au vent, hisse le royal pavillon de France en l'appuyant d'une volée tirée en plein bois, et que les deux vaisseaux paraissent sous toutes voiles; de façon que, se trouvant enveloppées de la sorte, sans espoir de salut, force fut aux deux anglaises d'amener leur pavillon et de se rendre, après une légère résistance qu'elles ne firent que pour la forme.

Ce fut alors qu'on apprit que le bâtiment français que les

Anglais avaient combattu était en effet la frégate *la Minerve*.

Cette expédition imprévue si heureusement terminée, le capitaine du *Tonnant* fit signal à Henri de passer à son bord, afin de recevoir les ordres qu'il avait à lui communiquer de la part de M. le maréchal de Castries.

La Sylphide mit en panne, et un quart d'heure après Henri était à bord du *Tonnant*.

— Bravo, monsieur de Vaudrey, — lui dit le commandant du vaisseau, vous avez on ne peut mieux joué votre rôle.

— Pourtant, monsieur le marquis, — dit Henri d'un air chagrin, — c'est une gloire que je laisserais à qui la voudrait; je ne suis pas scrupuleux, mais, en vérité, je me reprocherai cela toute ma vie...

— Allons donc, vous êtes fou, — lui dit le marquis, — c'est de bonne guerre ; les Anglais combattaient bien *la Minerve*, de vingt-quatre canons, avec deux frégates de trente-six; ma foi, moi, je suis moins scrupuleux que vous, et j'en suis ravi, mon cher comte. — Ce disant, il prit Henri par le bras, et le conduisit dans la galerie de son vaisseau. — M. le maréchal de Castries m'a remis des dépêches pour vous, monsieur le comte, — lui dit-il ; — les voici : en outre, voilà un ordre cacheté que vous n'ouvrirez qu'à la hauteur des Açores, et dans cet ordre vous trouverez des instructions ultérieures. M. le maréchal, qui vous connaît parfaitement, m'a encore prié de bien vous recommander d'éviter tout combat par trop inégal, car les dépêches que vous portez à la Nouvelle-Angleterre sont de la plus haute importance, et impatiemment attendues par M. le chevalier des Touches. Adieu, monsieur de Vaudrey, bonne et glorieuse chance je vous souhaite; vous êtes plus heureux que nous, car nous allons retourner à Brest. Puis il ajouta d'un air confidentiel à l'oreille d'Henri : — Mais peut-être nous reverrons-nous bientôt.

— Comment cela, monsieur le marquis? — dit Henri.

— Oh! je ne puis vous en dire plus, — ajouta le commandant du vaisseau d'un air mystérieux.

Enfin, reconduisant Henri sur le pont, il lui serra cordialement la main, et le comte regagna son canot au milieu des félicitations des officiers du *Tonnant*, qui ne pouvaient se lasser d'admirer la légèreté, l'élégance et la marche de sa frégate.

— Encore adieu, messieurs, — dit Henri aux officiers sur le

couronnement du vaisseau; — mille souvenirs à mes amis de France!

Et se dirigeant vers sa frégate, il eut bientôt atteint son bord... non sans avoir jeté un regard de fierté sur sa *Sylphide*, qui se balançait gracieusement sous ses huniers.

Une fois le comte à son bord, il donna ordre de mettre en route, et, profitant de la brise qui du N.-O. venait de sauter au N.-E., il commença de courir grand largue dans l'O.-S.-O., après avoir ordonné de fermer les soutes aux poudres et de suspendre les préparatifs de combat jusqu'à nouvel ordre...

— Eh bien, maître Frank, — dit M. Kergouët en remontant tout chagrin de sa batterie, — qu'est-ce que vous dites de ça? était-ce la peine de larguer nos pièces de leurs palans, et de mettre le feu à la bouche de ces pauvres canons, pour les laisser sur leur appétit, pour ne leur permettre qu'une mauvaise volée de raccroc... et qui avait plutôt l'air d'un salut bon enfant que d'une enfilade à boulets?... Encore une fois qu'est-ce que vous dites de ça, père Frank?... Dans une *boutique* bien organisée ça n'irait pas ainsi; si le maître dit à ses commis : C'est aujourd'hui fête, eh bien, c'est fête... mais ici... ici... Enfin, qu'en dites-vous, maître Frank?

— Je dis, maître Kergouët, je dis que ce n'est pas dans mon genre de me plaire à voir le navire que je monte servir à amorcer l'ennemi pour le faire prendre par d'autres... Je dis que je n'ai pas de goût à faire l'effet de la charogne ou de l'asticot qu'on met au bout d'une ligne pour attraper un merlan.

— Ne parlez pas d'asticot... ça m'insurge, maître Frank, — s'écria maître Kergouët d'un air dégoûté; — c'est une corruption par trop ignoble, ne m'en parlez pas; mais j'accepte la *comparution* de la charogne, elle est plus délicate.

— Délicate ou non, si je ne me trompe, le commandant n'est pas plus content que nous du métier qu'on nous a fait faire pour le début d'une campagne; car, lui, il me fait l'effet d'un léopard qui a autant de dents que de poils, comme on dit. J'ai connu feu Giroux, qui était maître à bord du *Robuste*, où servait le commandant, qui, m'a-t-il dit, était un lapin qui...

— Ce n'était donc pas un léopard, puisque c'était un lapin? — dit maître Kergouët d'un air ironique.

— Ah! tenez donc, le gouailleur, parce qu'il parle comme un livre, — dit maître Frank d'un air méprisant; — lapin ou

14.

non, c'est un marin... et, comme marin, ça le vexe de faire l'asticot.

Encore l'asticot, maître Frank, c'est révoltant! Mais tenez, asticot à part, et sans me croire inculpé de superstitieux, c'est ennuyeux pour les gens raisonnables qui croient aux présages de...

— Ah! vous allez recommencer vos bêtises, — dit Frank en l'interrompant; — tenez, maître Kergouët, c'est déjà vous qui avez abruti mon neveu Daniel par vos palabres de bons et de mauvais présages, par vos sottises de feu Saint-Elme, de sorts, de tremblement, enfin; mais, voyez-vous, sur moi ça ne mord pas; j'ai la peau trop dure, mon vieux caïman.

Et frappant familièrement sur l'épaule du maître, il descendit dans le faux-pont.

— Ça ne mord pas, ça ne mord pas, — répétait maître Kergouët d'un air désappointé, — et c'est un tort de la part de ta peau, imbécile! C'est ta peau qui a tort, sauvage; car les présages, c'est comme le baromètre... ça annonce le bien et le mal, ainsi que je le disais à notre commis aux vivres, cet Espagnol qui est toujours triste comme un mort, et qu'on ne voit jamais; toujours seul dans sa cambuse. Ah! c'est un gaillard, celui-là, qui n'aurait pas la postérité d'Adam, si les paroles étaient des enfants, — ajouta le canonnier bourgeois en retournant donner un dernier coup d'œil à sa batterie, qu'il appelait si ingénieusement sa *boutique*.

Il était alors environ quatre heures de l'après-midi. Le soleil de janvier brillait dans un ciel pur et s'abaissait lentement à l'horizon, qu'il colorait d'un rouge vif et ardent.

La Sylphide voguait avec grâce sur une mer magnifique, et laissait à sa gauche et derrière elle les hautes terres de Bretagne, que les derniers rayons du soleil couvraient d'une teinte dorée.

Tous les yeux étaient tournés vers les côtes où chacun laissait un souvenir ou un regret.

Car c'est toujours un moment solennel qu'un tel départ, en temps de guerre surtout, quand on quitte son pays, ses affections, ses habitudes, pour un avenir aussi incertain, aussi voilé que l'Océan caché par la brume...

Cette sensation grave et profonde n'attiédit pas le courage, mais elle plonge l'homme le plus insensible dans une espèce de rêverie sérieuse et mélancolique.

Aussi, le premier jour d'un départ est-il ordinairement triste à bord, surtout quand on aperçoit la terre, qui paraît souriante comme un ami qui vous dit adieu;

Ou colère comme un créancier cloué au rivage, qui voit partir son débiteur;

Ou gaie comme le débiteur qui voit partir son créancier;

Ou en larmes comme une jeune fille qui n'a plus que le souvenir d'une faute douce et cruelle comme... toutes les fautes de jeune fille;

Ou... mais ce serait l'histoire du cœur humain que l'histoire de ce prisme merveilleux qui colore si diversement la même terre.

Mais une fois en mer, bien en mer, dès qu'on ne voit plus que le ciel et l'Océan, alors on se livre tout entier à cette nouvelle vie, à ses hasards, à ses périls; et ces émotions sans cesse renaissantes, vous absorbant tout entier, vous laissent à peine le temps d'évoquer vos souvenirs.

Malgré son caractère frivole, le comte n'avait pas échappé à ces impressions; aussi, après avoir donné ses ordres au lieutenant pour la route, il descendit dans sa galerie, et là, appuyé sur le coussin de velours bleu qui bordait sa fenêtre dorée, il jetait un long regard sur les côtes de cette France où il avait passé tant de joyeux moments, lorsque Monval entra, après s'être fait annoncer par le valet de chambre d'Henri, et lui dit: — Commandant, la vigie de la côte nous demande notre numéro d'ordre...

— Eh bien, donnez-le, monsieur, — dit Henri, contrarié d'être dérangé dans ce moment; — quelle est donc cette vigie si curieuse?...

— C'est celle qu'on a établie récemment sur la tour de Koat-Vën, commandant; tenez, on la voit d'ici.

Il serait difficile de dépeindre l'effet que ce nom, prononcé dans ce moment, à cette heure, dans cette disposition, fit sur Henri; il plissa ses sourcils, salua l'officier du geste comme pour l'inviter à sortir, et se mit à se promener à grands pas dans sa galerie.

Cette galerie, qui prouvait le goût de M. Doquin, formait un carré long, dont les parois étaient cachées par une épaisse étoffe de satin bleu damassé, encadrée dans de larges baguettes d'or; un magnifique tapis de Turquie couvrait le plancher, et deux larges et profonds canapés à bois dorés s'étendaient de chaque côté de la porte du milieu, porte voilée par une portière de même étoffe que la tenture.

En face de ces canapés, et dans la longueur de la pièce, s'ouvraient les quatre fenêtres de poupe, avec leurs coussins de velours et leurs draperies gracieusement jetées sur des flèches et retenues par de brillantes tresses à glands et à crépines d'or.

A chaque bout de cette galerie, on voyait une porte de glace; l'une communiquait à un cabinet de toilette, l'autre à une salle de bains.

La porte d'entrée principale, que nous avons dit être voilée par une portière, s'ouvrait sur la salle à manger; à droite de cette salle à manger était l'office; à gauche la chambre à coucher d'Henri, qui ne le cédait en rien au boudoir le plus recherché.

Enfin une première pièce, où se tenaient ses valets de chambre, précédait cette salle à manger.

A la porte de cette pièce, dans la batterie, deux marins montaient la garde, armés de piques, et des pilotins assis sur des banquettes attendaient les ordres que le commandant pouvait avoir à transmettre.

Dans la galerie, au-dessus de chaque canapé, était un compas transparent suspendu au plafond, afin qu'assis ou couché, le commandant pût toujours suivre la route ou la direction que tenait le navire.

Et puis, sur des étagères placées entre les fenêtres et curieusement incrustées de nacre, d'ivoire et d'argent, était la riche panoplie d'Henri, ses cartes, ses instruments nautiques, une petite collection de livres licencieux ou de romans à la mode, et tous les ouvrages connus de stratégie et de tactique navale, français, anglais ou espagnols; car Henri possédait aussi la connaissance pratique de ces deux dernières langues, étant resté longtemps dans les diverses possessions de ces différents pays.

Enfin, au dedans de chaque fenêtre, il y avait une petite caisse de bronze doré et ciselé, renfermant les fleurs les plus précieuses, que le fidèle Germeau entretenait avec grand soin; puis, sur des tables à roulis attachées au plafond par des chaînes dorées, brillait un délicieux choix de porcelaines de Sèvres et de cristaux de Bohême, avec leurs pinces et leurs cuillers de vermeil.

J'oubliais de légers stores chinois, couverts de *cardinaux* à l'éblouissant plumage écarlate, argent et bleu; ces oiseaux paraissaient vivants et suspendus aux pétales embaumés des fleurs dont chaque fenêtre était émaillée.

Les appartements de tous les vaisseaux de guerre, quoique assez ornés, étaient bien loin d'approcher de cette élégante somptuosité. Mais Henri, grâce à sa fortune, avait pu déployer, dans ce petit espace, un luxe plein de goût et de recherche.

C'est donc appuyé sur une des fenêtres de cette splendide galerie que M. de Vaudrey, las de se promener avec agitation, se mit à contempler la tour de Koat-Vën, qui se voyait encore sur la côte, malgré les ombres croissantes de la nuit.

Car, il est vrai de le dire, à la vue de cette tour qui venait lui rappeler si brusquement l'aventure de la duchesse, Henri n'avait pu échapper à des idées, sinon amères, au moins tristes; mais d'une tristesse douce et pleine de charme, qui le désolait délicieusement.

Car, ainsi que nous l'avons dit, on n'est jamais bien cruellement torturé à cette pensée que, par son inconstance ou ses mépris, on a fait mourir une femme de chagrin.

Ces tortures cruelles poigneraient plutôt celui qui croirait que la délaissée se console de l'inconstance et du dédain en menant heureuse, et longue, et joyeuse vie.

Mais ce que je dis là des hommes s'applique aux femmes *à fortiori;* car, après un amant fidèle, ce qu'elles exècrent le plus au monde, c'est un amant consolé.

Toujours est-il que le soleil avait depuis longtemps disparu de l'horizon, que le comte regardait encore dans la direction des côtes de France.

Mais Henri n'avait pas été le seul à qui la tour de Koat-Vën eût donné à penser et à se souvenir.

Il y avait encore Rumphius, qui avait passé bien des nuits sur la plate-forme à observer les astres.

Il y avait encore Sulpice, le bon Sulpice, qui avait, lui, passé bien des nuits à veiller son frère.

Il y avait encore Rita et son écuyer.

XXXVII

> Ces surprises faites à la tristesse, ces courtes débauches d'illusions, m'aident en quelque sorte à *changer d'épaule le malheur*, et en rendent le fardeau moins pesant.
>
> M. le baron D'HAUSSEZ, *Philosophie de l'exil.*

LA CAMBUSE

On appelle *cambuse* cette portion de faux-pont fermée au-dessus du premier plan de la cale, sous l'écoutille de l'avant.

C'est de cet endroit que se distribuent les vivres de l'équipage. C'est aussi là que loge ordinairement le commis du munitionnaire.

La cambuse : lieu sombre, sordide, rendu infect par les exhalaisons des vivres qui y sont enfermés ; espace étouffant où l'air et la lumière du jour ne parviennent jamais ; prison étroite et humide, dont les murailles sont toujours battues par les vagues qui se brisent sur la proue.

C'est là que Rita et Perez habitaient depuis six jours, dans une petite chambre basse à peine longue de huit pieds.

Couchée sur un cadre était la duchesse habillée en homme ; Perez, assis à son chevet, paraissait lui donner des soins ; car, à travers le soupirail de cette espèce de cave, la malheureuse duchesse avait aussi vu comme Henri, au même moment que Henri, la tour de Koat-Vën qui, se dressant blanche sur le ciel obscurci par les approches de la nuit, lui était apparue comme un spectre dans son linceul.

— Je me sens mieux, Perez... — dit la duchesse, — mieux... mais je n'ai pu résister à l'affreuse émotion que m'a causée la vue de cette tour maudite... Oh !... Perez... Perez, qui m'eût dit, il y a six mois, lorsque je venais là, si heureuse, avec tant de joie dans l'âme, consoler un être que je croyais souffrant et isolé ; lorsque je rêvais un avenir si beau, lorsque je me sentais vivre pour la première fois... oh ! Perez, qui m'eût dit qu'aujourd'hui je reverrais ces mêmes lieux, mais oubliée, flétrie, hideuse ; mais voguant ignorée sur cette mer où, *lui* et moi, nous jetions si souvent nos yeux en parlant d'amour; sur cette mer que nous trouvions si belle et si grande, et dont nous écoutions le murmure avec tant de douce mélancolie? Oh! que cela est affreux à penser, Perez!... Comment ne deviens-je pas folle?... Si je devenais folle...

Puis la duchesse se tut et reprit bientôt avec un accent convulsif : — Oh! je souffre... j'étouffe... Mon Dieu, que l'air que l'on respire ici est infect et pesant! — Et elle ajouta avec un accent de regret déchirant : — Oh! mon château de Kervan, mes prairies vertes, mes beaux ombrages! Oh! Madrid! son Prado! ses belles nuits d'été! oh! mon existence presque royale!... mes terres... mes palais... où êtes-vous! Mais que dis-je!... Pourquoi ces regrets?... Enfin, tout cela n'est-il pas encore à moi, après tout?... Ne suis-je pas toujours la duchesse d'Alméda; et que me fait une stérile vengeance?... Je ferai tuer cet homme par un de mes laquais, et puis ce sera fini; je retrouverai mon rang, mes titres; je n'irai plus en prison avec des filles, je ne serai plus battue ni traînée dans la boue par des soldats; je ne serai plus enfermée dans un vaisseau avec des matelots; je verrai le soleil, des arbres; j'aurai ma maison comme autrefois, mes gentilshommes et mes femmes, puisque, enfin, je suis toujours la duchesse d'Alméda, moi!... — s'écria Rita dans une exaltation délirante.

Car les nouvelles émotions qui venaient de l'accabler, les regrets, la haine, les souffrances avaient un instant comme altéré sa raison.

— Madame la duchesse d'Alméda est morte, madame... morte... entendez-vous? — dit Perez de sa voix sourde et creuse, avec l'inflexible sang-froid qui le caractérisait.

Cet accent bien connu rappela Rita à elle-même, et serrant ses mains amaigries sur son front : — Oh! pardon, Perez, je m'égarais, je regrettais; mais enfin, après tout ce que j'ai souffert, c'est bien permis à une pauvre femme, n'est-ce pas?... Mais vois donc, à juger d'après mes regrets, — ajouta-t-elle avec un rire amer et concentré, — vois donc que j'ai été bien inspirée de Dieu de me faire morte et défigurée... Duchesse et belle, tu le vois, je n'aurais pas supporté ces tortures affreuses que j'ai subies... A la première épreuve, j'aurais lâchement abandonné ma vengeance, je ne l'aurais que tué; tandis que plus je souffre, plus j'endure, moins je puis me décider à le tuer. Le tuer! le tuer!... Mais que serait cela auprès de ce que j'ai supporté, moi?... Et puis, d'ailleurs, il est toujours temps. Non, non ; il faut qu'avant il soit déshonoré, trahi, torturé, et ce poison que nous mêlerons dans les vivres de son équipage amènera ce résultat... Oh! j'en suis sûre... tiens, Perez, lis encore, — dit la duchesse en ouvrant le livre de José Ortez, et montrant ces lignes à Perez :

« Et leurs visages devenaient livides, et leur sommeil était agité d'horribles songes, et ils perdaient leurs forces et la gaieté, et ils devenaient lâches, et leurs mains de jeunes gens tremblaient comme des mains de vieillards, et ils maigrissaient et devenaient comme des spectres, et leurs yeux égarés roulaient dans leurs orbites, et ils mouraient au milieu d'un horrible délire. »

Puis, fermant le livre avec violence : — Dis, Perez, quand ces malheureux se verront atteints de la sorte et que lui seul sera à l'abri, quelle vengeance n'en tireront-ils pas?... Quelles effrayantes idées la superstition ne fera-t-elle pas éclore dans ces grossiers cerveaux? Et puis, vois-tu, Perez, ce n'est plus seulement maintenant mon amour dédaigné que j'ai à venger, ce n'est plus cet homme que je regrette... c'est encore mon nom, ma fortune, ma vie somptueuse, mon bien-être enfin, mon bien-être dont je connais tout le prix, maintenant que je vis de misère et d'ignominie. C'est horrible, c'est lâche à avouer; mais cela est : j'ai trop présumé de mes forces, je n'étais pas assez pure pour une telle vengeance, ou plutôt il n'en est pas digne, lui. Tant de regrets pour lui seul, cela l'honorerait trop... Ne regretter que lui, et compter pour rien cette vie de boue et de fange où je me suis traînée ! non, non, tout cela, Perez, tout cela maintenant est pour autant et pour plus peut-être dans ma rage que sa trahison infâme. Le ruisseau est devenu torrent, Perez, torrent qui entraînera tout dans sa course... car peu m'importent les moyens, je veux ma vengeance terrible... Terrible, parce que j'ai tout senti et tout enduré ; tout enduré, Perez, la pression des fers, la boue qu'on me jetait au visage, les coups que l'on m'a donnés, à moi, Perez... à ta maîtresse... des coups !... à moi !...

Et Rita, se levant à demi, roidissant ses bras, était affreuse à voir... Ses yeux égarés roulaient dans leurs orbites, et de douloureux tiraillements agitaient ses membres.

A ce moment on entendit une cloche tinter : c'était la cloche de la prière du soir.

— Qu'est-ce que cela, Perez? — dit Rita, que le bruit rappela à elle-même.

— C'est l'heure de la prière, madame; car ces gens-là prient...

— Eh bien, moi aussi je prierai, — s'écria la duchesse; — mais je prierai Satan, le dieu du mal; Satan, toi le seul et vrai dieu de ce monde infâme, car l'autre est un cruel sarcasme, je t'implore... Satan, je suis vouée à toi... ne m'abandonne pas, Satan!

Et Rita ne se connaissait plus.

— Calmez-vous, madame, calmez-vous, — disait Perez, — j'entends quelqu'un.

Et Perez, saisissant un fanal, se précipita à la porte, l'ouvrit... mais il ne vit rien.

Les ténèbres du faux-pont restèrent muettes.

Quant il revint auprès de Rita, il la trouva comme anéantie par un profond accablement qui, succédant à son irritation, apporta un peu de calme dans les sens de cette malheureuse femme.

XXXVIII

> Prenez une patte de crapaud et trois yeux d'hyrondelle.
> *Le Petit-Albert.*

LE CHARME

Au moment où la duchesse avait invoqué Satan, un léger bruit s'était fait entendre, comme on sait.

Quoique Perez n'eût rien distingué dans l'obscurité du faux-pont, deux personnes s'y étaient cependant cachées, et avaient tout entendu, sans rien comprendre, il est vrai, car Rita et son écuyer ne parlaient jamais qu'espagnol; un mot unique avait pourtant été saisi par les deux curieux; ce mot était Satan.

Ces deux curieux étaient Daniel et le Losophe.

On se souvient peut-être qu'à la suite de je ne sais quelle soustraction de rosaire, Daniel, avait jugé à propos de « chagriner le Losophe d'une multiplicité de coups de poing, » ainsi que disait maître Kergouët.

Or, le Losophe, rancuneux comme un poëte, s'était promis de se venger de Daniel ; et pour y parvenir il avait commencé par oublier ces coups de poing, si royalement prodigués par le Breton, et était parvenu, à force de ruse et d'hypocrisie, à se mettre fort avant dans sa confiance.

On sait encore que Daniel se montrait un des plus aveugles et des plus intrépides auditeurs de maître Kergouët lorsque cet estimable canonnier bourgeois racontait les terribles histoires dont *le voltigeur hollandais, le feu du diable,* ou *le pilote damné* étaient toujours les héros.

Or, grâce à une alliance d'idées assez commune chez les esprits ardents et étroits, malgré ses croyances religieuses, Daniel ne rêvait plus que sort, magie, démons et gens voués aux bons ou aux fatals génies.

Pas une de ses dispositions n'échappait au Losophe, qui, sans avoir de but arrêté, les encourageait toujours, pensant peut-être à les faire tourner à son profit, ou à celui de sa vengeance, lorsqu'un incident assez commun lui donna l'espoir de satisfaire l'une et l'autre.

L'air sombre de Perez, l'entière solitude dans laquelle il vivait depuis qu'il était à bord, son accent étranger, son costume lugubre, avaient assez vivement frappé l'esprit des matelots, qui, dans leurs moments de désœuvrement, s'occupent toujours des moindres choses, des moindres faits, et en outrent l'importance avec leur exagération habituelle; de plus, ses manières brusques avec l'équipage n'avaient pas contribué à lui concilier la bienveillance générale des marins, qui, selon leur coutume de surnommer les gens, l'avaient, sur la proposition du Losophe, l'avaient, dis-je, baptisé Grand-Gibet, à cause de sa figure triste et austère.

Le Losophe n'avait d'autre motif de haine contre Perez Grand-Gibet que le dépit d'avoir été surpris par cet Espagnol, une fois qu'il tentait de s'introduire dans la cambuse pour y dérober des vivres.

Il y avait d'ailleurs plus de moquerie que d'intention malveillante dans la conduite du Losophe à l'égard de Perez; mais je ne sais par quelle fatalité Daniel fit un jour remarquer au Losophe que Grand-Gibet n'assistait jamais à la prière du soir et du matin, que l'équipage disait en commun.

Cette question fut un trait de lumière pour le Losophe, qui, spéculant sur la crédulité et la bonne foi du malheureux Breton, se mit à lui faire les histoires les plus saugrenues et les plus effrayantes sur Perez; à lui prouver par une multitude de rapprochements plus bêtes les uns que les autres, que Grand-Gibet était un être surnaturel, qui devait avoir des relations avec le diable, puisqu'il n'assistait jamais aux prières, et qu'il pouvait, à son gré, vous enrichir ou vous nuire, vous faire devenir grand amiral, empereur... que sais-je?... Enfin, étourdissant le pauvre Daniel par tous les contes imaginables, il finit par lui avouer qu'au moyen d'un *charme* que lui Losophe possédait, comme initié dans les secrets de la magie, il rendrait le Breton témoin des entretiens de Grand-Gibet avec le diable, et le ferait peut-être même participer à sa puissance.

Voici quel était le plan du Losophe, et ce qui paraissait devoir en faciliter l'exécution.

Rita s'était embarquée un soir, et presque personne, excepté le lieutenant et l'écrivain qui avait constaté sa présence à bord comme aide du commis, personne, dis-je, ne se doutait que Perez eût un compagnon.

Pourtant le Losophe, qui rôdait partout et surtout autour de la cambuse, dans le but d'y voler du vin ou de l'eau-de-vie, selon son habitude, avait plusieurs fois entendu les imprécations ou les pleurs de la duchesse; aussi résolut-il de faire passer le mystérieux compagnon de Perez pour l'esprit familier de Grand-Gibet, et de s'amuser ainsi du confiant Breton, tout en lui faisant payer fort cher le charme qu'il lui promettait.

En effet, le Losophe amena trois ou quatre fois Daniel à la porte de Perez, et le novice entendant cette voix qui répondait à l'Espagnol, dans une langue inconnue, tantôt avec colère, tantôt avec résignation, il crut fermement que Grand-Gibet avait un démon familier, et donna tête baissée dans tous les panneaux que le Losophe voulut bien lui tendre.

Ce fut bien pis cette fois, que Daniel venait d'entendre distinctement répéter le nom de Satan!...

— Eh bien, — lui dit le Losophe, — tu vois si je t'ai menti; ils parlent en langue du sabbat, que toi ni moi ne comprenons pas; mais Grand-Gibet l'a appelé Satan d'une fière force; j'espère que c'est clair, il l'a répété assez de fois,

Satan, Satan, Satan. Si ce n'est pas là un sorcier, tu en es un, toi, Daniel.

— Le fait est qu'il a dit Satan, — reprit le naïf Breton, se signant avec un sentiment de terreur, — il l'a dit; mais qu'est-ce donc qu'il peut vouloir faire à bord avec le diable, ce gueux de Grand-Gibet?

— Tu sens bien, mon cher, — répondit le Losophe, — que c'est son secret; et moi, qui ne suis encore que comme qui dirait *lieutenant* dans la magie, je ne ferai pas le genre de te dire que je sais, pendant que je ne sais pas; car, avant tout, faut jamais tromper un ami, un vrai ami comme toi, Daniel.

— Il y a donc aussi des lieutenants dans la magie comme dans la marine, Losophe? — demanda Daniel avec le plus grand intérêt.

— C'est tous les mêmes grades, mon cher; mais, par exemple, jamais d'injustice dans la magie, jamais. Si vous êtes *bon magicien*, eh bien, vous passez de droit *meilleur magicien*, qu'est, comme qui dirait, les lieutenants de la chose. Si vous êtes *meilleur magicien*, vous passez *très-bon magicien*, qu'est comme les capitaines de corvette de la chose. Si vous êtes *très-bon magicien*, vous passez *fameux magicien*, et ainsi de suite.

— Tu es donc *meilleur magicien*, toi, Losophe?

— Depuis sept ans trois mois et un jour. Mais M. le comte de Saint-Germain, qu'est l'*excellentissime magicien*, comme qui dirait l'amiral de la chose, m'a promis de me faire passer *très-bon* à la première vacance.

— Et à quoi que ça se voit, quand on est *meilleur magicien?* — demanda curieusement Daniel.

— Mais, mon cher, c'est tout simple : ça se voit à ce qu'on est *meilleur magicien*. A quoi que ça se voit que t'es Daniel, toi? à ce que t'es Daniel, n'est-ce pas? Eh bien, c'est tout de même.

— C'est juste, — dit le Breton, fort éclairé par cette définition lucide. — Mais, dis-moi, Losophe, à quoi que ça servira le *charme* que tu m'as dit que tu me ferais moyennant quelque chose?

— Ça te servira d'abord à voir le diable; et quand il n'y aurait que ça, c'est déjà flatteur à pouvoir dire dans les salons, ou dans la société des petites femmes que t'es appelé, par ton physique charmant, à fréquenter; voilà pour l'agréable, car, comme dit le sage, *Defilé durci*. Pour l'utile, une fois que tu sauras que c'est le diable, tu t'en défieras.

— Faudra me défier aussi de Grand-Gibet, Losophe?

— Je le crois bien; ce Grand-Gibet, vois-tu, est peut-être encore pire que le diable, lui, parce que, après tout, au diable, c'est son état d'être diable, il ne peut pas faire autrement, *au lieur* que Grand-Gibet, c'est de la pure méchanceté, vois-tu, c'est de la vraie polissonnerie. Aussi, avec mon *charme*, si Grand-Gibet était un homme *à sort*, ou un cousin du *voltigeur hollandais*, tu le saurais tout de suite. Et, le *savant*, tu ne le regarderais jamais sans être sûr que tu as bien ton rosaire dans ta poche; alors, comme ça, il ne pourrait jamais te mordre.

Le mot de rosaire rappela les anciens griefs du novice, qui s'écria : — Alors pourquoi donc que tu m'avais pris le mien pour le mettre à la queue de ton chien, carogne?

— C'était pour le charme, — dit gravement le Losophe, — pour le charme que j'avais deviné que tu me demanderais. En lieutenant-magicien, je devine les charmes qu'on doit me demander.

— Qu'est-ce qu'il te faut pour faire ton charme, Losophe?

— Pour faire mon charme, Daniel, — dit le Losophe d'un air recueilli, en énumérant sur ses doigts les *ingrédients* nécessaires pour parfaire cette merveilleuse opération, — pour faire mon charme, il me faut d'abord une poule noire, mais noire comme l'encre, c'est essentiel; après ça, cinq pages d'un livre de messe, un fromage de Hollande, un écu de six livres, trois bouts de filin, une pièce de vingt-quatre sous, sept... entends-tu bien, sept boujarons d'eau-de-vie; encore un écu de six livres, mais à la vache; une paire de bas de laine, et un morceau de bœuf pour Saint-Médard, mais surtout pas trop maigre, et où il n'y ait pas d'os.

— Saint-Médard en est donc aussi, du charme?

— Tiens! pardieu, s'il s'en met! puisque je l'ai baptisé exprès, que je te dis, et que même c'est pour ça que je t'ai pris ton rosaire dans les temps où que t'as été si injuste à mon égard, à grands coups de poing dans le dos... C'est pas que je te les reproche, tes coups de poing, au moins, Daniel! au contraire, ils m'ont flatté extrêmement, parce que, moi qui devinais que tu serais mon ami, ils me prouvaient que j'aurais un ami très fort.

— Ça s'est bien trouvé tout de même, Losophe ; mais dis-moi donc, Losophe, faut absolument une poule pour le charme ?

— Faut une poule, et une poule noire encore, Daniel.

— Pour une poule, — dit Daniel en se grattant l'oreille, — c'est difficile à genopper ; pourtant dans les cages du commandant il y a une grêle de poules ; mais c'est mal de voler, Losophe, oh ! c'est mal.

— Mais c'est pas voler, puisque c'est pour un charme, mon cher ; et quand c'est pour un charme, la religion vous le permet ; la religion même a le droit de vous y forcer.

— Tu crois, Losophe ? mais c'est que dans les cages, je n'en ai vu que des blanches... de poules, et c'est une noire qu'il te faut, une noire comme de l'encre, que tu dis.

— Ah ! gueux de Breton, as-tu la tête dure ! — dit vivement le Losophe ; — il m'en faudrait une noire, sans doute ; mais dans le cas où il n'y *en avant* que des noires, il n'y en aurait pas de blanches ; car alors une noire deviendrait indispensable aussi bien qu'une blanche s'il n'y en avait que des blanches ; alors tu vois donc bien qu'au contraire une noire ne vaudrait rien du tout, une noire serait affreuse, et ferait manquer le charme, puisqu'il faut absolument qu'elle soit blanche. Dieu de Dieu, que tu as la tête dure ! C'est une blanche que je te dis, une blanche, et tant plus elle sera blanche, tant plus le charme sera meilleur.

— Eh bien ! j'en tordrai une blanche, tant pire...

— C'est ça ; mais surtout il faut que tu mettes la tête et les pattes dans ton hamac.

— Dans mon hamac ! c'est encore pour le charme, Losophe ?

— Toujours pour le charme ; mais comme t'es bon enfant, je vais t'expliquer cela : Les pattes de la poule, vois-tu, Daniel, c'est censé pour faire marcher le diable devant toi ; et la tête, c'est pour te le faire voir ; c'est comme le fromage, c'est pour l'allécher par la bonne odeur ; l'eau-de-vie, c'est pour l'entourer de flammes ; les bas de laine, c'est pour moi marcher dans ces flammes sans me griller les jambes ; les bouts de filin, c'est pour l'attacher ; et les pages du livre de messe, c'est pour le faire parler ; mais je te dis ça, à toi, Daniel, parce que tu es un ami : ne va pas dire ça à d'autres.

— Et les deux écus de six livres et la pièce de **vingt-quatre** sous, — demanda Daniel, — quoi que ça fait au diable, Losophe ?

— C'est pour le corrompre, mon cher... pour le corrompre à force d'or !...

— Mais Saint-Médard, Losophe, quoi qu'il fait au diable, avec son morceau de bœuf pas trop maigre, et où n'y ait pas d'os ?

— Tiens ! es-tu délicieux et égoïste, toi, Daniel !... est-ce qu'il ne faut pas que la pauvre bête prenne des forces avant la chose, pour pouvoir me défendre si le diable rugissait ? car on l'a vu rugir...

— Saint-Médard ferait donc quelque chose au diable, Losophe ?

— S'il lui ferait quelque chose... ah ! bigre ! oui... depuis qu'il a eu ton rosaire à la queue... il a presque le rang d'enfant de chœur, et il peut d'autant plus embêter le diable, que le diable ne va pas se défier d'un caniche.

Il était impossible de répondre avec plus d'ordre, de précision et de clarté aux subtiles et embarrassantes interrogations de Daniel, qui, bien sûr de faire un excellent marché, tira, d'une longue bourse de cuir qu'il portait sur la peau, deux écus de six livres, plus une pièce de trois livres, qu'il donna au Losophe, en lui demandant la monnaie qui lui revenait sur ses trois livres.

— Ne parlons pas de ça, — dit le Losophe de l'air du plus profond désintéressement, en serrant la main de Daniel, et mettant les quinze livres dans sa poche, ne parlons pas de ça, Daniel ; si le charme réussit, c'est différent, car tu sais bien que je ne serais pas assez chiche pour t'en dire un mot ; encore une fois, Daniel, ne parlons pas de monnaie, ou tu me ferais de la peine.

Le novice, convaincu de la générosité du Losophe, ne s'occupa plus que des moyens de rassembler les matériaux nécessaires pour confectionner le charme.

— Pour le fromage et l'eau-de-vie, — dit-il, — j'amasserai mes rations ; on trouve des bouts de filin partout, et j'ai un livre de messe, de défunte ma mère, où je ne sais pas lire. Pour des bas de laine, j'en ai que ma cousine Ivone m'a achetés au pardon de Plougastel ; pour le bœuf, Saint-Médard aura ma ration de viande ce soir. Mais tu m'assures qu'avec ça ?...

— Avec ça, — dit le Losophe, — quand tu m'auras donné

tout ça, et que j'aurai fini le charme, je te ferai voir le diable ; et une fois que tu l'auras vu, que je te dis, tu te défieras ; et comme tu te défieras, il ne pourra rien sur toi ; ou s'il peut quelque chose, ça sera de te couvrir d'émoluments, de grades, de très grands honneurs, peut-être de royaumes... ou même te faire empereur romain ; mais faut mieux ne pas compter sur être empereur romain, parce que c'est rare.

— Mais si je ne le voyais pas, le diable, Losophe ?

— Si tu ne le voyais pas, c'est que le charme aurait manqué, parce que la poule n'aurait pas été assez blanche pour l'éblouir : alors il faudrait le refaire, toujours le refaire jusqu'à ce qu'il aille.

— Oh ! oui, Losophe ; et puis, de mon côté, je t'allongerai des peignées solides jusqu'à ce qu'il aille, — ajouta Daniel d'un air doux, en montrant ses poings vigoureux.

— Eh bien, ça va, je t'y autorise, Daniel, — dit le Losophe d'un air calme, — et même je t'y forcerai, si le charme ne va pas... Oui, Daniel... même je veux te faire signer un papier par lequel tu t'obligeras à m'éreinter, à me rouer de coups, si le charme n'allait pas... Ainsi, vois si je pense à te tromper.

Que répondre à de telles preuves de franchise ? Aussi Daniel, convaincu et rassuré, ne fit plus qu'une question.

— Est-ce que je te verrai faire le charme, moi, Losophe ?

— Mais du tout, mon cher, tu ne peux pas le voir ; car je le ferais devant toi que tu ne le verrais pas... faut être magicien pour pouvoir voir... qu'on soit dans les bas grades, c'est égal ; mais faut en être.

— Et quel est le plus bas grade ?

— Le grade de matelot dans la magie, Daniel ?

— Oui, Losophe.

— Mais c'est tout simple, ça, mon cher ; puisque le plus haut grade de la chose est *excellentissime magicien*, eh bien, le plus bas grade de la chose, c'est *f.... magicien*, — dit le Losophe avec un admirable sang-froid...

— Est-ce que je ne pourrais pas être *f.... magicien*, moi ? — demanda l'ambitieux Daniel.

— Très bien : maintenant que t'as fait faire un charme, tu le peux, et même tu te dois ça, à toi et à ta respectable famille, Daniel ; mais ça coûte les yeux de la tête.

A ce moment le dialogue fut interrompu ; on sonna le second coup de la prière.

— Oh! la prière! — dit Daniel, en s'élançant à l'échelle.
— Attends-moi donc, dit le Losophe.

Puis voyant Daniel monter : — Oh! damné Breton, je me vengerai de tes coups de poing, — dit le Losophe; — et puis ça me fait toujours quinze livres, et de quoi me donner une bosse avec Saint-Médard... Ah! gueux de Breton, va! — ajouta Losophe en allant se joindre à l'équipage pour la prière du soir, — ah! gueux de Breton! Tu peux bien être sûr de crever dans la peau d'une sacrée bête, si on ne te dépiote pas tout vivant.

XXXIX

Vous êtes un être rempli d'artifices. . . .
. . . .
Mon Dieu! mon Dieu! que faire, seigneur Burin?
BURKE, *la Femme folle.*

LE CONSEIL

Depuis huit jours *la Sylphide* était partie de Brest et faisait bonne route, car la brise du nord-ouest ne cessait de favoriser sa marche.

Quoiqu'elle se trouvât assez proche des parages qui servent de point de ralliement aux croiseurs anglais, elle n'avait pas encore vu de bâtiment ennemi.

Mais, hélas! mieux eût valu pour la frégate rencontrer dix vaisseaux de ligne, se voir environnée de fer et de flammes, ou s'abîmer dans la mer, que de jouir de ce calme funèbre et glacial qui la faisait ressembler à un immense sépulcre.

Car Perez avait exécuté le projet de Rita.

Une assez forte dose de tshettik ayant été mêlée à la farine dont on faisait le pain de l'équipage, et au vin ou à l'eau-de-vie qu'il buvait, d'effrayants symptômes n'avaient pas tardé à se manifester...

Aussi, le matin de ce huitième jour, Henri rassembla-t-il un conseil composé du lieutenant, du docteur et de l'abbé...

La physionomie de Henri, ordinairement si vive et si enjouée, trahissait un sentiment de chagrin et de découragement profond.

Le lieutenant et le docteur paraissaient fort absorbés ; l'abbé seul conservait son calme et son sang-froid habituels.

Lorsque chacun eut pris place : — Messieurs, — dit Henri, — depuis trois jours surtout une inconcevable maladie affecte l'équipage ; que pensez-vous de cela, monsieur le docteur, et quelles nouvelles observations avez-vous faites sur cette étrange épidémie ?

— Je pense, monsieur le commandant, — dit le docteur Gédéon, qui, dans cette grave circonstance, paraissait oublier tout à fait la *politique* et la *philosophie*, — je pense que c'est une maladie inexplicable, dont je vois les effets mais dont je ne puis comprendre les causes ; d'ailleurs, voici ce que j'ai remarqué dans les malades : cela a commencé par une grande langueur, par des maux de tête et des vertiges ; puis le lendemain ç'a été une courbature générale, la perte de l'appétit, et une soif ardente ; le jour d'ensuite, c'était une faiblesse extrême, et un sommeil agité par des rêves horribles... Aujourd'hui les mêmes accidents continuent, mais avec plus d'intensité : voilà où nous en sommes, monsieur le comte... mais ce que je crains, c'est que la maladie empire, car il règne chez nos hommes une grande atonie ; c'est à peine si je puis parvenir à leur faire prendre un peu de nourriture. Ce qu'il y a encore de particulier, c'est que tous les matelots bien portants soient atteints de cette maladie, et que cinq ou six malades que j'ai sur les cadres, et que je tiens à une diète rigoureuse, en soient exempts.

— Ce ne peut être la corruption de l'eau qui occasionne cela ? — demanda le commandant ; — car, à peine embarquée depuis huit jours, elle doit être aussi saine que possible.

— Sans aucun doute, — reprit le docteur, — l'eau est parfaite et limpide ; vous avez d'ailleurs vu comme nous, commandant, lors de notre visite à la cambuse, que les vivres étaient excellents, et que le commis, cet Espagnol, ne négligeait rien pour aérer le faux-pont, et qu'il se donnait toutes les peines imaginables afin que les provisions ne s'altérassent pas : encore une fois, commandant, je m'y perds ?...

— Et vous, lieutenant, qu'avez-vous remarqué ? — dit Henri ; — quelle est la position morale de l'équipage !...

— Monsieur le commandant, c'est à peine si nous avons suffisamment d'hommes pour manœuvrer la frégate sous la petite voilure que vous lui faites tenir. Ils sont comme énervés, sans courage et sans force; les liens de la discipline semblent même se relâcher.

— Je suis en outre instruit, par la police du bord, qu'il règne je ne sais quelle irritation sourde, dont j'ignore l'objet, mais cela surtout parmi un certain nombre de matelots qui forment des réunions nocturnes dont je n'ai pu encore découvrir ni le lieu ni le but. Comme on a entendu souvent des menaces, des imprécations, j'ai dû donner l'ordre à quelques gabiers choisis de se tenir prêts, malgré leur état maladif, dans le cas où des rebelles tenteraient quelque chose contre l'état-major.

— Et vous, monsieur l'aumônier, pourriez-vous nous donner quelques nouveaux détails, ou quelque avis salutaire?

— Ce que je pourrais savoir m'aurait été confié sous le sceau de la confession, monsieur le comte, et il ne m'est pas permis de le dévoiler, — dit l'abbé.

— Mort-Dieu! monsieur, — s'écria le lieutenant, — il ne s'agit pas ici de cagoterie et de momeries! il s'agit du salut commun, il s'agit...

— Quant aux avis, — continua l'abbé sans paraître s'apercevoir de l'interruption du lieutenant, — quant aux avis, monsieur le comte, si la malheureuse position dans laquelle se trouve votre équipage tient à une cause physique, cela regarde le médecin; si cette cause est morale, c'est à vous à la combattre par l'influence que vous devez posséder sur l'esprit de vos marins. Je m'empresserai d'ailleurs, monsieur le commandant, d'intervenir dans les fâcheuses circonstances où se trouve l'équipage, et de le rassurer par le texte d'une religion toute d'espérance et de résignation.

— Et moi, monsieur le commandant, — s'écria le docteur Gédéon, enchanté de trouver l'occasion de mortifier, d'écraser l'abbé, qui ne lui parlait jamais, — je vous déclare que je ne me mêle plus de mes malades, si M. l'abbé se donne les airs de venir les effrayer par ses balivernes et ses bêtises de religion; tant qu'ils sont en vie, ils m'appartiennent; une fois morts, qu'il en fasse ce qu'il voudra; car comme après la mort ce n'est plus que matière, comme la religion n'est...

— Taisez-vous, monsieur, — dit Henri d'un air sévère, en

interrompant le docteur, dont le furibond discours n'avait pas non plus la puissance d'émouvoir l'abbé, — taisez-vous, — reprit le comte; — ce que vous dites est d'une haute inconvenance. M. l'abbé n'impose ses conseils à personne; ceux qui ont recours à lui sont trop heureux de le trouver; vous soignerez mes matelots, parce que vous êtes ici pour cela. Vous m'entendez, monsieur, et si vous vous permettiez encore d'attaquer devant moi, et avec autant d'indécence, un caractère aussi grave et aussi élevé que celui de M. l'aumônier, je serais forcé de vous punir, monsieur, et de vous punir sévèrement...

— Il me semble, monsieur le commandant, — dit Jean Thomas, — qu'une telle discussion sort des limites de la discipline, et que si l'aumônier n'est pas satisfait... il peut...

— Il vous semble fort mal, monsieur, — dit Henri en interrompant Thomas, — et une fois pour toutes, sachez que je ne souffre jamais qu'à mon bord personne ose se permettre la moindre remarque sur ce que je dis ou ce que je fais. Je me suis déjà aperçu, monsieur Thomas, de signes de mécontentement et d'humeur de votre part, qui alors n'étaient que puérils; mais dans la fâcheuse position où nous nous trouvons, la moindre marque d'insubordination deviendrait d'un fort dangereux exemple : aussi j'entends être obéi passivement, obéi en tout et pour tout, obéi sans un mot, sans une hésitation ; ou sans cela, monsieur, vous me trouverez rude et sévère.

— Je sais que M. le commandant a le droit de me mettre aux arrêts, — dit Thomas d'un air ironique, — aux arrêts, quoique j'aie quarante ans; malheureusement, à quarante ans, les punitions ne changent guère *un enfant* de cet âge !

Henri répondit froidement : — Quand un enfant de quarante ans ne change pas, savez-vous ce qu'il reste à faire à un commandant qui n'est pas obéi, monsieur Thomas, obéi à la minute, à la seconde, le savez-vous?

— Cela dépend, — dit Thomas d'un air insolent.

— Cela dépend en effet du caractère; or, d'après le mien, monsieur, au moindre signe d'indiscipline de votre part, je vous ferais sauter la cervelle.

— Mort-Dieu!... commandant, il faudrait voir cela ! — cria Jean Thomas en se levant furieux, emporté malgré lui hors des limites du respect et de l'obéissance qu'il témoignait toujours à un supérieur quel qu'il fût; mais il partageait alors l'état de souffrance et de malaise général dont le comte seul paraissait exempt.

— Asseyez-vous, monsieur, — dit Henri avec le plus grand flegme du monde, — le conseil n'est pas levé.

Puis, en s'adressant au docteur et à l'aumônier, qui était resté impassible pendant cette scène, aussi impassible que s'il n'y eût été pour rien, le comte reprit : — Continuez, messieurs, d'entourer l'équipage de soins et de surveillance, rendez-moi compte des moindres incidents, et surtout, messieurs, tâchez, je vous prie, de remonter le moral de nos matelots. Monsieur le docteur, j'ai donné ordre à mon maître d'hôtel de mettre ma cave et mon office à votre disposition pour les malades ; ne négligez rien, je vous le recommande encore, tâchez de nous retirer de cette fatale position. Messieurs, le conseil est levé.

On se leva.

— Mille pardons de cette sortie inconvenante du docteur, — dit le comte à l'abbé, qui s'avançait pour le saluer.

— M. le comte est trop bon, — dit l'abbé ; — mais je n'y ai rien compris, je ne parle pas cette langue.

Et il sortit, suivi du docteur, qui disait : — Ah çà ! il parle turc, peut-être...

Le lieutenant allait se retirer, lorsque le comte lui dit : — Vous garderez les arrêts quinze jours, monsieur.

Thomas fit un geste qu'il réprima aussitôt, contenu par son respect involontaire pour la discipline.

Henri s'en aperçut, et dit à Jean Thomas en le reconduisant à la porte de la galerie : — Lorsqu'un de mes officiers, monsieur Thomas, se croit puni injustement, je n'admets, il est vrai, aucune réclamation tant qu'il est embarqué à mon bord ; mais, une fois la campagne finie, j'ai toujours l'habitude de mettre mes épaulettes dans ma poche, afin de pouvoir donner satisfaction des torts que j'aurais involontairement commis.

— Je vous remercie de cette offre, commandant ; mais j'ai fait le serment à ma mère de ne jamais tirer l'épée pour une vengeance ou une satisfaction personnelle. Vous m'infligez les arrêts, vous le pouvez ; je les garderai, parce que je le dois.

Et il salua le commandant et sortit.

XL

> Belle science, sur ma parole!!
> SCHILLER.

LE TSHETTIK

On l'a dit, depuis que Perez avait aveuglément suivi les ordres de la duchesse, on ne reconnaissait plus le malheureux équipage de *la Sylphide*.

Ce n'étaient plus ces chants joyeux, ces cris, ces blasphèmes que la présence des officiers contenait à peine; ce n'étaient plus ces longues causeries sur l'avant, ces histoires bouffonnes dont le Losophe était l'Homère. Les conteurs s'étaient tus, comme les oiseaux cessent leurs chants à l'approche de l'orage.

Ces figures naguère si fleuries, si pleines, étaient hâves et amaigries; ces membres si dispos et si vigoureux étaient inertes et comme brisés. Plus de confiance, plus de gaieté; on voyait ces malheureux matelots s'isoler dans cet espace resserré et se jeter des regards farouches et défiants.

C'est à peine si toute l'énergie, les menaces, les promesses du commandant et des officiers pouvaient forcer les marins à faire des manœuvres qu'on avait simplifiées autant que possible.

Les maîtres eux-mêmes perdaient chaque jour de leur autorité, et s'en montraient presque insouciants, tant l'atonie physique influait sur le moral. Maître Frank, toujours vif et bouillant, paraissait comme engourdi. Maître Kergouët se laissait impunément traiter de militaire, et parlait comme tout le monde.

Le Losophe et son chien partageaient l'état de faiblesse générale, et ni le violon du maître à danser, ni les jappements de Saint-Médard, ne venaient plus irriter les nerfs délicats du canonnier bourgeois.

Rumphius et Sulpice, mangeant à la table du commandant,

avaient échappé à l'affection générale, dont l'astronome ne se doutait pas, absorbé qu'il était dans ses calculs et ses méditations.

Sulpice, lui, dès qu'il se croyait inutile à son frère, courait se mettre à la disposition du docteur, le suppliant en grâce de lui permettre de soigner les plus malades, et s'acquittant de cette tâche avec l'angélique douceur qu'on lui connaît.

Allant de l'un à l'autre, encourageant, exhortant, tâchant de rassurer les plus timides, et y parvenant quelquefois, Sulpice avait fini par se faire adorer de l'équipage, qui, selon son habitude, l'avait surnommé Bon-Jésus, de même qu'il avait surnommé Perez Grand-Gibet.

Ce qu'il y avait seulement de singulier, c'était le contraste qui existait entre cette appellation toute chrétienne et toute pieuse, et les jurons, les blasphèmes qui l'accompagnaient, comme témoignages énergiques d'admiration et de reconnaissance de la part des matelots.

C'était tantôt : Voilà un bon b..... que ce Bon-Jésus, ou bien : C'est f...., Bon-Jésus mérite sacré Dieu bien d'être solidement vénéré.

Mais, hélas ! malgré tant de soins et tant de dévouement, la santé de l'équipage s'affaiblissait chaque jour, et la duchesse touchait de bien près à la vengeance.

Environ deux heures après que le conseil eut été dissous, le vent, qui jusque-là avait assez vigoureusement soufflé du nord-est, commença de diminuer de force, faiblit peu à peu, et, au bout d'une heure, il faisait calme.

L'horizon, assez pur, se chargeait pourtant dans l'ouest ; et, quand le soleil se coucha, il disparut derrière une large zone d'épais nuages d'un bleu noir qu'il teignait çà et là d'un reflet d'un rouge ardent : du reste, le calme était plein, et pas le moindre souffle d'air n'emplissait les voiles ; il y avait peu de houle, et la frégate roulait à peine.

On battit la retraite, et l'aumônier monta sur le pont pour dire la prière du soir.

Le commandant, les officiers, parurent sur le château d'arrière en uniforme, et le maître d'équipage fit entendre le bruit de sifflet accoutumé, qui indiquait le moment de ce pieux exercice.

Les matelots montèrent ; les uns se soutenaient à peine ; les autres, plus forts, prêtaient leur appui aux plus faibles.

La prière fut écoutée avec la plus grave attention; car la bizarrerie des maux qui frappaient l'équipage depuis quelques jours avait tourné tous ces esprits, sinon religieux, au moins superstitieux, vers des pensées sérieuses et tristes.

Parmi les plus fervents prieurs, on remarquait Daniel et cinq ou six de ses *pays*, natifs, comme lui, de l'Abrevak, et qui, depuis le commencement de l'épidémie, ne se quittaient pas, formant ainsi une petite société bien unie au milieu de l'état de méfiance générale qui semblait être un des caractères de cette étrange maladie.

Maître Kergouët se mêlait souvent à cette espèce de *club*, qui tenait ses réunions de nuit dans le faux-pont, et c'est à l'affiliation de ce maître que Daniel et ses amis devaient une sorte de protection tacite, qui les mettait à même de se réunir impunément, car le maître leur donnait l'éveil sur l'espionnage du lieutenant.

La raison de cette partialité du canonnier bourgeois envers Daniel et ses amis était assez simple : maître Kergouët professant la croyance la plus complète pour toutes les superstitions passées, présentes et futures, trouvait un bonheur inouï à rencontrer, dans Daniel et ses amis, l'auditoire le mieux disposé à l'écouter et à se laisser convaincre. Aussi le canonnier bourgeois, se joignant quelquefois à ses prosélytes, concourait-il, par ses effrayantes narrations, à enflammer encore ces esprits étroits et crédules.

Après la prière, les matelots descendirent sombres et mornes dans la batterie pour y suspendre leurs hamacs.

La demi-bordée de service resta sur le pont, où Henri avait fait tendre des prélarts et des tentes, afin de rendre le quart moins fatigant, quoiqu'on l'eût abrégé de moitié.

Le lieutenant était sur le pont avec Saint-Sauveur.

Henri, cruellement désespéré de la faiblesse de son équipage, se retira dans sa galerie, et, appuyé sur ses fenêtres, il examinait le couchant, qui paraissait lui donner de l'inquiétude pour la nuit.

En effet, le soleil, tout à fait à son déclin, ne jetait plus qu'une lueur rougeâtre, et ses derniers rayons coloraient à peine les contours de grands nuages sombres, qui, à chaque minute, augmentaient de hauteur et se déroulaient peu à peu sur la courbe profonde de l'horizon.

Le calme était toujours parfait.

Henri prévit que le vent allait souffler de l'ouest, mais qu'il se passerait assez de temps avant que la brise ou que le grain ne fussent formés. Il resta donc ainsi regardant le ciel sans le voir, pensant à la fatalité qui semblait s'appesantir sur son équipage, et redoutant surtout de rencontrer des bâtiments de guerre, qui l'eussent obligé à une fuite honteuse ou à faire sauter sa frégate; car Henri n'eût pas hésité un instant, bien résolu d'éviter la moindre humiliation au pavillon du roi.

L'abbé se promenait à bâbord, et le lieutenant, monté sur le banc de quart, observait aussi le temps avec une attention inquiète.

Mais il se passait alors une scène assez curieuse près de la cambuse.

Autrefois, comme aujourd'hui, il existait dans le faux-pont des vaisseaux une galerie circulaire, une espèce de corridor, qui, contournant l'intérieur du navire, laissait ainsi un espace vide entre les murailles du bâtiment et une sorte de bastingage grillé renfermant les sacs et les effets de l'équipage.

Cette galerie était destinée à faciliter le service des calfats et des charpentiers pendant le combat, afin qu'ils pussent aisément boucher les voies d'eau qui se seraient déclarées dans les œuvres vives du bâtiment.

C'est dans cette retraite obscure que Daniel et ses *pays* tenaient leurs séances nocturnes.

Ce soir-là, aucun des *pays* de Daniel ne se trouvant de quart, ils s'étaient réunis au nombre de six après la prière.

Comme on ne pouvait se placer deux de front dans l'étroite galerie où ils se rassemblaient, ils s'étaient assis à la file les uns des autres, et Daniel seul, en sa qualité d'orateur, se tenait placé en sens inverse à son auditoire, afin de le bien envisager.

Cet obscur corridor n'était éclairé que par le reflet rougeâtre d'une lampe qui brûlait près de la fosse aux lions.

La figure de Daniel, ordinairement ouverte et joyeuse, avait une sombre et douloureuse expression; il paraissait fortement préoccupé, ses joues s'étaient creusées, tant par l'effet de la maladie que par suite des folles révélations du Losophe, qui avaient vivement impressionné cette imagination ardente et superstitieuse.

Ayant foi, mais profondément foi, en ces visions et ces rapports surnaturels, Daniel se trouvait dans un état d'hallucination complet, que les événements singuliers qui se passaient à bord avaient encore augmenté. Aussi sa parole brusque et brève, son regard distrait et parfois étincelant, son recueillement religieux, en faisaient une espèce de prophète de bas étage, dont l'influence était néanmoins directe et puissante sur les six matelots ses compatriotes, qui, s'étant joints à lui depuis l'épidémie, partageaient presque machinalement ses terreurs, ses superstitions, ses doutes et ses projets, et n'attendaien qu'un mot, qu'un signe de lui pour exécuter aveuglément se ordres; car, dans les circonstances difficiles, l'homme stupide ou raisonnable qui veut se charger de concevoir, trouvera toujours des bras pour agir.

Ce fut donc en patois bas-breton que Daniel prononça le discours suivant : — Mes matelots, mes bons *gars*, mes *pays*, prions d'abord notre sainte Dame de Recouvrance d'intercéder pour nous, s'il lui plaît... et de nous éclairer... s'il lui plaît...

Et chaque matelot, imitant Daniel, qui baisait son rosaire, dit à voix basse : — Notre sainte Dame de Recouvrance, intercédez pour nous, et priez pour nous, s'il vous plaît!...

Et puis on fit silence, et Daniel continua : — Mes matelots, mes bons gars, mes pays, pendant le premier mois que nous avons mis nos sacs à bord, n'étions-nous pas gais comme un lougre en calme, qui sent venir la brise?

— C'est vrai, — répondit l'auditoire à voix basse.

— N'étions-nous pas forts et solides, mais solides à orner notre navire d'une guirlande d'Anglais, que nous aurions faite en les nouant les uns aux autres seulement par leurs bras, qui nous auraient servi de ficelles?

— C'est vrai, — dit l'auditoire.

— N'étions-nous pas des dévorants qui aurions mis le *kok* (cuisinier) dans sa chaudière, pour épaissir la soupe?

— C'est vrai, — répondit-on.

— Et maintenant que sommes-nous, mes matelots?... des *sansfaim*, des mollasses, qui *empoisonnons* le *requiem*.

— C'est vrai, c'est vrai, Daniel! — dit l'auditoire.

— Eh bien! mes matelots, savez-vous pourquoi nous sommes coincés comme ça? C'est que c'est le *sort*... Nous sommes sur un navire *à sort*, c'est visible... Pourquoi, sans cela, serions-nous malades comme nous le sommes?... tous... pays... tous... Est-ce que c'est raisonnable?... est-ce que ça peut être autre chose qu'un *sort* qui, du jour au lendemain, vous change *lof pour lof* un équipage de bons gars en un équipage de faillis-chiens ? Encore une fois, c'est un sort... ça ne peut être qu'un sort.

— Oui, oui, c'est connu... d'ailleurs, maître Kergouët l'a dit, — répéta-t-on en chœur.

— Eh bien ! mes pays, faut que ça finisse, il faut faire finir ça, tant que nous en avons la force, parce que demain, peut-être, nous serions crevés, et ce qu'il y a de sciant, c'est que quand on crève sur un navire *à sort,* on est damné, — dit Daniel en se signant.

— Damné ! — dirent les marins en l'imitant.

— Damné ! — reprit Daniel, — damné comme des chiens. Maître Kergouët, qui est savant, me l'a dit; or, pour que ça cesse, mes matelots, il n'y a qu'une chose à faire : c'est de genopper celui qui jette le *sort;* mais ce n'est pas tout; comme c'est toujours le diable en personne, ou un de ses garçons, comme qui dirait un novice de son équipage, faut pas manquer de lui mettre au cou un rosaire bénit qui l'entraîne sans rémission au fond de la mer, à cause du poids que lui fait une religion qui, vous sentez bien, le dégoûte extrêmement, ainsi que m'en a prévenu le Losophe, qui le sait bien. Sans ça vous le jetteriez à l'eau, que ça ne ferait rien... tant plus vous le jetteriez à l'eau, tant plus il reviendrait... au lieu qu'avec un rosaire bénit au cou, et une couple de boulets ramés aux griffes, il n'y a pas de crainte qu'il reparaisse...

— Mais, Daniel, puisqu'il a un rosaire pour le poids, le diable, à quoi que ça sert, les boulets? — demanda un marin.

— Animal, — dit Daniel, — puisque la chose du rosaire bénit le rend comme toi et moi, faut bien des boulets, sans quoi il reviendrait sur l'eau comme toi et moi. C'est encore le Losophe qui m'a appris ça.

— C'est juste, — dit l'auditoire.

— Enfin, — dit Daniel avec une effrayante énergie, — voulez-vous continuer, être comme nous sommes? voulez-vous crever, oui ou non?... ou bien voulez-vous avoir la chose de dire que c'est nous qui avons sauvé les camarades et notre brave commandant que nous adorons?

— Oui, oui, nous le voulons, — dirent les six Bretons.

— Eh bien! voilà ce qu'il faut faire. Le Losophe, qu'est lieutenant dans la chose de la magic, m'avait fait d'abord la farce d'un charme qui n'a pas pris, vu que la poule n'était pas assez blanche; mais, pour lors, comme je l'ai tant cogné en douceur que je lui ai gâté un œil, il s'a ravisé, et m'en a fait un second, charme, avec une poule grise, qui a pris, de façon que j'ai vu, par un trou, comme je vous vois, que j'ai vu...

— Eh bien, quoi?... quoi, Daniel? — dirent les matelots.
— Le diable...
— Le diable!... où ça, Daniel?... Le diable!
— Chez Grand-Gibet, par un trou fait à la porte de la cambuse.
— Chez Grand-Gibet! — répéta l'auditoire de Daniel avec une profonde terreur, en se tournant involontairement vers la porte de la cambuse, où étaient logés Perez et Rita.
— Chez Grand-Gibet... — reprit Daniel; — je l'ai vu, un vrai monstre, avec une grande robe noire qui cachait ses griffes, et un bonnet qui cachait ses cornes. Le scélérat causait avec Grand-Gibet, comme si de rien n'était, mais dans un patois qui sentait si fort le soufre, que j'ai manqué d'en crever, parce que je me retenais de tousser, même que j'aurais cru que c'était le Losophe qui brûlait des allumettes, si c'avait pas été le diable. Faut-il que l'odeur du patois ait été forte, hein!...

A ce moment, on entendit un léger bruit; et un mousse, posté en vedette, vint annoncer l'arrivée de maître Kergouët.

— Mes enfants, — dit-il aux matelots, — il faut filer... Le temps se gâte, et nous pourrions bien, tout à l'heure, nous voir coiffés d'un joli grain de plein ouest. On va appeler tout le monde en haut, et il faut être parés.

— Nous y allons, monsieur Kergouët, — dit Daniel; — mais vous, qui êtes si savant, dites-nous donc ce que vous avez vu dans l'Inde, vous savez, à bord du brick *la Belle-Jeanne.*

— Eh bien! mes enfants, — dit le maître, qui ne pouvait résister au plaisir de raconter une histoire, — le brick *la Belle-Jeanne* avait à bord un *cipaye*, qui, probablement dans le but de chagriner madame son épouse, lui avait insinué d'affreux poisons dont elle avait été si abominablement fait mourir, qu'elle lui avait dit simplement : *T'est un gueux*, ça te portera malheur. Pour lors, mes garçons, ce cipaye, que je vous dis, vint matelot à bord de *la Belle-Jeanne*, et depuis ce temps-là il ne se passait pas de jour que *la Belle-Jeanne* n'eût l'avantage d'un grain blanc ou d'une bourrasque, tant qu'un jour le cipaye, qu'était, malgré ça, pas mauvais marin, fut enlevé de l'empointure de la grande vergue par une rafale. Eh bien! depuis ce temps, *la Belle-Jeanne* a toujours eu des traversées superbes, parce que le cipaye, c'était un mauvais sort, un mauvais sort qu'il jetait sur le navire par la chose de sa présence. Aussi une fois le sort parti, il n'y en a plus eu. C'est tout simple, ça, mes enfants. Mais, par exemple, — ajouta maître Kergouët d'un air sérieux, — surtout, mes garçons, faut jamais coincer les hommes à sort sans être sûr que c'est des hommes à sort, parce que si on se trompait, celui qui se trouverait dans le garde-manger aux requins, sans le mériter, aurait droit de le trouver mauvais... d'autant plus mauvais qu'il serait forcé d'y rester.

— Mais, — dit Daniel en imposant silence d'un coup d'œil à son auditoire, — à quoi que ça se reconnaît, l'homme à sort, maître Kergouët?...

— Ça se reconnaît, — dit le maître d'un air gravement sentencieux, — ça se reconnaît parce qu'il a jeté un sort; *or, quand un homme jette un sort, c'est un homme à sort.*

En matière de raisonnement, maître Kergouët était de l'école du Losophe, comme on voit, école conséquente, s'il en fut, dans sa logique. Aussi la clarté de ce dilemme frappa fortement Daniel et son auditoire.

— Mais ici, — reprit le Breton, — ici, monsieur Kergouët, qui croyez-vous qui jette le sort? car il y a un sort, n'est-ce pas, maître?

— Pour un sort, il y en a un, c'est insurmontable, — dit le canonnier; — car tout le monde en *jouit*, et je me sens moi-même comme si je n'avais plus d'os sous ma peau; mais, quant à l'homme à sort, je ne suis pas encore fixé; car c'est un procédé très délicat. Pour ce qui est d'envoyer quelqu'un par-dessus le bord, afin de le *délayer* dans la grande tasse... il y a pourtant ici quelqu'un...

Mais s'interrompant à un fort coup de roulis qui ébranla le navire : — Tenez, enfants, — dit le maître, — c'est un mauvais jour pour causer de ça, aujourd'hui... Tenez, sentez-vous... le navire commence à donner la bande à bâbord; voilà le grain qui se fait. En haut, garçons, en haut! je remonte à ma *boutique.*

Et maître Kergouët remonta précipitamment dans la batterie.

— Eh bien! mes garçons, — s'écria Daniel, — vous l'avez

entendu, le maître l'a bien dit, qu'il y avait un sort, et qu'on reconnaissait l'homme à sort quand il y avait un sort. Eh bien! il y a un sort ici, j'espère; et qui est l'homme à sort, si ce n'est pas ce Grand-Gibet? puisqu'il est ami avec le diable... puisqu'il est matelot avec lui... Voilà encore un ouragan, pour nous achever; c'est son dernier coup qu'il tape, le monstre! c'est peut-être notre dernière heure, si nous n'en finissons pas avec ce gueux-là. Allons, allons, faut en finir, garçons, — s'écria Daniel presque en délire en se levant, et prenant d'une main son rosaire et de l'autre un paquet de cordes qu'il avait tenu caché sous sa veste. — A l'eau Grand-Gibet! — s'écriat-il. — Levez-vous, garçons, levez-vous... voici l'heure... — Et tous se levèrent.

Et Daniel, exaspéré par la superstition, par la maladie, par la peur, par l'écho de la tempête qui commençait à rugir, Daniel montra du poing la porte de la cambuse, qui se voyait au bout de cette galerie.

Rien n'est électrique comme la peur, la colère et la superstition. Ces malheureux matelots, habitués à chercher une cause surnaturelle à tout, irrités d'ailleurs par un sentiment de douleur et de maladie inconnu, inexplicable, fermement convaincus que cette espèce de sacrifice du *bouc émissaire* mettrait fin à leurs angoisses et à leurs souffrances, n'hésitèrent pas à exécuter tout ce que le fanatique Daniel leur prescrivait.

— Oui, oui, — reprirent-ils tous avec une rage concentrée, — à l'eau Grand-Gibet, à l'eau!...

— Silence, mes garçons, silence! — s'écria Daniel en levant la main d'un air imposant. — Silence... voilà l'ouragan... c'est la voix du bon Dieu. Mais c'est peut-être mal, ce que nous allons faire, — ajouta-t-il en s'agenouillant avec un sentiment de terreur indéfinissable qui luttait dans son cœur avec sa rage contre le Grand-Gibet.

Et tous les matelots, qui semblaient ne penser, n'agir, ne vouloir que par Daniel, se turent, épouvantés comme lui, et s'agenouillèrent aussi en se regardant avec effroi.

En effet, *la Sylphide* craquait dans sa membrure; et le sifflement de l'orage, qui mugissait à travers les manœuvres, venait retentir jusque dans le faux-pont. Mais ce bruit lugubre, en se prolongeant, sembla redoubler la crainte ou la colère de Daniel, qui s'écria avec une exaltation inconcevable et d'un air exaspéré : — Non, non, au contraire, le bon Dieu le veut; le bon Dieu l'ordonne... Voilà ce qu'il faut faire... Nous allons entrer chez Grand-Gibet, le prendre, le bien ficeler; je lui mettrai mon rosaire au cou, et à la mer...

— A la mer! à la mer!... — dirent des voix.

— Suivez-moi donc! — s'écria Daniel.

Et se glissant à tâtons dans l'ombre, s'appuyant sur la muraille du navire, ces six malheureux, se guidant les uns les autres en se tenant par la main, se dirigèrent silencieusement vers la partie du navire occupée par Perez.

Arrivés près de la porte de la cambuse, Daniel appliqua encore une fois son œil au trou qu'il y avait pratiqué.

Or, ce qu'il vit là, ce qu'il montra aux autres matelots, dut redoubler la superstitieuse terreur de ces malheureux.

La lueur affaiblie d'une lampe renfermée dans un globe de verre éclairait seule la scène qui se passait dans la cambuse.

Perez, le visage baigné de larmes, se tenait à genoux devant la duchesse, vêtue d'une sorte de peignoir ou de robe de chambre de laine noire.

Debout, sa figure pâle et cicatrisée presque cachée par un large bonnet noir, Rita avait la main droite sur le livre de *José Ortez*, ouvert sur une table.

C'était vraiment quelque chose d'effrayant à voir, quelque chose de ressemblant à une apparition fantastique, que cette figure blême de Rita, qui, se dressant là, immobile sous sa longue robe noire, paraissait jeter un sortilége sur Perez, couché à ses pieds.

La duchesse parla, mais en espagnol : — Eh bien! tu le vois, Perez, tout nous réussit; nous touchons à la vengeance; il ne s'agit plus maintenant que de porter le dernier coup, que de *le* dénoncer à l'équipage comme la cause de ces affreux malheurs... l'occasion est belle... Jusqu'à présent j'ai partagé tes scrupules... l'état de ces hommes n'était pas assez grave; mais aujourd'hui, à cette heure, tu refuses encore... tu refuses au milieu de cet orage qui va mugir : ce serait pourtant bien horrible... Perez, par Satan!...

— Par Satan!... vous entendez?... un signe de croix et en avant! — dit Daniel exaspéré jusqu'au délire par cette scène étrange.

Et, d'un coup de sa puissante épaule, il jeta la porte de la cambuse en dedans.

Jusque-là, le bruit que faisait la membrure de la frégate, en se courbant sous les efforts de la bourrasque, avait empêché Perez de se douter de la présence de Daniel et de ses compagnons ; mais, en voyant la porte tomber et les sinistres figures qui s'y présentèrent en tumulte, il se jeta à leur rencontre en s'écriant : — Misérables !... que voulez-vous ?...

— Genoppez Grand-Gibet, — cria Daniel à ses pays, — moi et deux autres nous crocherons celui-ci ! — s'écria le Breton en se précipitant sur Rita. — Ah ! tison d'enfer !... Belzébuth, tu ne m'échapperas pas... par Notre-Dame ! — hurlait Daniel en passant avec frénésie son chapelet au cou de Rita. Pendant que deux de ses pays la garrottaient et la bâillonnaient, les quatre autres garrottaient et bâillonnaient aussi Perez, qui ne pouvait opposer aucune résistance.

Tout cela fut fait avec la rapidité de la pensée. Ces deux victimes étaient là, par terre, liées, enchevêtrées à ne pouvoir faire un mouvement, à ne pouvoir pousser le plus faible cri.

La tempête devenait horrible, et, au milieu du danger, on ne s'apercevait pas sans doute sur le pont de l'absence des six matelots.

— Attendez-moi, — dit Daniel, et il sortit précipitamment.

Les visages des six marins semblaient alors d'une pâleur cadavéreuse... La sueur ruisselait de leurs fronts, les cheveux leur dressaient à la tête.

C'est avec un sentiment de frayeur indéfinissable, et en faisant d'une main d'innombrables signes de croix, qu'ils se montraient Perez et Rita, qui, couchés à terre, inspiraient encore à ces forcenés la terreur qu'inspire le tigre enlacé dans les rets.

Au bout d'un instant, Daniel revint avec un prélart (ou grande toile goudronnée) et deux boulets ramés qu'il avait pris dans la batterie...

— Le grain est sec, mes matelots, — dit-il ; — à la mer... à la mer le sorcier... il en est temps encore.

En entendant ces mots, Perez et Rita ouvrirent affreusement les yeux ; aucun mot, aucun geste ne leur était possible.

— Ah ! démons infâmes !... sorciers de malheur ! — disait Daniel avec un délire furieux, en enveloppant Perez et Rita dans cette immense toile comme dans un vaste linceul... — Ah ! tisons du diable ! vous jetez un sort sur de pauvres marins; mais vous n'aviez pas compté sur mon rosaire, le Losophe me l'avait bien dit!

— Maintenant, mes matelots, — ajouta-t-il, — liez cela, cachez-leur ferme la tête dessous, mettez les boulets aux pieds, et montez le tout par le petit panneau.

Cela fut fait.

On arriva dans la batterie, qui était déserte, tous les matelots étant sur le pont pour la manœuvre.

Daniel ouvrit un sabord du vent, malgré le danger.

Les quatre hommes qui portaient l'effrayant fardeau, que de brusques tressaillements agitaient, le posèrent sur le sabord, la moitié en dehors du navire, la moitié en dedans.

— A genoux, — dit Daniel en ôtant son bonnet, et remercions Notre-Dame de Recouvrance...

Les quatre matelots tenaient toujours le fardeau, qui se tordait convulsivement.

Les deux autres marins imitèrent Daniel, et dirent : — Nous vous rendons grâces, Notre-Dame de Recouvrance, vous qui nous délivrez du sort et des sorciers...

Puis ils se signèrent et se relevèrent.

— Maintenant, — cria Daniel, — à l'eau!... à l'eau!...

Et ces furieux poussèrent le fardeau tout à fait en dehors.

Et il disparut au milieu du fracas des vagues.

Et ce fut fait de Perez et de Rita... de la duchesse d'Alméda et de son fidèle écuyer. . . . .

. . . .

A ce moment, une lame monstrueuse déferla dans la batterie par ce sabord ouvert, et l'inonda en partie.

— C'est Satan qui nous dit adieu, — s'écria Daniel en fermant le mantelet; — maintenant, en haut, et silence... le navire est sauvé.

Quand ils montèrent sur le pont, ils trouvèrent l'équipage morne, triste, et toutes les voiles serrées; car, quoiqu'il fît un temps à porter des huniers au bas-ris, l'équipage était si faible, que Henri avait ordonné de fuir à sec devant le temps.

Le comte, debout sur le banc de quart, son porte-voix à la main, donnait ses ordres avec calme, et sa figure, éclairée en reflet par la lumière des habitacles, ne trahissait pas la moindre émotion.

Passager et variable comme les vents de ces parages, bientôt le grain diminua de violence et s'apaisa. De cette tourmente, il ne resta qu'une assez forte houle, et, deux heures après, le vent sautant au nord, *la Sylphide* était en route.

— Je ne sais, — disait Henri à Monval, en quittant le pont dès qu'il vit le grain calmé, — je ne sais pourquoi ce coup de vent, si promptement apaisé, me semble d'un heureux présage ; c'est une sottise, si l'on veut, mais je sens là quelque chose qui me dit que nos maux touchent à leur fin, et que, nous trouvant bientôt dans les vents alizés, leur influence sera salutaire à nos marins ; enfin, je me sens bien moins triste que d'habitude.

— Je partage bien sincèrement vos vœux, — dit l'officier.

— Pardieu! — dit Henri en voyant paraître son maître d'hôtel, — faites mieux, venez partager mon souper... car je me sens de l'appétit en diable, moi qui, je ne sais pourquoi, échappe à cette damnée épidémie ; vous jugerez des talents de mon nouveau cuisinier, qui était à M. de Gèvres.

Et Monval, acceptant l'invitation du comte, descendit avec lui.

De Miran tenait le quart.

Le lendemain, à huit heures, au moment de la distribution des vivres de l'équipage, les matelots de ration allèrent à la cambuse.

On attendit vainement Grand-Gibet.

Comme il ne se présenta pas, on fit à bord les plus minutieuses recherches pour le retrouver ; ce qui fut impossible.

Alors on pensa, avec beaucoup de vraisemblance, que, par accident, il était sans doute tombé à la mer pendant la tourmente ; mais que la nuit et le fracas de l'ouragan avaient empêché de le voir et d'entendre ses cris.

Il fut peu regretté à bord de *la Sylphide*; et on ne parla pas même de son commis, que presque personne ne connaissait : ceux qui l'avaient vu avant le départ de Brest crurent qu'il était resté à terre, l'appareillage ayant été fait très brusquement.

Daniel et ses pays associés gardèrent le plus profond silence sur cette aventure, et ne furent pas même tentés de la révéler lorsqu'ils virent l'équipage reprendre ses forces et sa santé ; car, après la disparition de Perez et de la duchesse, les vivres des matelots n'étant plus empoisonnés, les effrayants symptômes qui s'étaient déclarés cessèrent aussitôt.

Cette révolution salutaire dans le physique et dans le moral de son équipage remplit Henri de joie, et lui fît désirer ardemment de rencontrer l'ennemi.

On nomma un quartier-maître timonier à l'emploi de Perez, dont la mort fut constatée de la manière suivante sur le journal du bord : « ... 15 février 1781. Le nommé Charles Dalès, Espagnol, et préposé à bord par M. le munitionnaire général à la distribution des vivres, ne s'étant pas trouvé à la cambuse, ni dans aucun endroit du navire, on a supposé que ledit Charles Dalès avait été emporté par un coup de mer, lors d'un grain qui était tombé à bord pendant la nuit, sans qu'on ait pu se douter de ce malheureux accident. En foi de quoi ont signé avec l'écrivain, M. le commandant, le lieutenant, etc. »

Ainsi mourut Perez de Sibeyra, ainsi mourut la duchesse d'Alméda.

Pauvre duchesse!... partie de si haut, et tombée si bas!...

Pauvre Rita! dont l'existence avait été si splendide, si somptueuse! pauvre femme, qui, avant de connaître le comte, rivalisait, par son rang et ses richesses, avec les plus grandes maisons de France!... finir ainsi! après des mois d'une vie amère, infâme et misérable; finir ainsi! étouffée, noyée, sans pouvoir prononcer un mot, sans pouvoir seulement crier à ses meurtriers :

« Dites-*lui* que j'étais là... qu'il tremble au moins, en sachant que, tapie sous ses pieds, tout près de lui, dans son vaisseau, il avait une implacable ennemie, qui aurait pu le tuer, et qui ne l'a pas tué, parce que ce n'eût été qu'une mort, et qu'elle voulait le faire mourir de mille tortures, de mille morts.

» S'*il* a échappé à cet horrible danger, qu'il sache au moins qu'il l'a couru, car on meurt quelquefois de saisissement à la vue de l'épouvantable péril qu'on a évité... qu'il sache bien surtout que ce qui soutenait ma vie, c'était la haine la plus incurable et la plus profonde... que ce n'était plus son méprisable amour que je regrettais avec des larmes de sang, mais que c'était mon titre, mon nom, ma fortune... qu'il sache cela, au moins... qu'il le sache... »

Non, madame la duchesse, non, le comte de Vaudrey ne sait rien de cela, il n'en saura jamais rien... Si, par désœuvrement, il pense à vous, ses idées seront douces et flatteuses, car elles lui rappelleront un ange d'amour et de dévouement qui est mort avec le nom de Henri sur les lèvres... une femme adorable qui a mieux aimé renoncer à l'existence que de vivre sans l'amour de celui qui l'avait pourtant si outrageusement trompée.

S'il pense à vous, ce sera pour ressasser le souvenir des jouissances que vous lui donnâtes autrefois; pour se rappeler et dire à ses compagnons de débauche : « que parmi ses maîtresses il a possédé une duchesse espagnole dont les dents étaient magnifiques, la taille divine, les cheveux superbes... mais, que cette femme incomparable est morte de désespoir, parce qu'il la *négligeait*... »

En un mot, votre image ne se représentera jamais à son imagination que riante, voluptueuse, dorée, avec un cadre noir de draperies funèbres pour faire contraste.

Non, madame, non, le comte ne saura jamais à quel point vous l'avez haï; il ne mourra pas de ces mille morts que vous lui vouliez.

C'est vous qui mourrez de ces mille morts; c'est vous qui renoncerez à la beauté, au rang, à la fortune; c'est vous qu'un homme de police accouplera avec des filles et des voleurs; c'est vous qu'un geôlier battra; vous, madame la duchesse, vous, chaste et pure; vous, qui n'avez commis qu'une seule faute... faute sublime : car il est religieux et noble, l'amour qu'une femme, au faîte des prospérités humaines, éprouve pour un être qu'elle croit obscur, pieux, souffrant et résigné; votre amour pour le pauvre Henri de la tour de Koat-Vën, mais c'était presque celui de la mère pour son enfant, celui de Dieu pour sa créature.

Enfin, cet amour, vous le vouliez voir consacrer par les lois; vous vouliez rendre votre union sainte, inviolable, éternelle, pour assurer les trésors du monde et de votre cœur à celui qui, pensiez-vous, n'avait rien qu'une belle âme.

Eh bien, malgré cela, à cause de cela, vous mourrez, vous dis-je, et d'une mort affreuse; ce que vous aurez ressenti de désespoir amer, de haine poignante, de tortures morales et physiques, dépassera les limites du possible. Vous éprouverez les déceptions les plus atroces, déception d'amour, déception de vengeance; car vous aurez eu foi en votre vengeance, comme vous aurez eu foi en votre amant; une de ces fois profondes qui sont presque des révélations. Eh bien! cette foi vous trompera encore et toujours; vos plans éclos dans le délire de la haine, vous les verrez échouer par les hasards les plus vulgaires, l'oubli d'un passe-port, la crédulité stupide d'un matelot.

Vous mourrez d'une mort affreuse et ignorée, et personne ne vous plaindra; car personne ne saura ce qu'a souffert la duchesse d'Alméda avant et depuis sa mort.

Quant à votre mort pour le monde, à votre mort de grande dame, elle a été moquée, insultée, calomniée, et depuis longtemps on n'en parle plus.

Votre mort! mais elle a satisfait les amours-propres de ceux qui vous haïssaient ou qui vous enviaient.

Votre mort! mais elle a servi d'entremetteuse à Henri pour ses nouvelles amours avec madame de Cernan; elle lui a valu l'amitié de sir Georges, et ce beau duel où il a si honorablement tué M. de Cernan et blessé M. de Saint-Cyr.

Votre mort! mais elle a rendu le comte l'homme le plus à la mode de son temps, sans compter qu'elle lui sert à faire de la mélancolie lorsqu'il s'ennuie ou que le temps est sombre; de sorte que M. de Vaudrey vous doit un charme et une distraction de plus.

Et ce qu'il y a encore d'affreux à penser, c'est que vous avez tant souffert, c'est que vous êtes morte pour un *fat*, et rien de plus; pour un joli homme assez spirituel, bien né, brave et riche, il est vrai, mais sans génie, sans grandiose; en un mot, pour un de ces *hommes charmants*, pour un de ces fruits dorés mais insipides, qui naissent en foule au pâle soleil des cours.

Oh! cela est horrible! horrible pour vous surtout, Rita, je le conçois; mais cela arrivera presque toujours dès que la passion sera aux prises avec l'égoïsme, ou qu'elle ne cherchera pas l'oubli de ces maux dans une religion d'espérance et de résignation.

Cela arrive aussi parce que l'impénétrable Providence protége généralement les gens de l'espèce du comte. Oui, ils ont toujours ce qui s'appelle du *bonheur;* et puis, dans ce grand tripot de l'humanité, ils se font beau jeu. Ils trichent, mais ils gagnent; c'est odieux, mais ils jouissent; ce n'est pas un droit, mais c'est un fait. Niez-le, et je vous citerai : Lucullus, Alcibiade, Falkland, Rochester, Buckingham, Gramont, Lauzun, Richelieu... et mille autres encore..

Certes, ces honorables ont dû, pendant leur longue carrière

16.

de débauches, de plaisirs et d'orgies, soulever bien des haines, aviver bien des jalousies... Qu'en est-il advenu? Rien. Ils ont longtemps et placidement vécu de voluptés, et passé...

MAIS AUSSI QUEL SERA LEUR RÉVEIL!!!

Encore une fois, Rita est bien morte, morte à terme, morte à point; ses joies ou ses douleurs avaient profité au comte autant que possible : à quoi bon sa vie désormais?

Et quand je dis le comte et Rita, je parle de l'égoïsme et de l'abnégation, du fort et du faible, du bon et du méchant.

Car, aux yeux de quelques êtres admirablement doués ou prédestinés, que représente la masse des hommes, sinon cette orange que Frédéric écrasait si bien, après en avoir exprimé tout le suc?... sinon cette proie complaisante et facile dévolue de tout temps à l'égoïsme habile?

A l'égoïsme! ce centre étincelant, froid et dur comme le diamant; ce pôle magnétique vers lequel tous les êtres dévoués gravitent... peut-être par l'irrésistible puissance de la loi des contraires.

Car, en vérité, cela est bizarre à penser : qu'il y a dans tout être organisé un instinct qui le pousse au mal comme agent ou comme patient, et qui lui dit : Si tu n'es pas bourreau, sois victime.

Tenez... voyez au milieu d'une belle nuit d'été, alors que la brise est douce, et que les vieux chênes frissonnent amoureusement sous son haleine; alors que chaque fleur, répandant ses parfums, ouvre son calice humide de rosée; alors que chaque feuille, chaque touffe d'herbe offre un asile frais et embaumé à ces myriades de papillons ou d'insectes dont le léger murmure, se mêlant au bruissement des arbres, fait la voix silencieuse des nuits.

Alors, n'est-ce pas? tout est bonheur et joie dans ces retraites formées par les pétales d'une rose ou la corolle d'un dahlia. Alors ce sont des jeux sans fin sur le disque d'une marguerite, des luttes amoureuses au fond d'un lis vermeil...

Eh bien! apportez une lampe d'or au milieu de cette scène de délices, et faites jaillir tout à coup sa flamme éblouissante...

Pourquoi chaque papillon, chaque insecte quittera-t-il à l'instant sa fleur, son miel et ses parfums, pour le faux éclat de cette lumière fétide et mortelle?

Voyez : l'un s'en approche, il fuit, il revient, il fuit encore; mais cette flamme est si calme, si belle, si éblouissante, qu'il ne résiste plus : il s'y jette... et disparaît, mutilé, brûlé ; il meurt dans d'affreuses tortures. Des milliers mourront comme lui, souffriront comme lui, disparaîtront comme lui...

Et la flamme n'en sera ni moins pure, ni moins vive ; elle sera toujours là, attrayante et fatale...

Ainsi est-il du faux et séduisant éclat de l'égoïste, du fat, du roué ; ainsi est-il des êtres dévoués qui souffrent et meurent fascinés par des dehors menteurs et brillants !

Pourquoi cela? Pourquoi l'âme pure et sensible se sent-elle toujours irrésistiblement attirée vers l'âme mauvaise?

Pourquoi l'oiseau se jettera-t-il toujours dans la gueule du basilic?

Enfin, pourquoi ce sombre symbole du Serpent tentateur et du Fruit défendu sera-t-il vrai... vrai jusqu'à la fin des mondes?

Car il y a, comme cela, trois ou quatre vérités épouvantables, qui résument l'histoire morale de l'espèce humaine, et servent d'axes éternels à ses tristes passions.

Encore une fois, pourquoi les irrécusables succès de l'égoïste, du fat, du roué, toutes variétés monstrueuses d'une même espèce?...

Êtres faux et vils, stupides et vulgaires, qui sont à l'homme de cœur et de génie ce que peut être la lueur d'une lampe à la splendeur du soleil... ce que peut être une lumière factice, qui brûle et ne féconde pas, aux rayons éblouissants de l'astre qui vivifie des mondes.

Cela est vrai, cent fois vrai! qui le nie? Le fat est misérable, comparé à l'homme de génie ; la lueur d'une lampe est sordide, comparée à la magnificence du soleil.

Mais aussi combien en est-il qui se contentent de la lumière du soleil? Combien en est-il qui aiment à se recueillir dans l'ombre, et qui, comprenant les mystères de la nuit, entendent avec délices la voix de la solitude?

Combien en est-il qui se contentent de l'amour d'une âme pure et élevée, qui se plaisent à traduire ses rêveries, et trouvent une joie ineffable à écouter en silence les battements d'un noble cœur?

Oh! le nombre de ceux-là est bien petit, et, pour presque tous, mieux vaut la clarté factice des bougies que les ténèbres d'une belle nuit ; mieux vaut l'étourdissant caquetage d'un sot que la méditation profonde et muette du génie.

Cela explique suffisamment, je crois, la valeur exorbitante de la bougie et des hommes à bonnes fortunes.

Eh bien, le comte était un de ces derniers : il était impudent, égoïste et fat; et comme tel, il pouvait prétendre au bonheur le plus révoltant.

Rita, aimante et dévouée; Rita, dont le cœur était noble et grand, pouvait, devait presque... mourir comme elle est morte, si l'on en croit les lois de l'expérience et de ce qu'on pourrait appeler la *logique sociale*.

Mourir après d'horribles angoisses... pendant que, sur le plancher qui la séparait de lui, le comte, railleur, gai, insouciant et vain, ne pensant pas plus à elle que si elle n'eût jamais existé, le comte promenait ses talons rouges en rêvant je ne sais quel avenir confus où se dessinaient çà et là de gracieuses figures de femmes accoudées sur de nobles trophées militaires.

FIN DU PREMIER VOLUME

TABLE DES CHAPITRES

		Pages
Préface.		1
Au Lecteur.		7

LIVRE PREMIER.

I.	L'amazone.	9
II.	La tour de Koat-Vën.	13
III.	Tentation.	15
IV.	La duchesse d'Alméda.	22
V.	Surprise.	29
VI.	Un souper.	37

LIVRE DEUXIÈME

VII.	Solitude.	46
VIII.	Deux frères.	50
IX.	Intérieur (1780).	59
X.	Esquisse du cœur.	68
XI.	La femme sans nom.	71

TABLE DES CHAPITRES

LIVRE TROISIÈME

		Pages
XII.	Le comte Henri de Vaudrey.	78
XIII.	Un salon.	90
XIV.	Versailles.	99
XV.	Des diverses manières de savoir un secret.	106
XVI.	Le secret.	109
XVII.	La femme sans nom.	113
XVIII.	M. le commissaire.	119
XIX.	Caprices.	122
XX.	L'entrevue.	126
XXI.	L'expédient.	130
XXII.	Trois scènes d'une même nuit.	134

LIVRE QUATRIÈME

XXIII.	Les deux frères.	144
XXIV.	Brest.	152
XXV.	Recouvrance.	161
XXVI.	Réception.	169
XXVII.	Le cabaret.	179
XXVIII.	La femme sans nom.	187
XXIX.	Jean Thomas.	192
XXX.	Que le commerce est le lien des hommes.	196
XXXI.	Vertu.	202
XXXII.	Sacrilége.	205

LIVRE CINQUIÈME

XXXIII.	Marine (1781).	214
XXXIV.	La rade.	221

TABLE DES CHAPITRES

		Pages
XXXV.	L'inspection.	233
XXXVI.	Ruse de guerre.	241
XXXVII.	La cambuse.	250
XXXVIII.	Le charme.	253
XXXIX.	Le conseil.	261
XL.	Le tshettik.	266

FIN DE LA TABLE DU PREMIER VOLUME

Paris. — Typ de ÉDOUARD BLOT, rue Saint-Louis, 46, au Marais.
(Ancienne maison Dondey-Dupré.)

www.ingramcontent.com/pod-product-compliance
Lightning Source LLC
Chambersburg PA
CBHW071534160426
43196CB00010B/1770